Wie deutsch sind Russlanddeutsche?

Waxmann Verlag GmbH
Steinfurter Straße 555, 48159 Münster
info@waxmann.com

Svetlana Kiel

Wie deutsch sind Russlanddeutsche?

Eine empirische Studie zur ethnisch-kulturellen Identität
in russlanddeutschen Aussiedlerfamilien

Waxmann 2009
Münster / New York / München / Berlin

Bibliografische Informationen der Deutschen Nationalbibliothek
Die Deutsche Nationalbibliothek verzeichnet diese Publikation in
der Deutschen Nationalbibliografie; detaillierte bibliografische
Daten sind im Internet über http://dnb.d-nb.de abrufbar.

Internationale Hochschulschriften, Bd. 516

Die Reihe für Habilitationen und sehr gute
und ausgezeichnete Dissertationen

ISSN 0932-4763
ISBN 978-3-8309-2068-7

© Waxmann Verlag GmbH, Münster 2009

www.waxmann.com
info@waxmann.com

Umschlagabbildung: © iStockphoto.com/Eugene Feygin
Umschlaggestaltung: Christian Averbeck, Münster
Druck: Hubert & Co., Göttingen
Gedruckt auf alterungsbeständigem Papier,
säurefrei gemäß ISO 9706

Alle Rechte vorbehalten
Printed in Germany

*Meinem Ehemann Nikolai
und meinen Kindern
Lina Nikolaja und
Josephine Marie gewidmet.*

Danksagung

Bis zur Fertigstellung dieser Arbeit war es ein langer Weg, der – gekennzeichnet sowohl durch Höhen als auch durch Tiefen – letztendlich zum Ziel führte. Ich bin sehr dankbar dafür, dass mir auf diesem Weg eine ganze Reihe von Personen und Institutionen zur Seite standen, ohne die dieses Forschungsprojekt nicht möglich gewesen wäre.

Mein Dank gilt in erster Linie Frau Prof. Dr. Margret Kraul für die Betreuung meines Dissertationsvorhabens. Die jahrelange interessierte Begleitung, die Ermutigungen und auch konstruktiv-kritischen Anmerkungen haben maßgeblich dazu beigetragen, dass die Arbeit in dieser Form entstehen konnte. Auch Herrn Prof. Dr. Winfried Gebhardt danke ich für die Unterstützung und die Ermutigung bei der Entwicklung der Forschungsfrage. Dass aus der ursprünglichen Idee tatsächlich ein zu realisierendes Forschungsprojekt wurde, ist nicht zuletzt auf sein Engagement zurück zu führen.

In der langen und intensiven Arbeit mit dem empirisch erhobenen Material fand ich inspirierende Gesprächspartnerinnen und -partner vor allem im Forschungskolloquium für historische Bildungsforschung am Pädagogischen Seminar der Universität Göttingen. An dieser Stelle danken möchte ich insbesondere Dr. Katja Koch, Dr. Adrian Schmidtke, Prof. Dr. Andreas Hoffmann-Ocon und Dr. Natalia Hefele.

Die unabdingbare finanzielle Grundlage für die Entstehung der Dissertation stellte ein Promotionsstipendium der Konrad-Adenauer-Stiftung dar. Für die Aufnahme in die Begabtenförderung der Stiftung bin ich zu tiefem Dank verpflichtet. Das Auslaufstipendium aus Mitteln für Gleichstellung der Sozialwissenschaftlichen Fakultät der Georg-August-Universität Göttingen erleichterte die Abschlussphase der Arbeit erheblich.

Ohne die Familien, die sich zu einer Mitwirkung an meiner Studie bereit erklärten, hätte dieses Forschungsvorhaben nicht umgesetzt werden können. Für die Bereitschaft, mir einen tiefen Einblick in ihr Leben zu geben, und für das Vertrauen, das sie mir dadurch entgegenbrachten, sei ihnen an dieser Stelle herzlich gedankt.

In der gesamten Zeit haben mich meine Freunde und Familie auf je ihre Art und Weise unterstützt und begleitet. Ihr Interesse und ihre Anteilnahme waren für die Arbeit an der Dissertation und für mich persönlich unersetzlich.

Inhalt

1	Einleitung	13
2	**Die Gruppe der russlanddeutschen Aussiedler: Geschichte und aktuelle Lage**	18
2.1	Die Geschichte der Russlanddeutschen – Ein historisch-soziologischer Abriss	18
2.1.1	Die Ansiedlung der ländlich-bäuerlichen Deutschen in Russland	18
2.1.2	Das „Deutschtum" in den Kolonien	20
2.1.3	Die Stationen (Krisen) der Russlanddeutschen bis heute	22
2.1.3.1	Die Zeit bis zum Zweiten Weltkrieg	22
2.1.3.2	Der Zweite Weltkrieg und die folgenden Deportationen	24
2.1.3.3	Das Leben der Russlanddeutschen bis zur Aussiedlung in die Bundesrepublik Deutschland	27
2.2	Die staatsrechtliche Situation und statistische Daten	30
2.2.1	Die staatsrechtliche Situation von Aussiedlern in Deutschland und die Aufnahmebedingungen	30
2.2.2	Ein kurzer Überblick über die Entwicklung der Aussiedlerzahlen in der Bundesrepublik Deutschland	34
2.2.3	Relevante Strukturmerkmale	35
2.3	Die spezifische Kultursituation russlanddeutscher Aussiedler in der Bundesrepublik Deutschland	38
3	**Forschungsstand**	40
3.1	Relevante Forschungsschwerpunkte	42
3.2	Die ethnische Komponente der kulturellen Identität russlanddeutscher Aussiedler in der Forschungslandschaft	45
3.3	Konsequenzen für den eigenen Forschungsprozess	52
4	**Theoretischer Rahmen**	54
4.1	Kultur und kulturelle Identität in komplexen Gesellschaften	54
4.1.1	Übereinstimmende Grundannahmen heutiger Kulturkonzepte	54
4.1.2	Deterritorialisierung und Entstehung neuer Kulturgebilde	55
4.1.3	Kulturelle Identität	57
4.1.4	Mögliche Veränderungen der kulturellen Identität im Zuge einer Migration	58
4.1.5	Exkurs: Ethnizität als mögliche kollektive Identitätsstrategie	59
4.1.6	Konsequenzen für den eigenen Forschungsprozess	61
4.2	Integration	63

5	**Methodik und Forschungsdesign**	68
5.1	Fallrekonstruktive Methodologie und dokumentarische Methode	68
5.2	Die Schritte der Auswertung nach der dokumentarischen Methode	71
5.3	Anlage der Studie: Das Sample	73
5.4	Methoden der Datenerhebung	76
5.5	Forschungsverlauf und Vorgehensweise	80
6	**Ergebnisse der empirischen Studie**	84
6.1	Die Familienportraits – Fallbeschreibungen des interpretierten Materials	84
6.1.1	Familie Kanz	84
6.1.1.1	Sozialdaten	84
6.1.1.2	Familienporträt	85
6.1.2	Familie Wondel	97
6.1.2.1	Sozialdaten	97
6.1.2.2	Familienportrait	99
6.1.3	Familie Wendler	110
6.1.3.1	Sozialdaten	110
6.1.3.2	Familienportrait	111
6.1.4	Familie Schwarz	124
6.1.4.1	Sozialdaten	124
6.1.4.2	Familienportrait	126
6.1.5	Familie Hahn	138
6.1.5.1	Sozialdaten	138
6.1.5.2	Familienportrait	139
6.2	Die komparative Analyse und Typenbildung	154
6.2.1	Abstraktion der Typen	154
6.2.1.1	„Nicht richtige Deutsche"	155
6.2.1.2	Deutsche mit Makel	156
6.2.1.3	Deutsche mit „russischem Glanz"	157
6.2.1.4	Die „wahren Deutschen"	158
6.2.1.5	Die „sowjetischen Leute"	159
6.2.2	Ein Vergleich der genannten Kulturelemente	159
6.2.3	Spezifitäten im Generationenverlauf	165
6.2.4	Unterschiede bezüglich des Status der Familien	169
6.2.5	Das Opferbewusstsein als Familienerinnerung	176

7	Resümee: Wie deutsch sind Russlanddeutsche? Die innerfamiliale Auseinandersetzung mit der Frage nach der ethnisch-kulturellen Identität	180
7.1	Ethnizität als kollektive Identitätsstrategie	180
7.2	„Opferstatus" als konstitutives Element russlanddeutscher Identität	182
7.3	Heterogene Selbstbilder in der russlanddeutschen Gruppe	183
7.4	Integration – aber wie? Die tradierte ethnisch-kulturelle Zugehörigkeit als Ausgangspunkt für integratives Verhalten	188
8	**Literatur**	191

1 Einleitung

Russlanddeutsche[1] werden in der öffentlichen Diskussion in den letzten Jahren hauptsächlich unter dem Blickwinkel ihrer fehlenden Integrationsbereitschaft thematisiert.[2] Nachrichten von gewaltbereiten Jugendlichen, sich abschottenden religiösen Gemeinschaften und ausschließlich russisch Sprechenden prägen schon lange die bei Bundesdeutschen[3] vorherrschende Wahrnehmung der russlanddeutschen Gruppe und zeichnen das Bild von Fremden.

Wie fremd oder zugehörig sich die Russlanddeutschen selbst in der bundesdeutschen Gesellschaft fühlen, bleibt jedoch weitgehend unbeachtet. Nehmen sich Russlanddeutsche als Deutsche wahr? Empfinden sie sich als Russen? Oder definieren sie für sich gar eine Zugehörigkeit zu beiden Kulturgruppen? Angesichts der Tatsache, dass sie zwar als Deutsche bezeichnet, doch in Deutschland oftmals ausgegrenzt werden, bleiben viele Fragen offen.

Obwohl innerhalb der Aussiedlerthematik ein Forschungsbedarf in vielen unterschiedlichen Bereichen besteht,[4] fokussiert auch die neuere wissenschaftliche Auseinandersetzung mit der (russlanddeutschen) Aussiedlergruppe vornehmlich den Bereich der Integration. Untersuchungen über das integrative Verhalten und dieses begünstigende oder hemmende Faktoren sollen hierbei Aufschluss darüber geben, worin die Integrationsschwierigkeiten der Russlanddeutschen bestehen und mit welchen Konzepten diesen wirksam entgegengewirkt werden kann.

---

1   Der Begriff „Russlanddeutsche" wird in wissenschaftlichen Arbeiten zuweilen als unzureichend empfunden, da er die große Heterogenität bezüglich des Einreisezeitpunktes, des Bildungsstandes, der Generationenzugehörigkeit und der Konfession innerhalb der beschriebenen Kulturgruppe nicht zu erfassen scheint. Die Bezeichnung „Russlanddeutsche" kann demnach lediglich als ein konstruierter Sammelbegriff eingesetzt werden (vgl. Retterath 2002, S. 48ff.) Für meine Ausführungen verwende ich den Begriff „Russlanddeutsche" im Sinne des im Vorigen beschriebenen konstruierten Sammelbegriffes und ziehe aus stilistischen Gründen ebenfalls die Bezeichnung „russlanddeutsche Aussiedler" und Umschreibungen wie „Aussiedler aus der ehemaligen Sowjetunion" hinzu. Da die Probanden dieser Studie einheitlich von sich selbst für ihre Zeit in der ehemaligen Sowjetunion als „Deutsche in Russland" sprechen, wird dieser Begriff in den Ausführungen, die sich auf die Zeit vor der Ausreise nach Deutschland beziehen, zusätzlich eingesetzt.
2   Vgl. Tröster 2003, S. 12.
3   Für die in der Bundesrepublik Deutschland lebende Mehrheitsgesellschaft wird neben der Bezeichnung „Bundesdeutsche" im Folgenden auch der Begriff „Einheimische" verwendet und aus stilistischen Gründen ebenfalls die Umschreibung „einheimisch Deutsche" hinzugezogen (Zur Definition des Begriffes „Einheimische" siehe Retterath 2002, S. 67-73). Auch an dieser Stelle dient der Begriff „Einheimische" aufgrund der Heterogenität der bundesdeutschen Gesellschaft lediglich als Konstrukt. Da die Befragten der vorliegenden Studie selbst den Begriff „Einheimische" wählen, scheint mir die Verwendung sinnvoll.
4   Vgl. Nienaber 1995, S. 458.

Meiner Ansicht nach sollte die Auseinandersetzung mit der Gruppe der Russlanddeutschen nicht erst bei der Betrachtung von möglichen Integrationsschwierigkeiten ansetzen. Vielmehr ist es nötig, sich mit der Frage zu beschäftigen, worin die zu Tage tretenden erschwerten Integrationsbedingungen der Russlanddeutschen begründet liegen. Dabei kommt der Erforschung des kulturellen Bereiches der Russlanddeutschen nachweislich eine bedeutende Rolle zu.[5] In der vorliegenden Arbeit wird die Forschungsperspektive auf die Innenansicht der Russlanddeutschen selbst gelegt und widmet sich deren Kultursituation.

Problemaufriss

Aufgrund ihrer historischen Bedingungen und des daraus resultierenden rechtlichen Status als „Deutsche" unterscheidet sich die Gruppe der russlanddeutschen Aussiedler[6] maßgeblich von anderen Migrantengruppen in der Bundesrepublik Deutschland. Doch führt dieser so oft zitierte „privilegierte" Status[7] der Russlanddeutschen nicht etwa zu einer erleichterten Integrationssituation in Deutschland, sondern birgt stattdessen zahlreiche Risiken – insbesondere im Bereich der ethnischen Komponente der kulturellen Zugehörigkeit.[8] So lebten die Russlanddeutschen während ihrer Zeit in Russland stets in der uneingeschränkten Annahme, „Deutsche" zu sein. Aus dem von ihnen gelebten „Deutschtum" entsprang ihre ethnisch-kulturelle Identität, deren Erhaltung und Tradierung an die nächste Generation auch durch zahlreiche Krisen hindurch von großer Bedeutung für sie war. Eine Ausreise nach Deutschland wurde erwogen, als die Pflege und Bewahrung ihrer „deutschen" Kultur nicht mehr möglich erschien und besonders bei der jüngeren Generation eine zunehmende Russifizierung einsetzte. Neben einer kulturell motivierten Ausreise bedingen natürlich auch ökonomische Gründe die Entscheidung, nach Deutschland auszureisen.

---

5   Siehe hierzu sowohl die folgenden Ausführungen zum „Problemaufriss" in diesem Kapitel als auch die Darstellung der erschwerten Kultursituation in Kapitel 2.3 und die Verweise zur beschriebenen Thematik im Forschungsstand in Kapitel 3.1 der vorliegenden Arbeit.
6   Aus Gründen der Einfachheit wird in dieser Arbeit auf die zusätzliche Darstellung der weiblichen Bezeichnung der untersuchten Gruppe (Aussiedlerinnen und Aussiedler) verzichtet. Wenn ich daher von Aussiedlern im Allgemeinen spreche, sind darin die weiblichen Mitglieder der Gruppe natürlich mit einbezogen. Um im Verlauf der Arbeit eine einheitliche Form zu gewährleisten, gilt diese Regelung auch für weitere Begriffe wie Ausländer, Ehepartner, Probanden, Teilnehmer.
7   Vgl. Dietz/Roll 1998, S. 18.
8   Zum theoretischen Konzept des Begriffes siehe die Ausführungen in Kapitel 4 dieser Arbeit. Um sprachliche Umständlichkeiten zu vermeiden, wird im Folgenden auch die Bezeichnung ethnisch-kulturelle Identität oder Orientierung verwendet. Diese Umschreibung bezieht sich immer auf die ethnische Komponente der kulturellen Identität.

Mit dem Leben in der Bundesrepublik wird den Russlanddeutschen jedoch erstmals klar, dass das von ihnen gelebte und bewahrte „Deutschtum" hier nicht existiert. Zwar kommt den Russlanddeutschen eine rechtliche Anerkennung als „Deutsche" zu, doch steht diese im Gegensatz zu der von ihnen wahrgenommenen Fremdheit. Diese Ambivalenz, trotz der ursprünglichen Definition einer „deutschen" Zugehörigkeit in der Bundesrepublik Deutschland nun eine selbst empfundene und von Seiten der bundesdeutschen Gesellschaft zugeschriebene Position als Fremde einzunehmen, birgt für die Russlanddeutschen das Risiko einer Erschütterung ihrer ethnisch-kulturellen Identität. Durch die aufgeworfene Frage, wer sie sind und zu wem sie gehören, wird eine Auseinandersetzung mit der eigenen ethnisch-kulturellen Zugehörigkeit unumgänglich.

Forschungsfrage und Erkenntnisinteresse der Empirie

Diese spezifische Kultursituation der Russlanddeutschen wurde in der bisherigen Forschungslandschaft bereits vielfach angedeutet, jedoch nicht ausführlich untersucht.[9] Die vorliegende Arbeit setzt genau an dieser Stelle an und rückt den kulturellen Bereich in den Fokus des Interesses. Ich verfolge dabei das Ziel, die von den russlanddeutschen Aussiedlern nach ihrer Einreise in die Bundesrepublik Deutschland erlebte Kultursituation zum Gegenstand der Forschung zu machen und detailliert zu erörtern. Ins Blickfeld genommen werden dabei der Prozess der Auseinandersetzung mit der im Vorigen beschriebenen Ambivalenz und die darin von den Russlanddeutschen entwickelten Lösungs- und Bearbeitungsstrategien. Der im Zuge dieser Reflexion der ethnischen Komponente der kulturellen Zugehörigkeit einsetzende Identitätsbildungsprozess und die dabei vorgenommenen Modifikationen in Bezug auf die eigene ethnisch-kulturelle Verortung finden dabei besondere Aufmerksamkeit.

Die Untersuchung der spezifischen Kultursituation geschieht unter der Betrachtung von innerfamilialen Tradierungslinien. Dabei soll beleuchtet werden, wie die Frage nach der ethnisch-kulturellen Zugehörigkeit innerhalb der Familie wahrgenommen und von den einzelnen Generationen bearbeitet wird. In diesem Zusammenhang ist eine ausführliche Analyse der an die jeweils nächste Generation tradierten kulturellen Inhalte und der darin sichtbar werdenden Unterschiede von Bedeutung.

Neben der Betrachtung von generationenspezifischen Besonderheiten finden weitere soziogenetische Faktoren wie Bildungsstand, Religionszugehörigkeit, besondere Belastung durch innerfamiliäre Probleme und die nationale Zusammenset-

---

9 Siehe hierzu die ausführliche Beschreibung des Forschungsstandes in Kapitel 3 der vorliegenden Arbeit.

zung der Familien in Bezug auf die Auseinandersetzung mit dem beschriebenen Kulturkonflikt Berücksichtigung.[10] So werden die jeweiligen Erlebnishintergründe der einzelnen Familien vergleichend analysiert und deren Auswirkung auf die Entwicklung verschiedener Lösungsstrategien für den Umgang mit einer möglichen Irritation im ethnisch-kulturellen Bereich ausführlich erörtert.

Im Hinblick auf die bereits angedeutete, stets aktuelle Diskussion um Integration soll im Rahmen dieser Arbeit die Bedeutung der ethnisch-kulturellen Dimension russlanddeutscher Aussiedler für die Bereitschaft zu integrativen Leistungen untersucht werden. Ins Blickfeld rückt dabei die Frage, ob und inwieweit die erarbeiteten Strategien für den Umgang mit der erlebten Kultursituation Auswirkungen auf das Integrationsverhalten der Russlanddeutschen haben und ob sich daraus ein adäquates Verständnis der Integration von russlanddeutschen Aussiedlern ableiten lässt.

Um anhand dieser Forschungsfragen einen tieferen Einblick in die kulturelle Ebene von Russlanddeutschen zu erlangen, wird in der vorliegenden Arbeit mit qualitativen Methoden eine empirische Studie durchgeführt. Hierzu werden russlanddeutsche Drei-Generationen-Familien untersucht, die unter Berücksichtigung der oben beschriebenen soziogenetischen Erlebnishintergründe ausgewählt wurden. Das so erhobene Material stellt die Grundlage der Theoriebildung dar und wird ohne vorangestellte Hypothesen rekonstruktiv ausgewertet. Diese zentrale Orientierung an der Empirie erfordert im Forschungsprozess eine Ergänzung durch die hinzugezogene Literatur, so dass die vorliegende Arbeit, wie folgt, aufgebaut wird:

Aufbau der Arbeit

Das an die Einleitung anschließende zweite Kapitel beinhaltet einen kurzen Überblick über die Gruppe der russlanddeutschen Aussiedler. Die Geschichte und aktuelle Lage der Russlanddeutschen in der Bundesrepublik werden darin besonders vor dem Hintergrund der Entwicklung ihres „Deutschtums" und ihrer ethnisch-kulturellen Identität beleuchtet, um resultierend daraus ihre spezifische Kultursituation detailliert zu erörtern.

Die Kapitel drei und vier beschäftigen sich mit dem theoretischen Rahmen der Arbeit. So wird im dritten Kapitel ein kurzer Überblick über den Forschungsstand gegeben, wobei insbesondere die Untersuchungen zur ethnischen Komponente der kulturellen Identität der Russlanddeutschen Beachtung finden. Kapitel vier enthält eine Auseinandersetzung mit den theoretischen Konzepten von Kultur und kulturel-

---

10 Zur genauen Beschreibung der berücksichtigten soziogenetischen Faktoren siehe Kapitel 5.3 der vorliegenden Arbeit.

ler Identität und zielt auf die Definition der im Rahmen dieser Arbeit verwendeten theoretischen Begriffe.

Im fünften Kapitel wird die in der empirischen Studie angewandte dokumentarische Methode erläutert und auch der Aufbau der eigenen Untersuchung detailliert beschrieben. In der Gesamtkonzeption der vorliegenden Arbeit bietet dieses Kapitel einen direkten Zugang zu den nun folgenden Ergebnissen der empirischen Studie. Diese stellen den Inhalt des sechsten Kapitels dar, das sozusagen das „Herzstück" der Arbeit bildet. Die zu Beginn präsentierten Fallbeschreibungen bilden dabei die Grundlage für die sich anschließende komparative Analyse und Typenbildung.[11] Durch die Interpretation kann ein tiefer Einblick in die kulturelle Dimension des Lebens russlanddeutscher Aussiedler gewonnen werden. Die nach der Einreise in die Bundesrepublik einsetzenden Reflexionsprozesse werden hierbei ausführlich rekonstruiert, typisiert und vor dem Hintergrund soziogenetischer Faktoren untersucht.

Das siebte Kapitel beinhaltet eine Diskussion der Forschungsergebnisse. Dabei werden die herausgearbeiteten konstitutiven Elemente russlanddeutscher Identität vor dem Hintergrund von innerfamilialen Tradierungslinien dargestellt und die Rekonstruktion der unterschiedlichen Selbstbilder russlanddeutscher Aussiedler präsentiert. Dies alles geschieht vor der zentralen Frage: Wie deutsch sind Russlanddeutsche?

---

11   Zur Erläuterung dieser Begrifflichkeiten siehe die Ausführungen zur Methode in Kapitel 5 dieser Arbeit.

2 Die Gruppe der russlanddeutschen Aussiedler: Geschichte und aktuelle Lage

2.1 Die Geschichte der Russlanddeutschen – Ein historisch-soziologischer Abriss

Im Laufe der Geschichte haben sich zu unterschiedlichen Zeiten ganz verschiedene Gruppen von Deutschen in russischen oder in später an Russland angegliederten Gebieten angesiedelt. Da für eine Reflexion der Geschichte der heutigen russlanddeutschen Aussiedler vor allem die zuletzt nach Russland eingewanderte Gruppe der ländlich-bäuerlichen Deutschen relevant ist, wird diese im Folgenden kurz dargestellt. Hierbei findet aufgrund des Forschungsinteresses der Arbeit die Entwicklung ihres Zugehörigkeitsgefühls zur deutschen Kulturgruppe besondere Beachtung.

2.1.1 Die Ansiedlung der ländlich-bäuerlichen Deutschen in Russland

Die Gruppe der ländlich-bäuerlichen Deutschen stellt mit etwa neun Zehnteln den größeren Anteil der nach Russland eingewanderten Deutschen dar.[12] Der Großteil der heutigen in der Bundesrepublik Deutschland lebenden Russlanddeutschen besteht aus ehemaligen Kolonisten und deren Nachkommen, für die die Lebensform und Entwicklung der ländlich-bäuerlichen Deutschen in Russland als repräsentativ anzusehen ist. Die Gruppe der Kolonisten, die vorwiegend aus einer ländlichen und Ackerbau treibenden Bevölkerung oder auch aus Handwerkern bestand, siedelte sich seit der zweiten Hälfte des 18. Jahrhunderts in verschiedenen Regionen des damaligen Russischen Reiches an.

Eingeleitet wurde dies durch eine organisierte Einwanderungspolitik der russischen Zaren.[13] Als Ausgangspunkt kann in diesem Zusammenhang das Einladungsmanifest der russischen Zarin Katharina II. (1762-1796) gesehen werden, die ausländische Siedler unter Zusicherung von zahlreichen Privilegien anzuwerben versuchte. Das am 22.07.1763 veröffentlichte Manifest war vor allem an die Bevölkerung der Kleinstaaten in West- und Südwestdeutschland gerichtet.[14] Das Manifest enthielt Privilegien, die als äußerst reizvoll erschienen und unter anderem eine Bewahrung der eigenen Sprache und Kultur in Aussicht stellten, eine nicht gekannte, völlige Freiheit auf religiösem Gebiet sowie eine Selbstverwaltung der

---

12 Vgl. Stricker 1997a, S. 17.
13 Vgl. Längin 1992, S. 19.
14 Vgl. Hollatz 1999, S. 215.

Deutschen in den neuen Siedlungsgebieten.[15] Die wichtigsten Punkte des Manifestes waren die folgenden:

„1. freie Religionsausübung nach ihren Kirchensatzungen und Gebräuchen, 2. keine Abgaben an die Staatskasse (Steuern) und Befreiung von gewöhnlichen und außerordentlichen Diensten, 3. während der ganzen Zeit ihres Aufenthaltes müssen die Kolonisten weder Zivil- noch Militärdienst leisten, 4. die Kolonisten erhalten den zugewiesenen Grund und Boden als erblichen Besitz auf ewige Zeiten, jedoch nicht als persönliches Eigentum, sondern als *Gemeingut einer jeden Kolonie,* (Hervorhebung im Original) 5. sie dürfen Grundstücke von Privatpersonen kaufen, 6. die von der Krone angewiesenen Landanteile erbt im allgemeinen der jüngste Sohn, 7. die Kolonisten dürfen, nachdem sie Steuern auf alles in Rußland (sic) erworbene Vermögen bezahlt haben, reisen, wohin sie wollen."[16]

Das Bemühen der russischen Regierung um deutsche Bauern ergab sich aus verschiedenen Gründen. Die damalige außenpolitische Expansion in Richtung Schwarzes Meer und Balkan im Süden und in Richtung Polen im Westen brachte Bemühungen um eine wirtschaftliche Erschließung des Landes mit sich, wozu Arbeitskräfte benötigt wurden. Russland selbst verfügte allerdings nicht über freie Siedler, die diese Arbeit hätten verrichten können, da ein Großteil der russischen Bauern durch Leibeigenschaft an ihre Grundherren gebunden war. Aufgrund dessen sollte für die wirtschaftliche Erschließung des Landes auf Siedler aus dem Ausland zurückgegriffen werden, die zudem neue Anbaumethoden in die unterentwickelte russische Landwirtschaft einführen konnten.[17] Da durch die Folgen des Siebenjährigen Krieges besonders für die Bevölkerung in Hessen und Baden, durch Missernten und Hunger vor allem in Schwaben und der Pfalz, durch wirtschaftlichen Ruin, religiöse Verfolgung und die Rekrutierungen zum Militärdienst zahlreiche Deutsche auf ein besseres Leben nach der Ausreise hofften, waren die Werbemaßnahmen der Zarin sehr wirksam.[18] Es begann eine über einhundert Jahre andauernde Einwanderungsbewegung und die Gesamtzahl der deutschen Kolonisten wuchs bis zum beginnenden 20. Jahrhundert auf 1,3 Millionen Personen an.[19] Die bevorzugten Siedlungsgebiete stellten dabei die Wolga- und Schwarzmeerregion, der Kaukasus, Wolhynien und Sibirien dar.[20]

---

15 Vgl. Stumpp 1987, S. 12.
16 Zitiert nach Ingenhorst 1997, S. 20.
17 Vgl. ebd., S. 20-21.
18 Vgl. Steenberg 1989, S. 15; Hollatz 1999, S. 216; Ingenhorst 1997, S. 21.
19 Vgl. Pinkus/Fleischhauer 1987, S. 38ff.
20 Vgl. Steenberg 1989, S. 16.

2.1.2 Das „Deutschtum" in den Kolonien

Das Leben der ländlich-bäuerlichen Deutschen in Russland war gekennzeichnet von dem Bestreben, ihre Kultur, Religion und nationale Zugehörigkeit zu bewahren. Sie lebten in geschlossenen homogen deutschen Siedlungen, „in denen nur selten ein Nichtdeutscher Fuß fassen konnte."[21] Charakteristisch für die Organisation der deutschen Dörfer waren die festen Sozialstrukturen, in die jede Familie verwoben war. Dieses enge Zusammengehörigkeitsgefühl der Familien und Sippen wirkte einer Annäherung an die sie umgebende andersethnische Gesellschaft entgegen.[22] Durch das durchweg tief verwurzelte Bewusstsein einer Identität als Deutsche fand bei der ländlich-bäuerlichen Gruppe der Deutschen fast keine Assimilation statt.[23] Demnach war auch die Zahl der geschlossenen Mischehen von Deutschen mit andersethnischen Partnern sehr gering und lag im Jahr 1926 bei 13,5% in der Russischen Republik und 11,2% in der Ukraine.[24] Der Verwurzelung in ihrer Identität als Deutsche gaben die Kolonisten dadurch Ausdruck, dass sie den neu angelegten Siedlungen vorwiegend deutsche Namen gaben. Oftmals drückten die gewählten Ortsnamen auch die Erwartungen der Siedler aus, die sie an das Leben in den neuen Gebieten stellten, so dass allein den Namen „Hoffnungstal" zehn Kolonistendörfer trugen.[25]

Aufgrund der ihnen zugestandenen Privilegien konnten die Deutschen ihre Kolonien selbst verwalten und das Leben dort nach ihrem Gutdünken organisieren. Da als Amtssprache die deutsche Sprache beibehalten werden konnte, wurde diese als identitätsstiftendes Element gepflegt und über Generationen hinweg tradiert. So gaben noch im Jahr 1926 94,9% aller Deutschen die deutsche Sprache als ihre Muttersprache an.[26] Anzumerken ist jedoch, dass sich durch die Beibehaltung der verschiedenen Dialekte unter der Gesamtgruppe der Deutschen keine einheitliche Sprachengemeinschaft bilden konnte.[27]

Als Träger des Bewusstseins ihrer nationalen und religiösen Identität sind die Kirchen und Schulen der Deutschen zu werten.[28] Im Zentrum jeden Dorfes befand

---

21 Stumpp 1987, S. 68.
22 Vgl. Längin 1992, S. 27.
23 Vgl. Pinkus/Fleischhauer 1987, S. 43-44; Ingenhorst 1997, S. 32.
24 Vgl. Pinkus 1990, S. 194: Zur selben Zeit lag der Prozentsatz der von Mitgliedern der polnischen Minderheit geschlossenen Mischehen mit 85,6% in der RSFSR und 62,3% in der Ukraine wesentlich höher. Die polnische Minderheit weist demnach eine höhere Assimilation auf.
25 Vgl. Brandes 1997a, S. 83.
26 Vgl. Pinkus 1990, S. 195: Somit weist die deutsche Minderheit im Vergleich zur polnischen und jüdischen Minderheit eine geringere sprachliche Assimilation auf.
27 Vgl. Weydt 1992, S. 78.
28 Vgl. Pinkus/Fleischhauer 1987, S. 44.

sich je nach Konfession seiner Bewohner eine Kirche, deren Aufgabengebiet die Unterhaltung der Schulen einschloss. Die zaristische Volkszählung im Jahr 1897 gibt Aufschluss über die Religionszugehörigkeit der Deutschen. So bestand mit 76% der Großteil aus Lutheranern, 13,5% gehörten dem römisch-katholischen Glauben an, je knapp 4% waren Mennoniten und Baptisten, nur 1,3% der Deutschen gehörten anderen Religionen an.[29]

Das Schul- und Bildungswesen wies in der Anfangszeit der Besiedelung in allen deutschen Gebieten nur eine geringe Qualität auf, verbesserte sich aber in den darauffolgenden Jahren, so dass in Bezug auf das kulturelle Leben der Deutschen von blühenden Kirchen und vorbildlich organisierten Schulen gesprochen wurde.[30] Im Allgemeinen lag den deutschen Kolonisten viel daran, ihre mitgebrachten Traditionen und Bräuche zu pflegen und die Eigenart als Deutsche durch herausragende Leistungen zu sichern.[31] Unterstützt wurde die Ausbildung einer starken ethnischen Identität unter den Deutschen in Russland auch durch Fremdzuschreibung. So wurde durch die Eintragung im Pass die nationale Zuordnung als Deutsche von außen stets an sie herangetragen.[32] Die öffentliche Meinung spiegelte zudem ein positives Bild über die deutsche Minderheit wider, galten Deutsche doch als überdurchschnittlich sittliche und moralische Menschen, denen aufgrund ihrer wirtschaftlichen Erfolge Respekt gebührte.[33]

Da sich die von den Kolonisten als deutsch empfundene Kultur in den neuen Siedlungsgebieten weiterentwickelte, kann von der Entstehung eines „Inseldeutschtums" gesprochen werden. Durch die gemeinsame Sprache, die Religiosität und die aufrecht erhaltenen Sitten und Gebräuche stellten die deutschen Siedlungen geschlossene Orte dar, in denen die von den Siedlern mitgebrachte Kultur gepflegt und sicherlich auch weiter entwickelt wurde.[34] Diese Entwicklung vollzog sich jedoch ausschließlich innerhalb der eigenen sozialen und kulturellen Gruppe. Über diese Grenzen hinaus unterhielten die Deutschen kaum Beziehungen. Aufgrund der räumlichen und sozialen Distanz fand auch unter den Kolonien der verschiedenen deutschen Siedlungsgebiete keinerlei Austausch oder Kommunikation statt.[35] Ein Zusammengehörigkeitsgefühl der gesamten Gruppe der Deutschen in Russland sollte sich erst später entwickeln.

---

29 Vgl. Ingenhorst 1997, S. 28: Unter „anderen Religionen" sind Mitglieder nichtchristlicher Bekenntnisse sowie Angehörige des jüdischen Glaubens gefasst. (Die verbleibenden Prozente sind denjenigen zuzuordnen, die keine Angabe machten.)
30 Vgl. Pinkus/Fleischhauer 1987, S. 44.
31 Vgl. Brandes 1992a, S. 39.
32 Vgl. Dietz/Hilkes 1994, S. 17.
33 Vgl. Brandes 1997a, S. 96ff.
34 Vgl. Otto 1990, S. 14ff.
35 Vgl. Ingenhorst 1997, S. 27.

2.1.3 Die Stationen (Krisen) der Russlanddeutschen bis heute

Insgesamt gesehen durchliefen die deutschen Kolonisten von der Zeit ihrer Ansiedlung bis zum beginnenden 20. Jahrhundert eine beachtliche Entwicklung – sowohl in Bezug auf ihre Bevölkerungszahl als auch auf ihre wirtschaftliche Leistung. Eine wichtige Voraussetzung für den Erfolg der Deutschen stellte ihre rechtliche und politische Sonderstellung dar, die zahlreiche Privilegien beinhaltete. Doch genossen die Deutschen in Russland nicht zu jeder Zeit das Wohlwollen der russischen Führung und auch das Verhältnis zur andersethnischen Bevölkerung Russlands verschlechterte sich. Ab der zweiten Hälfte des 19. Jahrhunderts bis zum heutigen Zeitpunkt zeichneten sich für die Russlanddeutschen verschiedene Krisen ab.[36] Diese werden im Folgenden jedoch nicht in allen Einzelheiten in Bezug auf ihren historischen Kontext, ihre politische Tragweite und ihre Komplexität dargestellt, da ein solches Vorgehen für die vorliegende Arbeit nicht sinnvoll ist. Vielmehr werden die Krisenzeiten zusammenfassend dargestellt und deren unmittelbare und mittelbare Folgen für die Russlanddeutschen und ihr „Deutschtum" aufgezeigt, soweit sie für eine spätere Interpretation von Bedeutung sind.

2.1.3.1 Die Zeit bis zum Zweiten Weltkrieg

Ab der zweiten Hälfte des 19. Jahrhunderts begann sich die Situation der deutschen Minderheit in Russland zu verändern. Zum einen zielten die Befreiung der russischen Bauern im Jahr 1861 und die ihr folgenden Reformen auf die Schaffung eines einheitlichen Bauernstandes,[37] was im Umkehrschluss den Status der Deutschen als freie Bauern schwächte. Zum anderen verschlechterte sich mit dem Aufkommen panslawistischer Ideen die öffentliche Meinung gegenüber den Russlanddeutschen,[38] so dass deren rechtliche Sonderstellung zunehmend kritisiert wurde. Es folgte eine stetige Abschaffung zahlreicher Privilegien der deutschen Minderheit bis hin zur Aufhebung des Kolonistengesetzes im Jahr 1871. Den Kolonien wurde damit das Recht auf Selbstverwaltung genommen und es fand eine Eingliederung in die jeweiligen Gouvernements statt. Obwohl die Mehrheit der Deutschen die russische Sprache nicht beherrschte, stellte diese nun die Amtssprache dar.[39]

Mit dem Beginn des Ersten Weltkrieges wurden die Deutschen als Angehörige des Staates, der mit Russland Krieg führte, zunehmend zum „inneren Feind".[40] Aufgrund der Befürchtung einer möglichen Verbündung mit dem feindlichen

---

36 Vgl. ebd. 1997, S. 29-68.
37 Vgl. Neutatz 1992, S. 81.
38 Vgl. Stumpp 1987, S. 28; Ingenhorst 1997, S. 30ff.
39 Vgl. Eisfeld 1992a, S. 46.
40 Vgl. Stumpp 1987, S. 31.

Deutschland wurde mit den Liquidationsgesetzen vom Februar 1915 die „Säuberung" des Landes an der Westgrenze beschlossen,[41] so dass bis zum Jahr 1916 ein Großteil der im Westen des Russischen Reiches lebenden Deutschen in östliche Gebiete des Landes umgesiedelt wurde.[42] Zugleich wurden deutsche Schulen geschlossen, deutsche Zeitungen sowie die deutsche Sprache verboten.[43] Die von der im Zuge der politischen Umwälzungen im Jahr 1917 etablierten sowjetischen Regierung verfolgte relativ liberale Nationalitätenpolitik brachte auch eine Verbesserung der Situation der deutschen Minderheit mit sich.[44] Vor diesem Hintergrund entstand 1924 die „Autonome Sozialistische Sowjetrepublik der Wolgadeutschen" mit einer eigenen Verwaltung und deutscher Amtssprache,[45] und auch in anderen Siedlungsgebieten wurden deutsche Dorfsowjets gegründet. Diese neugewonnene Autonomie ermöglichte den Deutschen die Pflege ihrer Sprache und Kultur.[46]

Die verbesserten Lebensbedingungen der deutschen Minderheit hielten nicht lange an, da die Machtergreifung Stalins im Jahr 1928 für die gesamte Bevölkerung einschneidende Veränderungen mit sich brachte. Im Rahmen der Umgestaltung der sowjetischen Wirtschaft wurde die Zwangskollektivierung der Landwirtschaft vorangetrieben und die Liquidierung der gesamten Klasse der Kulaken[47] beschlossen.[48] Die daraufhin einsetzende Enteignung und Verbannung wirkte sich auf die deutsche Minderheit in besonderer Weise aus, waren doch überproportional viele Großbauern Deutsche.[49] Auch der unter Stalin verschärfte Kampf gegen Religion und Kirche traf die Deutschen hart, da das religiöse Leben von jeher einen wichtigen Grundpfeiler ihres „Deutschtums" darstellte.[50] Nach der Machtergreifung Hitlers im Jahr 1933 wurde die innenpolitische Lage für die in der Sowjetunion leben-

---

41 Vgl. Steenberg 1989, S. 17.
42 Vgl. Eisfeld 1992a, S. 71-72.
43 Vgl. Ingenhorst 1997, S. 33.
44 Vgl. Dietz/Hilkes 1994, S. 19.
45 Vgl. Stumpp 1987, S. 32.
46 Vgl. Eisfeld 1992b, S. 102.
47 Ein Kulak wurde definiert als ein Großbauer, den es aufgrund der kommunistischen Ideologie als Ausbeuter zu vernichten galt. Der Begriff des Großbauern ist allerdings irreführend, da der wesentliche Maßstab für die Zugehörigkeit zum Kulakentum nicht die eigentlichen Besitzverhältnisse waren, sondern vielmehr die Weigerung einer Integration in die landwirtschaftlichen Kolchosen. Das Anwesen eines Großbauern konnte so unter Umständen aus einem bescheidenen Besitz bestehen, auf dem zur Bewirtschaftung Lohnarbeiter angestellt waren. Es wurden auch Familien in die Klasse der Kulaken eingeordnet, die lediglich ein oder zwei Kühe besaßen (vgl. Hollatz 1999, S. 225).
48 Vgl. Ingenhorst 1997, S. 42-43; Eisfeld 1992b, S. 104; Hollatz 1999, S. 225.
49 Vgl. Buchsweiler 1995, S. 38: Während die Deutschen ca. 0,8% der Gesamtbevölkerung umfassten, betrug ihr Anteil an der Gruppe der Kulaken 15%.
50 Vgl. Ingenhorst 1997, S. 45-46; Längin 1992, S. 49-50.

den Deutschen zunehmend bedrohlich, führte doch dessen nationalsozialistische Propaganda erneut zu Zweifeln an der Loyalität der Russlanddeutschen. So richteten sich aufgrund des Vorwurfs der Spionage die durch die stalinistischen Säuberungen ausgelösten Massenverhaftungen Ende der dreißiger Jahre auch gegen zahlreiche Angehörige der deutschen Minderheit.[51]

Das „Deutschtum" der Russlanddeutschen

Durch die Kollektivierung der landwirtschaftlichen Kleinbetriebe, die Deportation vieler deutscher Bauern und das Verbot von Religion und Kirche wurden die traditionellen Dorfstrukturen der deutschen Minderheit aufgelöst und somit ihr Zusammenhalt geschwächt.[52] Soweit es ihnen jedoch möglich war, lebten die Deutschen weiterhin in einer fast hermetischen Abschirmung gegen äußere Einflüsse und versuchten, ihre Kultur und Sprache zu bewahren. So behielten noch im Jahr 1939 85% die deutsche Sprache als ihre Muttersprache bei und nutzten sie als Umgangssprache.[53] Die nun offen ausgetragene Gewalt gegen die Deutschen als gesamte Gruppe schweißte sie als Minderheit enger zusammen. Der äußere Druck bewirkte dabei nicht etwa eine Assimilierung, sondern den dringenden Wunsch, die eigene Kultur und Sprache als identitätsstiftende Elemente zu bewahren. Trotz zahlreicher Diskriminierungen blieben die Deutschen als solche erkennbar.[54]

2.1.3.2 Der Zweite Weltkrieg und die folgenden Deportationen

Durch den Überfall Hitlers auf die Sowjetunion vom 22.06.1941 wurden die Russlanddeutschen erneut zu Angehörigen einer feindlichen Nation und aufgrund ihrer nationalen Zugehörigkeit kollektiv der Kollaboration mit Deutschland beschuldigt.[55] So wurde nach dem Einmarsch der deutschen Truppen in sowjetisches Gebiet ein umfassender Deportationsprozess nahezu der gesamten deutschen Minderheit in der Sowjetunion gen Osten eingeleitet, der im Zeitraum von 1941 bis 1945

---

51 Vgl. Brandes 1992b, S. 127-128; Steenberg 1989, S. 23; Hollatz 1999, S. 225; Stumpp 1987, S. 33.
52 Vgl. Längin 1992, S. 49.
53 Vgl. Pinkus 1990, S. 194-195: Der Anteil der Beibehaltung der Muttersprache lag – wie auch schon zu früherer Zeit – bei den Deutschen im Vergleich zu anderen nationalen Minderheiten höher. So behielten 1939 nur 55% der Juden die jiddische Sprache als Muttersprache bei. Für die polnische Minderheit liegen für das Jahr 1939 keine Zahlen vor, doch muss angenommen werden, dass der Anteil derer, die die polnische Sprache als Muttersprache ansahen unter dem Prozentsatz von 42,9% aus dem Jahr 1926 lag.
54 Vgl. Stumpp 1987, S. 68.
55 Vgl. Dietz/Hilkes 1994, S.19; Steenberg 1989, S. 25.

unterschiedliche Phasen und auch unterschiedliche Wege der Vertreibung umfasste.[56]

Die umfangreichste Phase des Deportationsprozesses vollzog sich von Juli bis Ende Oktober 1941. Unter dem Vorwand, sie vor den einmarschierenden deutschen Truppen zu schützen, wurden in kürzester Zeit die in der Ukraine lebenden Deutschen in die kasachische, kirgisische und tadschikische Republik und nach Sibirien deportiert.[57] Auf ukrainischem Gebiet bildete der Fluss Dnjepr die Schicksalsgrenze: Die Angehörigen der deutschen Minderheit auf der östlichen Seite des Flusses wurden von der Sowjetmacht nach Osten deportiert, diejenigen westlich des Dnjepr gerieten vorübergehend unter nationalsozialistische Herrschaft.[58] Am 28. August 1941 wurde das Dekret „Über die Übersiedlung der Deutschen, die in den Wolgarayons wohnen" erlassen, das die Deportation aller Wolgadeutschen in das Nowosibirsker und Omsker Gebiet, die Altairegion, Kasachstan und andere benachbarte Gebiete beinhaltete.[59] So ließ die sowjetische Führung innerhalb von vier Monaten insgesamt 640.000 Deutsche nach Sibirien und Zentralasien transportieren.[60] In den Jahren 1942 und 1944 folgte die Deportation von weiteren 50.000 Russlanddeutschen aus unterschiedlichen Gebieten der Sowjetunion.[61] 1945 wurde der Deportationsprozess der deutschen Minderheit in der Sowjetunion abgeschlossen. Die letzte Phase umfasste hauptsächlich diejenigen Russlanddeutschen, die während des Krieges unter die Herrschaft der deutschen Truppen gerieten und mit diesen nach Westen geflohen waren,[62] nun aber in die Sowjetunion rücktransportiert wurden.[63] Die Gesamtzahl der dabei nach Sibirien Deportierten umfasste ca. 300.000 Menschen.[64]

In der Verbannung unterstanden die Deutschen einem Status der völligen Rechtlosigkeit, da ihnen nach dem Dekret von 1941 die Bürgerrechte entzogen worden waren.[65] Sie lebten in den Vertreibungsgebieten in Sondersiedlungen „un-

---

56 Für eine ausführliche Darstellung der unterschiedlichen Phasen des Deportationsprozesses und der verschiedenen Vertreibungswege der Russlanddeutschen siehe Pinkus/Fleischhauer 1987, S. 304-315 und Ingenhorst 1997, S. 51ff.
57 Vgl. Pinkus/Fleischhauer 1987, S. 304-315 (hier S. 305-306); Ingenhorst 1997, S. 51.
58 Vgl. Längin 1992, S. 50.
59 Vgl. Hollatz 1999, S. 225; Hilkes/Stricker 1997, S. 221-222; Dietz/Hilkes 1992, S. 24; Pinkus/Fleischhauer 1987, S. 307ff.
60 Vgl. Pinkus/Fleischhauer 1987, S. 311.
61 Vgl. Ingenhorst 1997, S. 52; Pinkus/Fleischhauer 1987, S. 311-312.
62 Zur Situation der 350.000 Russlanddeutschen aus den ukrainischen Siedlungsgebieten westlich des Dnjepr, die 1941 unter nationalsozialistische Herrschaft gekommen waren, siehe Ingenhorst 1997, S. 54-55 und Steenberg 1989, S. 28-29.
63 Vgl. Pinkus/Fleischhauer 1987, S. 315.
64 Vgl. Ingenhorst 1997, S. 54-55.
65 Vgl. Pinkus/Fleischhauer 1987, S. 322.

ter Kommandantur". Dies bedeutete, dass jede Person dazu verpflichtet war, sich in regelmäßigen Abständen bei den Behörden zu melden, und den zugewiesenen Wohnort ohne Erlaubnis nicht verlassen durfte.[66] Seit dem Herbst 1941 wurden alle Männer zwischen sechzehn und sechzig Jahren in die Arbeitsarmee, die sogenannte „trudarmija", eingezogen, ab 1942 auch Frauen. Die Arbeitsarmee glich in ihrer Organisation den sowjetischen Straflagern und forderte von den „Trudarmisten" die Erfüllung von kaum erreichbaren Arbeitsnormen bei einer minimalen Versorgung mit Lebensmitteln. Sie wurden im Bergbau, beim Bau von Industrieanlagen, Eisenbahnlinien und Städten ebenso wie als Holzfäller eingesetzt.[67]

Die Auflösung der Arbeitsarmee nach Kriegsende zog sich bis zum Ende des Jahres 1946 hin, wobei die ehemaligen Trudarmisten aber weiterhin der Kommandantur unterstanden.[68] Am 26. November 1948 zerstörte das Dekret, das für alle deportierten Nationalitäten die Verbannung „auf ewige Zeiten" festlegte, alle Hoffnungen auf eine mögliche Rückkehr in die ehemaligen Siedlungsgebiete und untersagte unter Strafandrohung das Verlassen der zugewiesenen Vertreibungsgebiete.[69] Im Jahr 1949 befanden sich insgesamt 1.035.701 Angehörige der deutschen Minderheit in der Sowjetunion in den Sondersiedlungen unter Kommandantur, die Anzahl der Angehörigen aller anderen dort lebenden nationalen Minderheiten betrug zum gleichen Zeitpunkt zusammen 1,3 Millionen.[70]

Das „Deutschtum" der Russlanddeutschen

Der deutsch-sowjetische Krieg und seine Folgen stellte für die Gruppe der Russlanddeutschen die schwerste und folgenreichste Krise dar, die die Biographien der Einzelnen bis heute prägt.[71] Diese bis in die Mitte der fünfziger Jahre andauernde Zeit war gekennzeichnet von einer physischen, wirtschaftlichen und kulturellen Vernichtung,[72] einer erzwungenen Assimilation und zunehmenden Russifizierung.[73] So führte die Zerstreuung der deutschen Minderheit in der Diaspora durch die Auflösung der alten Siedlungsgemeinschaften und der bestehenden Familienverbände zu einer beinahe vollkommenen Zerstörung der bisherigen Sozialstruktu-

---

66 Vgl. Dietz/Hilkes 1992, S. 25; Ingenhorst 1997, S. 53.
67 Vgl. Hilkes/Stricker 1997, S. 225-226.
68 Vgl. ebd., S. 229.
69 Vgl. Pinkus/Fleischhauer 1987, S. 320; Dietz/Hilkes 1992, S. 28; Hilkes/Stricker 1997, S. 230.
70 Vgl. Hilkes/Stricker 1997, S. 230.
71 Vgl. Dietz/Hilkes 1992, S. 23.
72 Vgl. Ingenhorst 1997, S. 57.
73 Vgl. Steenberg 1989, S. 30-31.

ren,[74] was eine fast vollständige Entwurzelung und tiefe Erschütterung der nationalen und kulturellen Identität mit sich brachte.[75] Gestärkt wurde dieses Empfinden durch das Auslöschen der Erinnerung an jegliches Deutsche in der Sowjetunion.[76] So wurden auch die deutschen Namen der Dörfer in den ehemaligen Siedlungsgebieten der deutschen Minderheit eliminiert und durch russische ersetzt.[77] Obwohl die deutsche Sprache aus dem öffentlichen Leben vollständig verdrängt wurde,[78] blieb sie im Privatbereich in den meisten Familien weitgehend erhalten. So gaben im Jahr 1959 noch immer 75% aller Deutschen die deutsche Sprache als ihre Muttersprache an.[79] Bedingt durch die gemeinsamen Erlebnisse der Deportation, Verbannung und der zahlreichen Repressionen gegen sie als deutsche Minderheit, bildete sich in dieser Zeit unter den Russlanddeutschen das Bewusstsein der Zugehörigkeit zu einer Schicksalsgemeinschaft heran. Die Solidarität, die von jeher die einzelnen Siedlungsgebiete auszeichnete, bezog sich nun auf die Gesamtgruppe der Deutschen.[80]

2.1.3.3 Das Leben der Russlanddeutschen bis zur Aussiedlung in die Bundesrepublik Deutschland

Eine Veränderung der Lage der Russlanddeutschen trat erst mit dem Dekret vom 13. Dezember 1955 „Über die Aufhebung von Beschränkungen in der Rechtsstellung der Deutschen und ihrer Familienangehörigen" ein. Hierin wurde die Kommandantur aufgehoben, wodurch die Deutschen den Status von freien Sowjetbürgern erhielten. Eine Rehabilitierung, die Erstattung des konfiszierten Eigentums und die Erlaubnis der Rückkehr in ihre ehemaligen Siedlungsgebiete blieben zu diesem Zeitpunkt jedoch noch aus.[81] Nach der Auflösung der Sondersiedlungen setzte unter den Russlanddeutschen eine Art Binnenmigration vor allem aus den nördlichen Regionen in das klimatisch mildere Kasachstan ein.[82] Auch die Kontaktaufnahme zu Verwandten in der Bundesrepublik Deutschland wurde einfacher,

---

74 Vgl. Längin 1992, S. 51; Ingenhorst 1997, S. 57.
75 Vgl. Pinkus/Fleischhauer 1987, S. 327.
76 Vgl. Längin 1992, S. 51: Eine Anweisung des Obersten Sowjets untersagte jegliches öffentliche Erinnern an alles Deutsche in der Sowjetunion.
77 Vgl. Hilkes/Stricker 1997, S. 224.
78 Vgl. Ingenhorst 1997, S. 57; Pinkus/Fleischhauer 1987, S. 338.
79 Vgl. Pinkus 1990, S. 195: Im Vergleich zu Angaben vorher sank der Anteil derjenigen Deutschen, die Deutsch als ihre Muttersprache angaben, in 20 Jahren um 10%.
80 Vgl. Hilkes/Stricker 1997, S. 224.
81 Vgl. Eisfeld 1992c, S. 131ff.; Ingenhorst 1997, S. 56-57.
82 Vgl. Längin 1992, S. 52.

was zu einem Anstieg der Ausreiseanträge führte.[83] Das Dekret vom 29.08.1964 brachte eine weitere Normalisierung der Position der Russlanddeutschen mit sich. Dieses beinhaltete eine Teilrehabilitierung der deutschen Minderheit, so dass die im Jahr 1941 gegen die Wolgadeutschen vorgebrachte Beschuldigung der kollektiven Kollaboration mit dem nationalsozialistischen Deutschland zurückgenommen wurde. Das Rückkehrverbot in ihre ursprünglichen Siedlungsgebiete blieb weiterhin bestehen[84] und sollte erst durch ein späteres Dekret vom 03.11.1972 aufgehoben werden.[85]

Die Auflösung der durch die im Rahmen der Deportationen entstandenen Sondersiedlungen und das gleichzeitige Verbot, in die ursprünglichen Siedlungsgebiete zurückzukehren, führte zu einer anhaltenden Umschichtung der Bevölkerungsverteilung der Deutschen in der Sowjetunion, die sich maßgeblich auf die Lebensweise der Russlanddeutschen auswirkte. So macht ein Vergleich der Situation aus den Jahren 1926 und 1979 eine Umschichtung von West nach Ost deutlich, also aus den vorwiegend im europäischen Teil der Sowjetunion gelegenen Siedlungsgebiete in die Gebiete östlich des Urals. Siedelten im Jahr 1926 von der gesamten deutschen Bevölkerung der UdSSR noch 31,8% in der Ukraine, 54,6% im europäischen Teil der Sowjetunion, 6,6% in Sibirien, 4,1% in Kasachstan und 0,8% in Mittelasien, veränderte sich dies bis zum Jahr 1979 völlig. So lebten nun nur noch 1,8% der Russlanddeutschen in der Ukraine (einschließlich Krim und Karpato-Ukraine) und 18,6% im europäischen Teil der Sowjetunion (ohne die Ukraine), dafür aber 23,8% in Sibirien, 46,5% in Kasachstan und 9,3% in Mittelasien. Damit einhergehend fand eine Urbanisierung statt. Während der Urbanisierungsgrad der deutschen Minderheit im Jahr 1926 nur 15% betrug, stieg der Anteil bis 1979 jedoch auf ca. 50% im Durchschnitt des Landes an. Die Deutschen arbeiteten nun vorwiegend in der Industrie und im Dienstleistungsbereich und hatten somit ein für sie atypisches Leben zu bewältigen.[86]

Die mit seinem Amtsantritt als Generalsekretär der KPdSU im Jahr 1985 beginnende Ära Gorbatschow führte mit den Prinzipien von „perestrojka" und „glasnost"[87] zu einem umfassenden gesellschaftlichen Umbruch der Sowjetunion,[88] der auch eine grundlegende Veränderung der Lage der Russlanddeutschen mit sich

---

83 Bis 1957 hatten bereits über 100.000 Deutsche einen Ausreiseantrag gestellt (vgl. Ingenhorst 1997, S. 59).
84 Vgl. Eisfeld 1992c, S. 136; Brandes 1992b, S. 131; Ingenhorst 1997, S. 61.
85 Vgl. Pinkus/Fleischhauer 1987, S. 365: Allerdings war dieses Dekret derart widersprüchlich verfasst, dass es kaum Auswirkungen auf die Situation der Russlanddeutschen hatte.
86 Vgl. Eisfeld 1992c, S. 148; Ingenhorst 1997, S. 58-59.
87 „Perestrojka" bedeutet in diesem Zusammenhang „Umbau" (der Gesellschaft) und „glasnost" meint „Öffentlichkeit" oder „Transparenz" (vgl. Ingenhorst 1997, S. 218).
88 Vgl. Ingenhorst 1997, S. 62.

brachte. Neben wenig erfolgreichen Versuchen einer Wiederbelebung ihrer Kultur und der Erlangung einer territorialen Autonomie, verstärkte sich unter den Angehörigen der deutschen Minderheit aber vor allem der Wunsch nach einer Übersiedlung in die Bundesrepublik Deutschland.[89] So wurde in der Zeit der Veränderungen des russischen Regierungssystems eine Auswanderungsbewegung eingeleitet, die durch den Zerfall der Sowjetunion in einzelne Republiken und die Gründung der „Gemeinschaft unabhängiger Staaten" (GUS) im Dezember 1991 noch verstärkt wurde. Die nationalstaatliche Politik der Nachfolgestaaten brachte für alle ethnischen Minderheiten, so auch für die deutsche, neue Verunsicherungen mit sich.[90] Obwohl die Ausreisebewegung zu diesem Zeitpunkt schon eingesetzt hatte, wurden bei der Volkszählung von 1989 noch 2.038.341 in der Sowjetunion lebende Deutsche gezählt.[91] In den Jahren von 1987 bis 1997 wanderten insgesamt ca. 1,5 Millionen Deutsche in die Bundesrepublik Deutschland aus.[92]

Das „Deutschtum" der Russlanddeutschen

Die für die Pflege und den Erhalt der deutschen Sprache und Kultur wichtigen Sozialstrukturen konnten durch die Unmöglichkeit der Restauration einer bäuerlichen Lebensweise in deutschen Siedlungen nicht mehr aufgebaut werden.[93] Stattdessen sahen sich die Russlanddeutschen einer zunehmenden Russifizierung ausgesetzt, die sich verstärkt auch auf den Privatbereich der Familien auswirkte und in unterschiedlichen Bereichen deutlich wurde. So setzte die jüngere Generation aus Angst vor Repressalien und Diskriminierungen vorwiegend die russische Sprache ein. Der Anteil derjenigen, die Deutsch als ihre Muttersprache angaben, sank demnach merklich und lag im Jahr 1979 bei nur 56%.[94] Aufgrund des sich abzeichnenden Verlustes der deutschen Sprache geriet auch die Tradierung des kulturellen Erbes in Gefahr. Insbesondere bezogen auf die Kenntnis von deutschen Volksliedern war in dieser Zeit ein deutlicher Bedeutungsverlust im intergenerativen Vergleich zu verzeichnen, was eine in den Jahren 1972-1982 durchgeführte Untersuchung zeigt. So bestand der Liederkern der Siebzigjährigen aus ca. 90 und der der Fünfzigjährigen aus 45 deutschen und ebenso vielen russischen Liedern. Bei der jüngsten Generation bestand zu diesem Zeitpunkt kein deutsches Liedgut mehr.[95] Da es im privaten Bereich verstärkt zu Kontakten mit der andersethnischen Gesellschaft kam, nahm

---

89 Vgl. Pfister-Heckmann 1998, S. 44.
90 Vgl. Dietz 1997, S. 21.
91 Vgl. Brandes 1992b, S. 134.
92 Vgl. Hilkes/Stricker 1997, S. 239.
93 Vgl. Ingenhorst 1997, S. 57.
94 Vgl. Pinkus 1990, S. 197.
95 Vgl. Eisfeld 1992c, S. 148-149.

auch die Zahl der gemischten Eheschließungen stetig zu.[96] Mit der Aussiedlung in die Bundesrepublik Deutschland verbanden die Russlanddeutschen neben dem Wunsch nach Familienzusammenführung und einer Verbesserung der wirtschaftlichen Lage nun die Hoffnung, dem drohenden Verlust ihres „Deutschtums" zu entgehen und ihre Sprache und Kultur uneingeschränkt leben zu können.

2.2 Die staatsrechtliche Situation und statistische Daten

Um einen tieferen Einblick in die Rahmenbedingungen des Lebens der Russlanddeutschen in der Bundesrepublik Deutschland zu erhalten, wird im Folgenden deren staatsrechtliche Situation erörtert. Die anschließenden Ausführungen zielen darauf, einen kurzen Überblick über die Entwicklung der Zuzugszahlen zu geben und im Anschluss daran die für die vorliegende Studie relevanten Strukturmerkmale russlanddeutscher Aussiedler darzustellen. So können die an dieser Untersuchung Beteiligten im Gesamtkontext der russlanddeutschen Aussiedlergruppe betrachtet werden.

2.2.1 Die staatsrechtliche Situation von Aussiedlern in Deutschland und die Aufnahmebedingungen

Aussiedler genießen aufgrund der staatsrechtlichen Lage in der Bundesrepublik Deutschland einen besonderen rechtlichen Status, der sie von anderen Einwanderungsgruppen unterscheidet und ihnen in ihrer Position als Volkszugehörige eine Aufnahme als deutsche Staatsbürger ermöglicht. Das Konstrukt der Volkszugehörigkeit ist abzuleiten von dem in der Bundesrepublik bestehenden ethnokulturellen Selbstverständnis, das sich maßgeblich auf das Staatsangehörigkeitsrecht auswirkt.[97] Hierbei ist das Prinzip der Abstammung nach dem „ius sanguinis" vorherrschend, das im Gegensatz zu dem Territorialprinzip des „ius soli" steht.[98] Die vorrangige Definition als Abstammungsgemeinschaft mit einer gemeinsamen Geschichte und Kultur beinhaltet eine enge Verknüpfung der Volkszugehörigkeit und

---

96 Vgl. ebd., S. 149: In den Jahren 1966 bis 1979 lag der Anteil der Mischehen bei den Russlanddeutschen bei 32,8 bis 62,5%. Die Daten basieren auf einer Studie, die in drei Landkreisen des Gebiets Pavlodar in Kasachstan durchgeführt wurde.
97 Vgl. Frankenberg 1993, S. 48.
98 Der aus dem Lateinischen stammende Ausdruck des „ius sanguinis" bedeutet wörtlich das „Recht des Blutes" und meint die Knüpfung der Staatsangehörigkeit an das Prinzip der Abstammung. Im Gegensatz dazu steht das „Recht des Bodens", das der lateinische Ausdruck „ius soli" beinhaltet. Hiernach konstituiert sich eine Nation nicht ausschließlich auf der Basis der Volkszugehörigkeit, sondern durch das gemeinsame Bekenntnis ihrer Bürger zu einer Verfassung (vgl. Baaden 1997, S. 26).

der rechtlichen Zugehörigkeit, was weitreichende Konsequenzen für das Staatsangehörigkeitsrecht zur Folge hat.[99] Obwohl es in jüngster Zeit hierzu einige Veränderungen gegeben hat, bleiben die grundsätzlichen rechtlichen Rahmenbedingungen für den Erwerb der Staatsangehörigkeit nach dem Prinzip des „ius sanguinis" bestehen.[100] So ist in Artikel 116 des Grundgesetzes festgelegt, wer als Deutscher anzusehen ist:

> „Deutscher im Sinne dieses Grundgesetzes ist vorbehaltlich anderweitiger gesetzlicher Regelung, wer die deutsche Staatsangehörigkeit besitzt oder als Flüchtling oder Vertriebener deutscher Volkszugehörigkeit oder als dessen Ehegatte oder Abkömmling in dem Gebiete des deutsches Reiches nach dem Stande vom 13. Dezember 1937 Aufnahme gefunden hat." (Art.116 Abs.1 GG)

Das Grundgesetz spricht an dieser Stelle von drei Kategorien von Bürgerinnen und Bürgern, nämlich von Nichtdeutschen, von deutschen Staatsangehörigen und einer dritten Gruppe, die in der Sekundärliteratur weithin als „sonstige Deutsche" bezeichnet wird.[101] Diese Gruppe umfasst Personen deutscher Abstammung, die die deutsche Staatsangehörigkeit zwar nicht besitzen, aber nach dem „ius sanguinis" als Volkszugehörige einen Anspruch auf Einbürgerung haben. Nach Deutschland kommende Aussiedler sind der Gruppe der „sonstigen Deutschen" zuzuordnen.[102]

Das 1953 in Kraft getretene Bundesvertriebenen- und Flüchtlingsgesetz (BVFG) definiert für deutsche Volkszugehörige aus Osteuropa und weiter östlich gelegenen Regionen erstmals einen Status als Aussiedler und regelt die Modalitäten für eine Aufnahme in der Bundesrepublik Deutschland, wobei die Volkszugehörigkeit nachgewiesen werden muss. Als Voraussetzungen für eine Anerkennung als Aussiedler sind im BVFG eine deutsche Abstammung, ein erlittenes Kriegsfolgenschicksal und eine daraus resultierende Beeinträchtigung durch Vertreibungsdruck und ein Bekenntnis zur deutschen Herkunft festgehalten.[103] Die Volkszugehörigkeit wird in § 6 BVFG wie folgt definiert:

> „Deutscher Volkszugehöriger im Sinne dieses Gesetzes ist, wer sich in seiner Heimat zum deutschen Volkstum bekannt hat, sofern dieses Bekenntnis durch bestimmte Merkmale wie Abstammung, Sprache, Erziehung, Kultur bestätigt wird." (vgl. § 6 BVFG)

---

99 Vgl. Heckmann 1992, S. 212.
100 Am 01.01.2000 trat ein neues Staatsangehörigkeitsgesetz in Kraft, das das bisherige reformiert und die Modalitäten einer Einbürgerung ausländischer Zuwanderer nach dem „ius soli" neu regelt (vgl. Tränhardt 2000, S. 146ff.; Heckmann/Vitt 2000, S. 260).
101 Vgl. Otto 1990, S. 55-57.
102 Siehe hierzu auch Günter Frankenberg, der mit seiner Betitelung des Art. 116 Abs. 1 GG als „Schleuse des Aussiedlerstroms" die öffentliche Meinung dazu wiedergeben versucht (vgl. Frankenberg 1993, S. 50).
103 Vgl. Bade 1999, S. 61.

Das für den Nachweis der Volkszugehörigkeit maßgebliche Bekenntnis zum Deutschtum liegt dann vor, wenn die Zugehörigkeit zur deutschen Volksgemeinschaft auch Dritten gegenüber wahrnehmbar kundgetan wurde. Dies kann beispielsweise nachgewiesen werden durch den Passeintrag der deutschen Volkszugehörigkeit, durch Zeugnisse von deutschen Schulen oder durch Volkstumsbescheinigungen der Landsmannschaften.[104] Sobald ein Nachweis über die Zugehörigkeit zur deutschen Volksgemeinschaft erbracht werden kann, erlangen Aussiedler die Rechtsposition von Statusdeutschen, die ihnen einen Anspruch auf Einbürgerung und infolgedessen auf den Erwerb der deutschen Staatsangehörigkeit sichert.[105]

Bis zum heutigen Zeitpunkt unterlag die Aussiedlerpolitik und demzufolge auch die Gesetzgebung mehrfachen Änderungen. Nach der Aufnahme von über acht Millionen Heimatvertriebenen während der Nachkriegszeit wurden in der Phase des Kalten Krieges die Kriterien der Anerkennung und Aufnahme von Aussiedlern aus politischen wie humanitären Aspekten sehr weit gefasst.[106] Nach dem Ende der Nachkriegszeit geriet die Kriegsfolgengesetzgebung zunehmend in die Kritik und es wurden Forderungen nach einer Anpassung der Gesetze an die veränderte politische Situation laut.[107] Zudem wurde durch den infolge der politischen Wende in den Jahren 1989 und 1990 in Osteuropa einsetzenden Massenexodus von vornehmlich russlanddeutschen Aussiedlern und die daraus resultierende allgemeine Überforderung eine den neuen Bedingungen angepasste gesetzliche Regelung unvermeidbar.[108]

Nach verschiedenen kleineren Neuerungen wurde die Gesetzeslage durch das zum 01.01.1993 in Kraft getretene Kriegsfolgenbereinigungsgesetz (KfbG) wesentlich verändert, das maßgebliche Änderungen des BVFG vorsah. Nach § 4 BVFG erhält jeder nun in der Bundesrepublik eintreffende Aussiedler fortan den Status eines Spätaussiedlers,[109] wodurch verdeutlicht wird, dass diese Personen Nachzügler der allgemeinen Vertreibungsmaßnahmen darstellen.[110] Gleichzeitig wurde eine Stichtagregelung eingeführt, die besagt, dass die nach dem Inkrafttreten des Gesetzes Geborenen nicht mehr mit dem Status eines Spätaussiedlers einreisen können. Im Rahmen dieser gesetzlichen Änderungen wurde ebenso eine Quotierung der Zuwanderungszahlen festgelegt (rd. 200.000 Spätaussiedler pro Jahr).[111]

---

104 Vgl. Tröster 2003, S. 29, die sich auf Matissek 1996, S. 50 bezieht.
105 Vgl. Reitemeier 2006a, S. 49.
106 Vgl. Weiß 1997, S. 17-18.
107 Vgl. Tröster 2003, S. 30.
108 Vgl. Weiß 1997, S. 18.
109 Vgl. Wollenschläger 1997, S. 220.
110 Vgl. Kraus 1994, S. 17-21.
111 Vgl. Puskeppeleit 1996, S. 109.

Eine der bedeutendsten Änderungen ist hierbei die neu eingeführte Unterscheidung zwischen den Regelvoraussetzungen der Russlanddeutschen und denen der Antragsteller aus den übrigen Aussiedlungsgebieten in Bezug auf das Kriegsfolgenschicksal.[112] Wurde ursprünglich jeder Aussiedler einem Vertriebenen nach dem Gesetz gleichgestellt, überprüfte der Gesetzgeber nun diese Gleichstellung und revidierte sie teilweise. Während der Gruppe der russlanddeutschen Aussiedler weiterhin als Ganzes der Status als Vertriebene gewährleistet wird, müssen Aussiedler aus anderen Gebieten von nun an in jedem Einzelfall Benachteiligungen oder Auswirkungen früherer Benachteiligungen, also ein Kriegsfolgenschicksal, glaubhaft nachweisen können. Die Auswirkungen dieser Veränderung innerhalb der Anerkennung des Aussiedlerstatus kommen in den Aussiedlerzahlen in Bezug auf ihre Herkunftsländer zum Ausdruck. Noch in den siebziger und achtziger Jahren kam der Großteil der einreisenden Aussiedler aus Polen, gefolgt von denen aus Rumänien. Erst an dritter Stelle der Herkunftsländer stand zu diesem Zeitpunkt die vormalige Sowjetunion. Bereits mit der veränderten politischen Lage stiegen seit 1990 innerhalb der ehemaligen Sowjetunion die Zahlen der russlanddeutschen Aussiedler stark an. Der im Rahmen des KfbG eingerichtete gesetzliche Sonderstatus der Russlanddeutschen trug maßgeblich zu dieser Entwicklung bei. So reisten seit dem Jahr 1993 über 90% aller Aussiedler aus den Gebieten der ehemaligen Sowjetunion nach Deutschland ein, seit 1994 waren es bereits über 95%.[113]

Im Jahr 1996 wurde die Gesetzeslage einer weiteren Veränderung unterzogen. Es wurde festgelegt, dass die deutsche Volkszugehörigkeit eines Spätaussiedlers bereits im Herkunftsland in Form eines Sprachtests durch Kenntnisse der deutschen Sprache nachgewiesen werden muss. Daher ist jeder Hauptantragsteller noch vor der Aussiedlung angewiesen, einen Sprachtest abzulegen. Da aber besonders die Nachfolgegeneration der Deutschen in Russland nur noch über geringe deutsche Sprachkenntnisse verfügt, bestehen ca. 30% der Antragsteller den Test nicht und können infolgedessen nicht als Spätaussiedler nach Deutschland ausreisen.[114]

Aufgrund der stetig zunehmenden Anzahl der Einbeziehung von nicht-deutschstämmigen Angehörigen im Aussiedlungsprozess, sah der Gesetzgeber in jüngster Zeit die Notwendigkeit, die Einbeziehungsvoraussetzungen neu zu fassen. Mit dem zum 1. Januar 2005 in Kraft getretenen Zuwanderungsgesetz wurde festgelegt, dass eine Einbeziehung von Familienangehörigen nur dann möglich ist, wenn diese vom Spätaussiedler selbst ausdrücklich beantragt wird. Ehegatten und Abkömmlinge ab vierzehn Jahren müssen nun den Nachweis erbringen, Grundkenntnisse in der deut-

---

112 Vgl. ebd. 1996, S. 108.
113 Vgl. Dietz/Roll 1998, S. 18.
114 Vgl. Dietz/Roll 1998, S. 20.

schen Sprache zu besitzen. Werden diese Einbeziehungsvoraussetzungen nicht erfüllt, können die Familienangehörigen des Spätaussiedlers nur im Rahmen des ausländerrechtlichen Familiennachzugs in die Bundesrepublik Deutschland einreisen.[115] Die beschriebenen rechtlichen Veränderungen gingen einher mit zahlreichen Kürzungen der Eingliederungshilfen für Spätaussiedler. Hierbei kann von gravierenden Einschnitten bei der materiellen Grundsicherung gesprochen werden, zu der Kürzungen in zahlreichen anderen Bereichen hinzukommen.[116]

2.2.2 Ein kurzer Überblick über die Entwicklung der Aussiedlerzahlen in der Bundesrepublik Deutschland

In den Jahren von 1950 bis 2005 reisten insgesamt 4.481.882 Heimatvertriebene und (Spät-) Aussiedler[117] aus der ehemaligen Sowjetunion, der Republik Polen, der ehemaligen CSFR, aus Ungarn, Rumänien, dem ehemaligen Jugoslawien und aus sonstigen Ländern in die Bundesrepublik Deutschland ein. Im Folgenden wird die Entwicklung der Zuzugszahlen kurz beschrieben.[118] Ein Schaubild über die Aussiedlerstatistik seit 1950 findet sich im Anhang dieser Arbeit.[119]

Im Jahr 1988 stiegen die Zuzugszahlen von Personen, die als Aussiedler nach Deutschland kamen, sprunghaft auf 202.673 an und erreichten 1990 mit 397.073 ihren Höhepunkt. Der Anstieg der Aussiedlerzahlen zu dieser Zeit ist vor allem durch die politischen Umbrüche in Osteuropa und der damit einhergehenden Erleichterung der Aussiedlungsmodalitäten in den Herkunftsländern zu erklären. Wenn die Zahlen in den folgenden Jahren auch ein wenig sanken, so blieb bis zum Jahr 1995 mit 217.898 eingereisten Personen der Umfang der jährlichen Aussiedlerzahlen bei über 200.000. In den darauffolgenden Jahren nahmen die Zuzugszahlen stetig ab, so dass sie im Jahr 2000 erstmals unter die Zahl von 100.000 fielen. Dieser Trend setzte sich fort, so dass 2005 nur 35.522 Aussiedlern in der Bundesrepublik registriert wurden.

---

115 Vgl. Bundesministerium des Innern 2005, S. 41.
116 Siehe zu einer detaillierteren Beschreibung der Einschnitte und Kürzungen die Ausführungen von Jürgen Puskeppeleit (vgl. Puskeppeleit 1996, S. 115-116).
117 Hinzuweisen ist an dieser Stelle darauf, dass sich die offizielle Bezeichnung mit dem Inkrafttreten des Kriegsfolgenbereinigungsgesetzes am 01.01.1993 verändert hat und von diesem Zeitpunkt an „Aussiedler" als „Spätaussiedler" bezeichnet werden. Da sich die folgenden Ausführungen auf die Zeit sowohl vor als auch nach dem 01.01.1993 beziehen, wird die Verwendung des Begriffs erschwert. Im Folgenden wird daher der Einfachheit halber auf die Bezeichnung „(Spät-) Aussiedler" verzichtet und der Begriff „Aussiedler" gewählt.
118 Siehe hierzu Bundesministerium des Innern 2005, S. 38-46.
119 Der Anhang ist zu finden unter www.waxmann.com/kat/2068.html. Die hier verwendeten Angaben sind dem Schaubild „Aussiedlerstatistik seit 1950" entnommen (Bundesverwaltungsamt, III Stabsstelle. Statistik – Dokumentation. 50728 Köln).

Auffällig sind die Veränderungen in der Zusammensetzung der Gruppe der Aussiedler nach ihren jeweiligen Herkunftsgebieten seit Beginn der 1990er Jahre. Kamen die meisten Aussiedler bis 1989 noch aus Polen, sank deren Anzahl im darauffolgenden Jahr auf 133.872 ab, so dass die Russlanddeutschen mit 147.950 nun die größte Gruppe stellten. Die 111.150 aus Rumänien Einreisenden bildeten im selben Jahr die drittgrößte Aussiedlergruppe. Während die Zuzugszahlen der Russlanddeutschen auf 209.409 im Jahr 1995 stetig anstiegen, gingen die Zahlen der Aussiedler aus Polen auf 1.677 und Rumänien auf 6.519 Personen im selben Jahr drastisch zurück. Dieser Rückgang der Aussiedlerzahlen aus Polen, Rumänien und den anderen Herkunftsgebieten ist durch das Inkrafttreten des Kriegsfolgenbereinigungsgesetzes zu erklären, das für alle Aussiedler außer denjenigen aus der ehemaligen Sowjetunion die Glaubhaftmachung des Kriegsfolgenschicksals erforderte.

Ab 1995 wurde auch die Zuzugszahl der Russlanddeutschen rückläufig und ging in den darauffolgenden Jahren stetig zurück. So reisten im Jahr 2000 noch 94.558 Aussiedler aus der ehemaligen Sowjetunion in die Bundesrepublik ein, bis 2005 sank die Zahl auf 35.396. Die Anzahl der Aussiedler aus Polen betrug im selben Jahr 80 und der aus Rumänien 39. Insgesamt gesehen stellen die Russlanddeutschen mit 2.334.334 Personen im Jahr 2005 die größte Gruppe aller in Deutschland lebenden Aussiedler dar, gefolgt von den insgesamt 1.444.847 Aussiedlern aus Polen und den 430.101 aus Rumänien.

2.2.3 Relevante Strukturmerkmale

Im Folgenden werden einige Strukturmerkmale, die für die vorliegende Arbeit von Bedeutung sind, kurz dargelegt.[120] Da sich die Arbeit ausschließlich auf russlanddeutsche Aussiedler bezieht, werden die relevanten Strukturmerkmale in Hinblick auf diese Gruppe dargestellt – soweit es das statistische Datenmaterial zulässt.[121] Hierzu gehören neben einer kurzen Beschreibung der sich verändernden nationalen Zusammensetzung der Gruppe der Aussiedler auch eine Darlegung der

---

120 Siehe hierzu Bundesministerium des Innern 2005, S. 38-46.
121 Da die Strukturmerkmale häufig für die Gesamtgruppe der Aussiedler erfasst werden, ist eine gesonderte Betrachtung nicht immer möglich. Da seit Mitte der neunziger Jahre aber Aussiedler aus der ehemaligen Sowjetunion die zahlenmäßig größte Gruppe bilden (im Jahr 1995 stellten Russlanddeutsche 96,1% der Aussiedlergruppe [vgl. die Zahlen des abgebildeten Schaubildes zur Aussiedlerstatistik des Bundesverwaltungsamtes]) und seit dem Jahr 2000 Aussiedler fast ausschließlich aus den Nachfolgestaaten der UdSSR kommen (im Jahr 2004 betrug der Anteil der Russlanddeutschen unter der Gruppe der Aussiedler 99,4%, im Jahr 2005 99,6% [vgl. Bundesministerium des Innern 2005, S. 43]), können die zur Beschreibung der Strukturmerkmale angegebenen Zahlen auf die Gruppe der russlanddeutschen Aussiedler übertragen werden.

Religionszugehörigkeit und eine Ausführung über den Berufsstand, da diese Strukturmerkmale im Rahmen der empirischen Studie Berücksichtigung finden.

In Bezug auf die nationale Zusammensetzung der Aussiedlergruppe ist in den letzten Jahren eine große Veränderung zu verzeichnen. So verringerte sich in den aussiedelnden Familienverbänden der Anteil der deutschstämmigen Aussiedler von ca. 75% im Jahr 1993 auf etwa 21% im Jahr 2005. Gleichzeitig stieg der Anteil der nicht-deutschstämmigen Angehörigen auf knapp 80% im Jahr 2005 an.[122] Somit dominieren bei den in den letzten Jahren nach Deutschland eingereisten (russlanddeutschen) Aussiedlerfamilien diejenigen, die über eine interethnische Zusammensetzung verfügen.[123] Um diese Entwicklung zu berücksichtigen, werden für das Sample der vorliegenden Studie Familien, die sowohl aus russlanddeutschen als auch russischen Mitgliedern bestehen, in die Untersuchung mit einbezogen.

Aus einem Vergleich der jährlich zusammengestellten Statistiken des Bundesverwaltungsamtes geht hervor, dass es bezüglich der Religionszugehörigkeit in den letzten Jahren deutliche Veränderungen gegeben hat. Bis Mitte der neunziger Jahre bezeichnete sich der Großteil der Aussiedler als „evangelisch", die zweit- und drittgrößte Gruppe bildeten diejenigen, die „andere Bekenntnisse" und „römisch-katholisch" angaben.[124] Es ist anzunehmen, dass unter „anderen Bekenntnissen" vorwiegend die unterschiedlichen Freikirchen wie Baptisten, Mennonniten und Pfingstgemeinden Bedeutung fanden. Mit dem Ende der neunziger Jahre veränderten sich diese Zugehörigkeiten dahingehend, dass die Angaben bei „evangelisch", „römisch-katholisch" und den „anderen Bekenntnissen" zurückgingen, wobei die stärkste Abnahme bei den letzteren zu verzeichnen war. Im Gegensatz dazu stieg die Zahl derjenigen, die sich als „russisch- oder griechisch-orthodox" bezeichneten und „kein Bekenntnis" angaben.[125] Wahrscheinlich ist, dass diese Veränderungen bezüglich der Religionszugehörigkeit auf den Anstieg der ethnisch gemischten Aussiedlerfamilien Ende der neunziger Jahre zurückzuführen sind. Für die vorlie-

---

122 Vgl. Bundesministerium des Innern 2005, S. 40-41.
123 Die erfassten Zahlen beziehen sich hierbei auf die Gesamtgruppe der Aussiedler und nicht ausschließlich auf die Gruppe der Russlanddeutschen, können jedoch aufgrund der oben beschriebenen Zusammensetzung der Aussiedlergruppe auf die Gruppe der russlanddeutschen Aussiedler übertragen werden (vgl. Kapitel 2.2.2 dieser Arbeit).
124 So gaben im Jahr 1994 56% der einreisenden Aussiedler an, „evangelisch" zu sein, 23% wurden unter „anderen Bekenntnissen" gefasst und 21% bezeichneten sich als „römisch-katholisch" (vgl. Eyselein 2006, S. 49).
125 Im Jahr 2002 bezeichneten sich 50% der Aussiedler als „evangelisch" und 18% als „römisch-katholisch". Der Anteil derjenigen mit „anderen Bekenntnissen" umfasste nur noch knapp 4%. Demgegenüber gaben 18% an, „russisch- oder griechisch-orthodox" zu sein, und 9% ordneten sich „keinem Bekenntnis" zu. Die verbleibenden Personen machten keine Angabe (vgl. Eyselein 2006, S. 50).

gende Studie ist in Bezug auf die Religionszugehörigkeit insbesondere die Gruppe der Aussiedler interessant, die zu Freikirchen gehören, da für diese in der bisherigen Forschung eine Art Sonderrolle angedeutet wurde.[126] Verlässliche Zahlen über die tatsächliche Zugehörigkeit russlanddeutscher Aussiedler zu Freikirchen existieren kaum, Schätzungen zufolge gehören knapp 25% aller Russlanddeutschen einer Freikirche an.[127] Aufgrund der für sie herausgearbeiteten Sonderrolle werden russlanddeutsche Familien aus Freikirchen im Sample berücksichtigt.

In Bezug auf den Berufsstand von Aussiedlern werden im statistischen Material des Bundesverwaltungsamtes die mitgebrachten Berufe in verschiedene Bereiche gruppiert und anhand der prozentualen Berufsfeldanteile dargestellt.[128] Eine gesonderte Betrachtung des Gesamtanteils derjenigen Aussiedler mit Hochschulabschluss bleibt jedoch aus. Bezüglich des Anteils von Akademikern liegen demnach keine gesicherten Daten vor. Statistische Zahlen der Bundesagentur für Arbeit weisen jedoch allgemein auf einen niedrigen Anteil von Akademikern hin. Allerdings wird in der Statistik der Bundesagentur für Arbeit nur die Gruppe der arbeitslosen Aussiedler berücksichtigt, so dass die darin erfassten Zahlen zwar eine Tendenz verdeutlichen, jedoch keine eindeutigen Daten für die Gesamtgruppe der Aussiedler liefern.[129] In der vorliegenden empirischen Studie werden trotz des angenommenen geringen Anteils von russlanddeutschen Akademikern Familien mit akademischem Hintergrund in das Sample mit aufgenommen, um zu untersuchen, ob bei diesen im

---

126 So wurden für russlanddeutsche Aussiedler aus Freikirchen im Gegensatz zu denen anderer Religionszugehörigkeiten gehäuft Schwierigkeiten im Integrationsprozess festgestellt (Siehe hierzu die Ausführungen im Forschungsstand in Kapitel 3 dieser Arbeit.).
127 Diese geschätzte Zahl gibt Waldemar Vogelgesang in seinem Aufsatzartikel über „Religiöse Segregation und soziale Distanzierung" an (vgl. Vogelgesang 2006, S. 157). Auf Nachfrage bestätigte Vogelgesang, zu dieser Schätzung aufgrund von Gesprächen mit zahlreichen Experten gekommen zu sein. Informationen sowohl aus aktuellen religionssoziologischen Studien zur Kirchenmitgliedschaft als auch aus statistischem Datenmaterial des Bundesverwaltungsamtes und einiger Länderministerien lieferten Vogelgesang zufolge deutliche Hinweise dafür, dass diese geschätzte Zahl zutreffend sei.
128 Die beruflichen Qualifikationen werden dabei unterteilt in die Bereiche der industriellen und handwerklichen Berufe, der Dienstleistungsberufe, der technischen Berufe, der Bergbauberufe, der land- und forstwirtschaftlichen Berufe und der Berufe, die sich den genannten Bereichen nicht zuordnen lassen. Für eine detailliertere Beschreibung der prozentualen Verteilung der Aussiedler auf die einzelnen Berufsbereiche siehe Eyselein 2006, S. 47-49.
129 Auch liegt die gesonderte Erfassung von arbeitslosen Aussiedlern mit Hochschulbildung nur für die Zeit ab Januar 1998 vor. Für den Zeitraum ab dem Jahr 1998 bis zum Jahr 2005 liegt der Anteil der Akademiker in der Gruppe der arbeitslosen Aussiedler durchgehend unter 8%, so dass für die Gesamtgruppe der Aussiedler ebenfalls ein niedriger Akademikeranteil angenommen werden kann (Quelle: Statistik der Bundesagentur für Arbeit: Bestand an arbeitslosen Spätaussiedlern nach der Berufsausbildung – Zeitreihe. Stand: Oktober 2006- DZ/AM).

Gegensatz zu den mehrheitlich nicht akademischen Familien in Bezug auf die Fragestellung andere Ergebnisse zu verzeichnen sind.

2.3 Die spezifische Kultursituation russlanddeutscher Aussiedler in der Bundesrepublik Deutschland

Die Einreise und Integration von Aussiedlern gestaltete sich bis zum Ende der achtziger Jahre weitgehend unproblematisch und im Stillen.[130] Seit Beginn der neunziger Jahre gelten Aussiedler als eine zunehmend problematische Zuwanderungsgruppe, unter ihnen besonders die Gruppe der Russlanddeutschen. Dies mag sowohl zurückzuführen sein auf den starken Anstieg der Aussiedlerzahlen als auch auf die schlechteren individuellen Integrationsvoraussetzungen der Aussiedler selbst und nicht zuletzt auf die veränderten gesellschaftspolitischen Rahmenbedingungen in der Bundesrepublik Deutschland.[131] Vor allem aber wurde die Annahme, dass sich die Integration deutschstämmiger Aussiedler aufgrund ihrer ethnischen Herkunft und ihrer den Bundesdeutschen ähnlichen oder gar gleichen kulturellen Identität unter „geradezu optimalen"[132] Bedingungen und unter sicherem Ausschluss soziokultureller Probleme vollziehen könne, durch die aktuelle Entwicklung gründlich widerlegt.[133]

Zwar erlangen die Russlanddeutschen nach der Einreise in die Bundesrepublik Deutschland aufgrund ihrer rechtlichen Position als Aussiedler eine sofortige Anerkennung als deutsche Staatsangehörige, doch bisherige Studien verdeutlichen, dass diese rechtliche Position als Deutsche der tatsächlich von den Russlanddeutschen wahrgenommenen Zugehörigkeit widerspricht.[134] Definierten sie für sich während der Zeit im russischen Reich und der Sowjetunion resultierend aus ihrem historischen Kontext stets eine ethnisch-kulturelle Identität als Deutsche,[135] stoßen sie in der Bundesrepublik wider Erwarten auf Fremdheit. So machen die Russlanddeutschen die Erfahrung, dass ihre durch die jeweilige tradierte Mundart geprägte deutsche Sprache und die von ihnen gelebten Traditionen und Werte auf die bundesdeutsche Gesellschaft nicht etwa vertraut, sondern vielmehr befremdend wirken.[136]

---

130 Vgl. Bade 1999, S. 61.
131 Vgl. Tröster 2003, S. 31-32.
132 Bade 1997a, S.25.
133 Vgl. ebd. S. 25.
134 Siehe hierzu auch die Ausführungen von Irene Tröster, die darauf hinweist, dass die sofortige rechtliche Anerkennung als Deutsche nicht mit einer faktischen Integration der Russlanddeutschen zusammenfällt (vgl. Tröster 2003, S. 36).
135 Vgl. Dietz/Hilkes 1994, S. 17.
136 Vgl. Tröster 2003, S. 36.

Für die Russlanddeutschen entsteht also die Ambivalenz, trotz der ursprünglichen Definition als Deutsche nach der Übersiedlung in die Bundesrepublik Deutschland eine zugeschriebene, aber auch selbst wahrgenommene Position von Fremden einzunehmen, was eine breitflächige Erschütterung der eigenen ethnisch-kulturellen Orientierung und Identität vermuten lässt. Dieser Verunsicherung begegnen einige Russlanddeutsche mit einer schweigsamen Überanpassung,[137] der Großteil von ihnen reagiert jedoch mit einem Rückzug in die Eigengruppe. Als kulturelle Rückzugsmöglichkeiten stellen die Familie, der Bekanntenkreis oder aber auch russlanddeutsche Gemeinschaften wie religiöse Gruppierungen wichtige Bezugspunkte dar.[138]

Die hier erörterte spezifische Kultursituation der Gruppe der russlanddeutschen Aussiedler[139] bildet den Ausgangspunkt für die vorliegende Forschungsarbeit. Diese hat das Ziel, den von den Russlanddeutschen erlebten Kulturkonflikt detailliert zu untersuchen. Besonders interessieren hierbei die von den Russlanddeutschen entwickelten Lösungsstrategien für den Umgang mit der beschriebenen Ambivalenz und die jeweiligen Verortungen, die im Zuge des Prozesses der Auseinandersetzung mit der Frage nach der eigenen Kulturzugehörigkeit entwickelt werden.

---

137 Vgl. Bade 1992b, S. 410.
138 Vgl. Tröster 2003, S. 37.
139 Diese spezifische Kultursituation der Russlanddeutschen wird auch in der bisherigen Literatur zur Aussiedlerforschung beschrieben. Siehe dazu die Ausführungen in Kapitel 3.1 dieser Arbeit.

3 Forschungsstand

Der explosionsartige Zuwachs der Aussiedlerzahlen in der Bundesrepublik Deutschland seit dem Ende der achtziger Jahre brachte ein verstärktes wissenschaftliches Interesse an der Lebens- und vor allem der Integrationssituation der Aussiedler mit sich. Die auftretenden Schwierigkeiten im Bereich der Eingliederung und Integration führten zu ersten Erklärungsversuchen.[140] Seit Beginn der neunziger Jahre entwickelte sich die Aussiedlerforschung zum Zentralbereich der Migrations- und Integrationsforschung in Deutschland[141] und tauchte zudem in verschiedenen wissenschaftlichen Disziplinen auf, wie in Geschichte, Soziologie, Ethnologie und Volkskunde, Psychologie, Sprach- und Literaturwissenschaften und Ökonomie.[142]

Im Rahmen dieser Arbeit wird auf eine detaillierte Darstellung der zahlreichen Veröffentlichungen im Bereich der Aussiedlerforschung verzichtet. Es erscheint vielmehr sinnvoll, zu Beginn die allgemeinen Schwerpunkte der Aussiedlerthematik kurz zu beschreiben und auf eine Auswahl der jeweiligen Veröffentlichungen hinzuweisen.[143] Im Anschluss daran werden Erkenntnisse aus bisherigen Forschungen aufgegriffen, die sich auf die kulturelle Situation russlanddeutscher Aussiedler beziehen und sich für die vorliegende Arbeit als relevant erwiesen haben. Da das Ziel der vorliegenden Untersuchung die Auseinandersetzung mit der ethnischen Komponente der kulturellen Identität von Russlanddeutschen ist, wird das Kapitel abgeschlossen mit einer Darstellung und Diskussion von Forschungsergebnissen ausgewählter Studien zur ethnisch-kulturellen Identität russlanddeutscher Aussiedler. So kann die eigene Studie in der Forschungslandschaft verortet werden.

Einen wichtigen Schwerpunkt in der Aussiedlerforschung bilden vor allem historische Arbeiten, die sich ausführlich mit der Geschichte der Deutschen in Russland auseinandersetzen. Beginnend mit Beschreibungen der Siedlungsgeschichte der deutschen Minderheit in den verschiedenen Regionen des Russischen Reiches über Darstellungen der Lebensverhältnisse der Deutschen während und nach den

---

140 Vgl. Tröster 2003, S. 41.
141 Für einen umfassenden Überblick siehe hierzu auch Brandes/Dönninghaus 1999.
142 Ein kurzer Überblick über die Arbeiten in den genannten Bereichen findet sich in Bade/Oltmer 1999a, S. 40-41.
143 Die Darstellung beschränkt sich dabei vorwiegend auf die Forschungen bezüglich der Gruppe der russlanddeutschen Aussiedler, da diese in der vorliegenden Arbeit den Forschungsgegenstand darstellen. Da einige Veröffentlichungen aber die Aussiedlergruppe im Gesamten zum Gegenstand haben und neben russlanddeutschen Aussiedlern auch solche aus anderen Herkunftsländern berücksichtigen oder aber Vergleiche zwischen den einzelnen Einwanderergruppen anstellen – so dass beispielsweise neben Aussiedlern auch Ausländer betrachtet werden – sind an dieser Stelle Überschneidungen möglich.

Deportationen infolge des Zweiten Weltkrieges bis hin zu Auseinandersetzungen mit der Entwicklung der Situation der Russlanddeutschen bis zur Aussiedlung in die Bundesrepublik, sind hierzu zahlreiche Monographien, Sammelbände und Aufsätze erschienen.[144]

Einen zusätzlichen Schwerpunkt stellen die zahlreichen Forschungen zur Integration dar, wobei vorrangig strukturelle und soziale Dimensionen von Integration berücksichtigt werden. Oftmals zeichnen sich die Forschungen durch den Versuch aus, Erklärungsansätze für auftretende Integrationsschwierigkeiten herauszuarbeiten und Empfehlungen für den Umgang mit diesen zu formulieren. Bezüglich der Auseinandersetzung mit auftretenden Schwierigkeiten im Integrationsprozess wird zudem deutlich, dass der Schwerpunkt hierbei auf der Erörterung der Situation russlanddeutscher Jugendlicher liegt.[145]

Einen weiteren großen Bereich der die Gruppe der russlanddeutschen Aussiedler betreffenden Veröffentlichungen bildet die sogenannte Erlebnisliteratur. Die fast ausschließlich von Russlanddeutschen selbst geschriebenen biographischen Erzählungen geben einen tiefen Einblick in deren Selbstwahrnehmung und Lebensumstände, insbesondere während und nach der Zeit der Vertreibung und Deportation.[146]

---

144 Siehe hierzu Bauer/Chlosta/Krekeler/Wenderott 1999, Hollatz 1999, Ingenhorst 1997, Stricker 1997, Hilkes/Stricker 1997, Brandes 1997a, Brandes 1997b, Brandes 1992b, Brandes 1992c, Eisfeld 1992, Eisfeld 1992a, Eisfeld 1992b, Eisfeld 1992c, Bade 1992, Neutatz 1992, Meissner/Neubauer/Eisfeld 1992, Schipan/Striegnitz 1992, Epp 1992, Sommer 1992, Längin 1992, Steenberg 1989, Kappeler/Meissner/Simon 1987, Pinkus/Fleischhauer 1987, Stumpp 1987, Pauli 1985 und Bohmann 1970.
145 Siehe hierzu Reich 2005, Tröster 2003, Herwartz-Emden/Westphal 2002, Strobl/Kühnel 2000, Bade/Oltmer 1999, Münz/Seifert/Ulrich 1999, Dietz/Roll 1998, Herwartz-Emden/Westphal 1997, Schmitt-Rodermund 1997, Baaden 1997b, Ködderitzsch 1997, Graudenz/Römhild 1996, Pfundtner 1995, Dietz/Hilkes 1994, Masumbuku 1994, Althammer/Kossolapow 1992, Blahusch 1992, Kotzian 1991, Gugel 1990, Wilkiewicz 1989, Kossolapow 1987 und Branik 1982.
146 Siehe hierzu u.a. Harfst/Harfst 1994, Krüger 1993, Malchow/Tayebi/Brand 1993, Pörtner 1992, Knott/Hamm/Jung 1991, Camman 1991 und Széleky 1990. Auch die „Landsmannschaft der Deutschen aus Russland" leistet mit ihren Organen „Heimatbuch der Deutschen aus Russland" und „Volk auf dem Weg" einen großen Beitrag zur Erlebnisliteratur.

3.1 Relevante Forschungsschwerpunkte

Den Forschungsgegenstand dieser Studie stellt die spezifische Kultursituation dar, in der sich Russlanddeutsche befinden.[147] Dass Aussiedler aufgrund ihrer tradierten ethnischen Zugehörigkeit als Deutsche nach der Einreise in die Bundesrepublik und in Konfrontation mit der unerwartet fremd empfundenen bundesdeutschen Kultur einer erschwerten Situation ausgesetzt sind, wird in der Aussiedlerforschung des Öfteren beschrieben. Einige Autoren verweisen auf dieses Problemfeld aufgrund ihrer Analyse des historischen Kontextes und der Aufnahmesituation der Aussiedler in der Bundesrepublik,[148] andere arbeiten die spezifische Kultursituation mehr oder weniger ausführlich als Ergebnis oder Teilergebnis einer Studie heraus.[149] Hierbei kann der Tatbestand, dass (russlanddeutsche) Aussiedler sich in einem für sie typischen Kulturkonflikt befinden, empirisch belegt werden.

In einigen Untersuchungen wird der Versuch unternommen, diese herausgearbeitete Besonderheit hinsichtlich der ethnisch-kulturellen Situation russlanddeutscher Aussiedler mit den eigentlichen Forschungsfragen der Studien in Verbindung zu setzen.[150] Auch wenn eine aufschlussreiche gesonderte Betrachtung der Kultursituation der Aussiedler bisher weitgehend ausbleibt, werden hierbei interessante Erkenntnisse erlangt, die für die vorliegende Studie von Relevanz sind:

Eine eingehende Betrachtung erfährt in der Forschung das integrative Verhalten russlanddeutscher Aussiedler, das unter anderem auch vor dem Hintergrund der spezifischen Kultursituation erörtert wird. Ob aber überhaupt eine Wechselwirkung zwischen der ethnisch-kulturellen Herkunft und der Integrationsbereitschaft der Einzelnen besteht, wird dabei kontrovers diskutiert. So vertreten einige Forscher die These, dass kulturelle Ursachen in keinem signifikanten Zusammenhang mit dem Integrationsverhalten der Russlanddeutschen stehen,[151] andere hingegen gelangen zu der Überzeugung, dass der Aspekt der Ethnizität von zentraler Bedeutung ist und den gesamten Integrationsverlauf begleitet.[152] Diejenigen, die eine Auswirkung des ethnisch-kulturellen Zugehörigkeitsgefühls der Russlanddeutschen auf deren integratives Verhalten annehmen, gelangen jedoch zu teilweise konträren

---

147 Die spezifische Kultursituation, in der sich (russlanddeutsche) Aussiedler aufgrund ihres historischen Kontextes nach ihrer Einreise in die Bundesrepublik Deutschland befinden, wurde in Kapitel 2.3 dieser Arbeit bereits ausführlich erörtert.
148 Vgl. Strobl/Kühnel 2000, S. 34-35; Herwartz-Emden 2000a, S. 22.; Malchow/Tayebi/Brand 1993, S. 72.
149 Vgl. Pfister-Heckmann 1998, S. 284ff.; Westphal 1997; Dembon/Hoffmeister/Ingenhorst 1994, S. 134ff.
150 Vgl. Nienaber 1995, S. 451ff.; Schafer/Schenk 1994, S. 94ff.
151 Vgl. Strobl/Kühnel 2000, S. 186.
152 Vgl. Nienaber 1995, S. 451ff.

Ansätzen in der Beschreibung dieser Wechselwirkung. In einigen Studien wird dabei das Resultat erzielt, dass Russlanddeutsche aufgrund ihrer spezifischen Kultursituation ein mangelndes Selbstbewusstsein ausbilden, was hinsichtlich ihrer Integration negative Auswirkungen zeigt. So weisen Andrea Schafer und Liane Schenk beispielsweise auf einen wechselseitigen Zusammenhang zwischen diesem fehlenden Selbstbewusstsein und der Schwierigkeit einer beruflichen Eingliederung hin.[153] Andere hingegen sehen eine positive Auswirkung.[154] Manuela Westphal kommt zu der Überzeugung, dass sich die von russlanddeutschen Aussiedlern vollzogene ethnische Positionierung als Deutsche nach der Migration als eine Ressource erweist, die eine Integration in die bundesdeutsche Gesellschaft erleichtert.[155] Diese unterschiedliche Ergebnislage ist dadurch zu erklären, dass die spezifische Problematik der Aussiedler im kulturellen Bereich in den einzelnen Untersuchungen nicht ausreichend berücksichtigt wird, sondern lediglich ein Randthema darstellt.

Als ein weiterer wichtiger Faktor erweist sich in den bisherigen Studien die Religiosität der Russlanddeutschen. Hierbei ist für das Leben der Deutschen in der ehemaligen Sowjetunion zunehmend eine Umwandlung von religiösen in ethnische Traditionen zu verzeichnen, so dass der persönlichen Religiosität des Einzelnen vorwiegend die Funktion eines Mittels zur Erhaltung der deutschen Kultur zukommt.[156] Auch für die Zeit nach der Migration in die Bundesrepublik Deutschland bleibt Religion für viele Russlanddeutsche eine wichtige Konstante, die sich auch auf die Identitätsbildung auswirkt.[157] So kommt Stefanie Theis beispielsweise zu der Erkenntnis, dass Religion für russlanddeutsche Aussiedler eine Art „portable Heimat" darstellt.[158] Eine tiefe religiöse Verwurzelung ist bei vielen Russlanddeutschen eng verbunden mit der Zugehörigkeit zu einer religiösen Gemeinschaft, die in den meisten Fällen fast ausschließlich aus Angehörigen der eigenen ethnischen Gruppe besteht. Hierbei ist es unbestritten, dass sich insbesondere die Zugehörigkeit zu einer russlanddeutschen Freikirche auf die Integrationsbereitschaft der Einzelnen auswirkt,[159] doch kommen die Forscher in der Bewertung dieser Auswirkungen zu unterschiedlichen Resultaten. Heike Pfister-Heckmann betont in diesem Zusammenhang, dass sich der oftmals vollzogene Rückzug in die religiöse Eigengruppe stabilisierend auf die einzelnen Russlanddeutschen auswirkt und daher nicht

---

153 Vgl. Schafer/Schenk 1994, S. 94.
154 Vgl. Nienaber 1995, S. 404; S. 323.
155 Vgl. Westphal 1997, S. 232-233.
156 Vgl. Strewe 1992, S. 19ff.
157 Vgl. Eyselein 2006; Vogelgesang 2006; Ilyin 2006.
158 Vgl. Theis 2006, S. 243.
159 Vgl. Ilyin 2006, S. 275.

zwangsläufig zu einer Ablehnung von integrativen Leistungen führen muss.[160] Dieser Einschätzung widerspricht beispielsweise Waldemar Vogelgesang, der für die Mitglieder von russlanddeutschen Freikirchen zu der Überzeugung gelangt, dass deren religiöses Verständnis zu einer „Abschottungsmentalität" führt, die sich in hohem Maße integrationshemmend auswirkt.[161]

Auch der von Russlanddeutschen aufgrund ihrer historischen Hintergründe erlebte Status als Opfer wird von einigen Autoren als ein wesentliches Element ihres Identitätsbewusstseins gewertet.[162] So kommt Karsten Roesler durch einen in seiner Studie angestellten Vergleich zwischen der Befragung von Russlanddeutschen in der GUS und in der Bundesrepublik Deutschland zu der Erkenntnis, dass dieser erfahrene Opferstatus auch nach der Migration für russlanddeutsche Aussiedler eine identitätsstiftende Wirkung besitzt und somit als zentrales Element einer kollektiven russlanddeutschen Identität zu werten ist.[163]

Wichtig ist auch die in der Forschungslandschaft vorherrschende Erkenntnis, dass das Bezugssystem der Familie über die Migration in die Bundesrepublik Deutschland hinaus für die Russlanddeutschen trotz auftretender Schwierigkeiten nicht an Bedeutung eingebüßt hat.[164] Die Tradierung von ethischen Werten vollzieht sich bei russlanddeutschen Aussiedlern nachweislich weiterhin vorrangig innerhalb der Familie.[165] Auch stellt der Familienverbund besonders für die Kindergeneration in der Zeit nach der Migration einen bedeutenden Kontinuitätsfaktor dar.[166]

Gerade in der jüngeren Zeit taucht die Thematik der ethnischen Identifizierung Russlanddeutscher in einigen Aufsätzen auf, wird darin jedoch nicht ausreichend untersucht.[167] Auch der bereits beschriebene Themenbereich der Religiosität Russlanddeutscher wird in aktuellen sozialwissenschaftlichen und theologischen Arbeiten oder Aufsätzen verstärkt beleuchtet.[168] Diese alle im Jahr 2006 erschienenen Arbeiten über unterschiedliche Bereiche der kulturellen Identität russlanddeutscher Aussiedler verdeutlichen das zunehmende Interesse an der wissenschaftlichen Aufarbeitung des kulturellen Bereichs in der Aussiedlerforschung.

---

160 Vgl. Pfister-Heckmann 1998, S. 285.
161 Vgl. Vogelgesang 2006, S. 165.
162 Vgl. Westphal 1997, S. 96.
163 Vgl. Roesler 2003, S. 273ff.
164 Vgl. Wilkiewicz 1989, S. 52ff.; Boll 1993, S. 91-92.
165 Vgl. Boll 1993, S. 91-92.
166 Vgl. Dietz 1999, S. 29.
167 Siehe hierzu beispielsweise Baerwolf 2006 und Savoskul 2006.
168 Siehe hierzu Eyselein 2006, Theis 2006, Vogelgesang 2006 und Ilyin 2006.

3.2 Die ethnische Komponente der kulturellen Identität russlanddeutscher Aussiedler in der Forschungslandschaft

In der vorliegenden Studie steht die Frage nach der ethnischen Komponente der kulturellen Identität russlanddeutscher Aussiedler im Mittelpunkt. Hierzu existieren bisher vorrangig Studien, die mit quantitativen Erhebungs- und Auswertungsmethoden arbeiten. Eine Annäherung an den Themenbereich geschieht dabei hauptsächlich über vorgeformte Kategorien, die anhand von standardisierten Befragungen bearbeitet werden. Das Ziel dieser Untersuchungen besteht darin, Charakteristika des „Deutschtums" der Russlanddeutschen oder auch Bedingungsmerkmale ihrer ethnischen Identität deutlich zu machen.[169] Folgende Kategorien werden unter anderem von den Studien als bedingend für die Selbsteinschätzung der Russlanddeutschen als Deutsche herausgearbeitet:[170] Die Bewertung der deutschen Sprache als Muttersprache,[171] Endogamie,[172] Religiosität,[173] der Eintrag der deutschen Volkszugehörigkeit im Pass während des Lebens in der vormaligen Sowjetunion,[174] die Betonung von als typisch russlanddeutsch empfundenen Kulturelementen[175] und die Wahrnehmung eines gemeinsamen historischen Schicksals.[176]

Die vorgestellten Studien verweisen aber deutlich auf die Grenzen quantitativer Forschung. Durch das Abfragen von vorgeformten Kategorien bezüglich des ethnischen Aspekts der kulturellen Identität kann die Innenansicht der Russlanddeutschen selbst nicht in den Forschungsprozess einbezogen werden. Auch standen bei den erwähnten Erhebungen ausschließlich die Erfahrungen und Lebensbedingungen der Aussiedler im Vordergrund, die sie während ihres Lebens in der ehemaligen Sowjetunion gemacht haben, so dass eventuelle Modifikationen im Verständnis der eigenen Zugehörigkeit nach der Einreise nach Deutschland nicht berücksichtigt werden konnten. Die vorliegende Studie zielt im Gegensatz dazu darauf, sich zum einen der Thematik der ethnisch-kulturellen Zugehörigkeit ohne Vorgaben zu nä-

---

169 Siehe hierzu die Ausführungen zu den verschiedenen Befragungsstudien des Osteuropa-Institutes München, die u.a. in den Jahren 1985/1986 und 1989/1990 mit nach Deutschland eingereisten Russlanddeutschen und 1991 mit Deutschen in der Sowjetunion durchgeführt wurden (vgl. Dietz/Hilkes 1992, Strewe 1992, Kusterer 1990 und Hilkes/Kloos 1989). Siehe auch die im Jahr 2003 veröffentlichte Studie von Karsten Roesler (Roesler 2003).
170 Für eine ausführliche Zusammenstellung der durch die oben beschriebenen Befragungsstudien herausgearbeiteten Kategorien russlanddeutscher Spezifika siehe auch Westphal 1997, S. 92-97.
171 Vgl. Roesler 2003, S. 267ff.; Strewe 1992, S. 15ff.
172 Vgl. Strewe 1992, S. 11ff.; Kusterer 1990, S. 14; Roesler 2003, S. 277-278.
173 Vgl. Kusterer 1990, S. 24ff.; Roesler 2003, S. 278ff.; Strewe 1992, S. 19ff.
174 Vgl. Roesler 2003, S. 281ff.; Strewe 1992, S. 9ff.; Kusterer 1990, S. 11ff.
175 Vgl. Roesler 2003, S. 283ff.; Strewe 1992, S. 24.
176 Vgl. Strewe 1992, S. 24; Roesler 2003, S. 273ff.

hern und zusätzlich die Situation der Russlanddeutschen in der Bundesrepublik Deutschland in die Untersuchung mit einzubeziehen. Nur so wird eine Rekonstruktion der Selbstbilder sowie der sich darin nach der Einreise nach Deutschland vollziehenden Veränderungsprozesse der Aussiedler möglich.

In einigen wenigen Studien wurde bisher der Versuch unternommen, den Bereich der ethnischen Komponente der kulturellen Identität (russlanddeutscher) Aussiedler anhand von qualitativen Methoden gesondert zu beleuchten oder den nach der Einreise in die Bundesrepublik Deutschland einsetzenden Prozess der Identitätsbildung zu typisieren. Im Folgenden werden drei ausgewählte Studien dargestellt, die für das vorliegende Forschungsvorhaben von Bedeutung sind, um eine Positionierung der eigenen Arbeit in der Forschungslandschaft vornehmen zu können.[177]

Zu nennen ist an dieser Stelle zum einen die im Jahr 1993 von Klaus Boll veröffentlichte umfassende empirische Studie über den „Kulturwandel der Deutschen aus der Sowjetunion".[178] Boll geht hierbei von der Annahme aus, dass der von den Russlanddeutschen durchlebte Akkulturationsprozess nach ihrer Ausreise in die BRD als Teil eines umfassenden und sich bereits seit der Revolution von 1917 in Russland vollziehenden Kulturwandels zu werten ist. Mit qualitativen Methoden wird der Akkulturationsprozess anhand der folgenden Lebensbereiche untersucht: Familie, Nahrungsgewohnheiten, Veränderungen in der Wohnkultur, Erinnerungs- und Gebrauchsgüter, Musik und Bräuche.[179] Hierbei zeigt sich, dass in allen Bereichen wesentliche Veränderungen stattfanden.

Interessant ist dabei, dass der Autor unter anderem den Versuch unternimmt, Charakteristika des „Russlanddeutschtums" zu benennen. Er beginnt mit grundlegenden Charaktereigenschaften, wie Ordnungsliebe, Sauberkeit, Respekt und Anstand, Ehrlichkeit und Sparsamkeit, und fährt fort mit arbeitsbezogenen Werten und

---

177 Die im Folgenden beschriebene Studie von Silbereisen u.a. wurde zwar anhand von quantitativen Methoden durchgeführt, liefert jedoch wichtige Erkenntnisse bezüglich des Prozesses der ethnisch-kulturellen Identifizierung russlanddeutscher Aussiedler nach ihrer Einreise nach Deutschland (vgl. Silbereisen/Lantermann/Schmitt-Rodermund 1999). Aus diesem Grund wird die Studie an dieser Stelle ebenfalls aufgeführt.

178 Die Untersuchung bezieht sich auf Aussiedler, die in den Jahren zwischen 1970 und 1985 nach Deutschland eingereist sind. Damit umfasst das Sample eine Einreisewelle von Russlanddeutschen, die sich anderen Untersuchungen zufolge sowohl in ihrer ethnischen Zusammensetzung als auch bezüglich ihrer soziokulturellen Hintergründe in weiten Teilen von den später eingereisten Aussiedlern unterscheiden und als besonders anpassungsfreudig gelten (vgl. Savoskul 2006, S. 211). Das Sample der vorliegenden Untersuchung ist im Gegensatz dazu auf die Aussiedlergruppe bezogen, die Ende der achtziger bis Ende der neunziger Jahre in die Bundesrepublik Deutschland einreisten. Die Ergebnisse der Studie von Boll können somit nicht vorbehaltlos auf die vorliegende Arbeit übertragen werden.

179 Vgl. Boll 1993, S. 22-24.

Verhaltensweisen, wie Tüchtigkeit, Pünktlichkeit und Disziplin. Diesen gegenüber setzt er die von den Befragten als typisch bundesdeutsch bezeichneten Charaktereigenschaften, wie Materialismus, Egoismus, Unehrlichkeit und Distanz. Aus dieser klaren Unterscheidung zwischen den eigenen Werten und bundesdeutschen Kulturelementen zieht der Autor die Schlussfolgerung, dass der Großteil der Russlanddeutschen sich selbst als russlanddeutsch und nicht als bundesdeutsch definiert.[180]

Für die vorliegende Forschungsarbeit ist es von Bedeutung, dass Boll in einem Teilkapitel seiner Arbeit den Prozess der Russlanddeutschen hinsichtlich ihrer ethnischen Identifizierung nach der Ausreise in die Bundesrepublik Deutschland näher zu beschreiben versucht, wenn dies auch nur sehr vage geschieht. Vornehmlich verweist der Autor auf Faktoren, die den Prozess der Identifikation zu beeinflussen scheinen.[181] So arbeitet Boll bezüglich der unterschiedlichen Generationen heraus, dass die älteren Russlanddeutschen seines Samples weit stärker an ihrer russlanddeutschen Kultur festhalten als die mittlere und jüngere Generation dies tun. Bei der mittleren Generation kann Boll keine einheitliche kulturelle Orientierung feststellen, sondern verweist darauf, dass der Identifikationsprozess hier von weiteren Faktoren beeinflusst wird wie etwa Bildung und Religionszugehörigkeit. In Bezug auf die jüngere Generation wird verdeutlicht, dass diese sich in einem Prozess der Anpassung an die bundesdeutsche Gesellschaft befinden. Als weiteren Einflussfaktor nennt Boll den Bildungsgrad und beschreibt, dass Akademiker zwar die Widersprüche und Spannungen im eigenen Identifikationsprozess eher reflektieren, jedoch auch eine Handlungsstrategie der Verdrängung ihrer russlanddeutschen Zugehörigkeit und eine weit größere Anpassungsbereitschaft aufweisen.

Die letztgenannte Kategorie, die sich nachweislich auf den Prozess der Identifizierung auswirkt, stellt die – im Vorigen bereits anhand von anderen Studien thematisierte – Religionszugehörigkeit dar. Hierbei kommt auch Boll zu dem Schluss, dass dieser Zusammenhang aber lediglich bei der Zugehörigkeit zu einer evangelischen Freikirche, nicht aber bei Mitgliedern der evangelischen Kirche oder römisch-katholischen Russlanddeutschen besteht.[182] Für die Frömmigkeitsformen russlanddeutscher Freikirchen beschreibt der Autor eine starke Verbindung von Religion und kulturellem Brauchtum und einer Abschottung von der bundesdeutschen Gesellschaft.

Die weiteren von Boll untersuchten Einflussfaktoren, nämlich die der regionalen Herkunft und des Geschlechts, weisen keine nennenswerten Zusammenhänge

---

180 Vgl. ebd., S. 317-326.
181 Vgl. ebd., S. 324-330.
182 Diese Erkenntnis wurde für das Sample der vorliegenden Studie aufgegriffen. Um zu untersuchen, inwieweit sich die Kategorie der Religiosität auf den Identitätsbildungsprozess auswirkt, wurden Russlanddeutsche, die einer Freikirche angehören, mit aufgenommen.

mit dem Prozess der Identitätsbildung auf. Zusammenfassend arbeitet Boll heraus, dass ein Großteil der von ihm untersuchten Russlanddeutschen sich auch noch zehn Jahre nach ihrer Ausreise in einer weitreichenden Identitätsunsicherheit befindet, was wegen des geringen ethnisch-kulturellen Selbstbewusstseins zu dauerhaften Problemen im Integrationsprozess führen kann.[183]

Obwohl die Ergebnisse aufgrund der frühen Einreise der Aussiedler des Samples, nämlich in der Zeitspanne von 1970 bis 1985, nicht als repräsentativ für die Gesamtgruppe der Russlanddeutschen gewertet werden können, zeigen sie doch Tendenzen auf, die auch für die vorliegende Arbeit von Bedeutung sind. So versucht Klaus Boll erstmals, einen tieferen Einblick in die Kultur und Lebensweise der Russlanddeutschen zu geben, wobei er das Vorhandensein einer eigenen russlanddeutschen Kultur annimmt. Wenn Elemente und Wertmaßstäbe einer solchen Kultur auch nur sehr vage beschrieben werden, bleibt doch zu untersuchen, inwieweit sie den im Rahmen meiner Untersuchung herausgearbeiteten Kulturelementen entsprechen.

Da der Schwerpunkt der Studie von Boll nicht auf der Frage nach der ethnisch-kulturellen Selbstwahrnehmung russlanddeutscher Aussiedler liegt, bleiben seine Ausführungen hierzu oberflächlich und enthalten keine ausführliche Rekonstruktion der mit der Einreise nach Deutschland einsetzenden Identitätsbildungsprozesse; auch fehlt eine Typisierung an dieser Stelle. Doch erarbeitet Boll für den Bereich der ethnischen Komponente der kulturellen Identifikation die Kategorie der Generationenzugehörigkeit, des Bildungsstandes und der Zugehörigkeit zu einer freikirchlichen Religionsgemeinschaft als Einflussfaktoren. Die Hervorhebung des Identitätskonfliktes und der Verweis Bolls auf die anhaltende Identitätsunsicherheit verdeutlicht die Wichtigkeit der Auseinandersetzung mit der Thematik der ethnischen Komponente der kulturellen Identität von Russlanddeutschen.

Auch der von Rainer Silbereisen, Ernst-Dieter Lantermann und Eva Schmitt-Rodermund im Jahr 1999 herausgegebene Sammelband über „Aussiedler in Deutschland. Akkulturation von Persönlichkeit und Verhalten" erscheint für die vorliegende Arbeit von Interesse. Die Veröffentlichung präsentiert die Ergebnisse einer umfassenden Aussiedlerstudie, die sich mit dem Verlauf des Eingewöhnens sowie dem Prozess und Ergebnis der Aussiedlung beschäftigt.[184] Neben vielen weiteren Aspekten wird im Rahmen dieser Studie auch die Frage bearbeitet, ob sich die während ihres Lebens in den Herkunftsgebieten ausgebildete jeweilige ethnisch-kulturelle Identifizierung der Aussiedler auf den Prozess und auch den Erfolg der Integration auswirkt und ob dabei von einem hemmenden oder förderlichen

---

183 Vgl. Boll 1993, S. 308ff.; S. 335.
184 Vgl. Silbereisen/Lantermann/Schmitt-Rodermund 1999.

Einfluss gesprochen werden kann. Die ethnische Komponente der kulturellen Identität wird dabei verstanden als die Art und Stärke der Identifizierung mit als spezifisch deutsch empfundenen Kulturelementen. Innerhalb der Befragung wird daher unterschieden zwischen der Dimension der Praktizierung von als deutsch wahrgenommenen Kulturelementen im Alltag und der Dimension der subjektiven Wichtigkeit der Identifikation mit der deutschen Herkunft.[185] Anhand der jeweiligen Ausprägung dieser beiden Kategorien werden vier Typen herausgearbeitet, die die Aussiedleridentität zu definieren versuchen, um im Anschluss daran das Integrationsverhalten der einzelnen Typen zu erörtern.[186]

Die Identitätslage des ersten Typus wird definiert als „verschüttete deutsche Identität", da sowohl die Kategorie der Praktizierung der deutschen Kultur als auch die der subjektiven Identifikation mit der deutschen Herkunft bei den Personen dieses Typs eine schwache Ausprägung aufweisen. Da das „Deutsch-Sein" hier keinen Bestandteil des Selbstverständnisses darstellt, wird in Bezug auf den Integrationsprozess herausgearbeitet, dass dieser weitgehend unbelastet von Identitätsfragen verläuft. Eine „postulierte deutsche Identität" wird für den zweiten Typ beschrieben, bei dem die Personen zwar eine schwache kulturelle Alltagspraxis angeben, sich jedoch stark mit ihrer deutschen Herkunft identifizieren. Da das Selbstbild dieser Personen im Laufe der Zeit negativer und die Distanz zur Mehrheitsgesellschaft größer wird, die subjektive Identifizierung als Deutsche aber weiterhin bestehen bleibt, werden hier Schwierigkeiten im Integrationsprozess vermutet.

Für den dritten Typus definieren die Autoren eine „realisierte deutsche Identität", da sich bei diesen Personen sowohl hohe Werte in Bezug auf die kulturelle Praxis als auch auf die Identifikation als Deutsche ergeben. Im Verlauf des Prozesses der Eingliederung bleibt das Bild der eigenen Gruppe ebenso positiv wie das von der Aufnahmegesellschaft. Die Autoren vermuten daher in Bezug auf die Integration hier am ehesten einen Prozess in Richtung einer umfassenden Assimilation. Der letzte Typus wird beschrieben als „alternative kulturelle Identität". Hier weist die Kategorie der Praktizierung einer deutschen Kultur eine hohe Ausprägung auf, die Identifikation mit der deutschen Herkunft aber hat für die Einzelnen keine hohe Bedeutung. Werden auch die Erwartungen an die bundesdeutsche Kultur im Laufe des Eingliederungsprozesses nicht erfüllt, geschieht dies jedoch ohne eine Auswirkung auf das eigene Selbstbild. Aufgrund dessen wird an dieser Stelle ein unproblematischer Integrationsprozess erwartet.

---

185 Vgl. Fuchs/Schwietring/Weiß 1999a, S. 204-206.
186 Vgl. ebd. S. 208ff.; Fuchs/Schwietring/Weiß 1999b, S. 338ff.; S. 358ff.

Personen aus der Gruppe der russlanddeutschen Aussiedler finden sich in allen vier Typen.[187] So zeigt die Untersuchung, dass Russlanddeutsche in Bezug auf den ethnischen Bereich ihrer kulturellen Identität nachweislich eine große Heterogenität aufweisen. Dies verdeutlicht die Notwendigkeit einer genaueren Erforschung des Themenbereichs der ethnisch-kulturellen Zugehörigkeit. Interessant ist, dass im Rahmen der Studie der Versuch unternommen wird, Unterschiede im Bereich der ethnischen Komponente der kulturellen Identität herauszuarbeiten und eine Typisierung vorzunehmen. Durch das Abfragen von vorgegebenen Kategorien ist es jedoch nicht möglich, in Bezug auf den Bereich der ethnisch-kulturellen Identifizierung den Blickwinkel der Probandinnen und Probanden mit einzubeziehen, was die Gefahr birgt, wichtige Determinanten unberücksichtigt zu lassen. So bleibt die inhaltliche Ausgestaltung der gebildeten Typen an der Oberfläche.

Die von den Forschern zur Beschreibung der ethnisch-kulturellen Identität vorgenommene Berücksichtigung sowohl der Alltagskultur als auch der subjektiven Bedeutung der Identifikation als Deutsche halte ich für sinnvoll, da somit ein umfassender Blick auf den gesamten kulturellen Bereich der Aussiedler ermöglicht wird. Auch in der vorliegenden Studie wird neben dem subjektiven ethnischen Zugehörigkeitsgefühl der Bereich der Alltagskultur zur Beschreibung der ethnisch-kulturellen Identität mit einbezogen. Dabei wird an dieser Stelle zusätzlich der Schwerpunkt auf mögliche Veränderungen im Bereich der Alltagskultur nach der Einreise in die Bundesrepublik Deutschland gelegt.

Durch das Herausstellen der Wechselwirkung zwischen der jeweiligen Ausgestaltung der ethnisch-kulturellen Identität und der Art des Integrationsprozesses kann empirisch erwiesen werden, dass der Bereich der ethnischen Komponente der kulturellen Identität als Prädiktor für den Integrationsverlauf zu werten ist. Dieser Punkt ist auch für die vorliegende Arbeit von Interesse. Kritisch anzumerken ist jedoch, dass die Zeitspanne zwischen der Einreise in die Bundesrepublik und dem Abschluss der Erhebungen mit maximal vier Jahren zu kurz ist, um den Prozess der Integration ausreichend rekonstruieren zu können. Daher musste in den Beschreibungen des Verlaufs der Akkulturation auf Vermutungen zurückgegriffen werden.

Die neueste Studie stellt die im Jahr 2006 erschienene Veröffentlichung von Ulrich Reitemeier „Aussiedler treffen auf Einheimische" dar, in der er Paradoxien der interaktiven Identitätsarbeit zwischen russlanddeutschen Aussiedlern und einheimisch Deutschen untersucht. Das Forschungsinteresse liegt dabei auf der Erfassung der kommunikativen Prozesse zwischen Russlanddeutschen und Binnendeutschen, die die unterschiedlichen Stationen des Eingliederungsprozesses begleiten und in denen einheimisch Deutsche zum Interaktionsgegenüber für Russlanddeutsche

---

187 Vgl. Fuchs/Schwietring/Weiß 1999a, S. 212.

werden. Für die vorliegende Arbeit ist es interessant, dass Reitemeier darüber hinaus die biographische Identitätsarbeit der Russlanddeutschen untersucht, die diese in den Begegnungen mit Einheimischen zu leisten haben.[188]

Als die Identitätsarbeit bedingende Ausgangssituation arbeitet Reitemeier zunächst die spezifische Kultursituation russlanddeutscher Aussiedler heraus, die auch der vorliegenden Arbeit als Forschungsperspektive zugrunde liegt. Reitemeier beschreibt die Schwierigkeit im kulturellen Bereich als besondere „Home-Coming-Paradoxie". Diese beinhaltet, dass Russlanddeutsche sich selbst bei einer Einreise nach Deutschland in der Position von „historischen Heimkehrern" wahrnehmen und demnach auf Heimatliches und Vertrautes hoffen, sich faktisch jedoch in der Position eines „Fremden" befinden, da sie in der Bundesrepublik auf Fremdheit stoßen. Da den Russlanddeutschen die marginale Situation ihrer Position als Fremde aber nicht bewusst ist, wird die eigene Fremdheit ausgeblendet. Sich in der Position eines „historischen Heimkehrers" zu verstehen, birgt eine Ressource zur Identitätsgestaltung. Reitemeier zufolge aber fügen im Fall der russlanddeutschen Aussiedler die Heimkehr- und Vergemeinschaftungsvorstellungen der Identitätsarbeit weitere Komplikationen hinzu.[189]

Ausgehend von der Annahme, dass Interaktionen mit einheimisch Deutschen Ereignisrahmen darstellen, in denen Aussiedler die eigene Fremdheit erfahren, richtet sich die Untersuchung von Reitemeier auf Situationen des kommunikativen Austausches zwischen Russlanddeutschen und Einheimischen. In Bezug auf die sich in diesen Situationen vollziehende Identitätsarbeit wird der Eingliederungsprozess als ein „Wechselbad der ethnisch-kulturellen Identitäten"[190] beschrieben. Hierzu arbeitet Reitemeier die in den jeweiligen Übergangsstadien vorherrschende Identitätsorientierung als aufeinanderfolgende Phasen des Identitätswandels heraus.[191]

Mit der Umschreibung „auch deutsch" definiert Reitemeier die Identitätsorientierung der Russlanddeutschen in Bezug auf deren vormalige Lebenssituation im Herkunftsland und verweist auf das in dieser Orientierung angelegte Potenzial für Hybridität, was bedeutet, auf der Grundlage der vormaligen Kulturzugehörigkeit eine Anpassung an die neue kulturelle Umgebung vornehmen zu können. Dies leitet der Autor von der Tatsache ab, dass in der sowjetischen Gesellschaftsordnung mit vielen ethnischen Gruppierungen und einer überformenden Zugehörigkeitskonzeption zum Staatsvolk die Zugehörigkeit zu Deutschen ein Kollektivmerkmal darstellen konnte, das neben vielen anderen Merkmalen Gültigkeit besaß. Mit der Aus-

---

188 Vgl. Reitemeier 2006a, S. 31ff.
189 Vgl. Reitemeier 2006a, S. 407-438.
190 Vgl. ebd., S. 452.
191 Vgl. ebd., S. 451ff.

reise in die Bundesrepublik verändert sich das Selbstbild der Aussiedler dahingehend, dass die Identifikation mit Deutschland und der deutschen Kultur intensiviert wird. So wird die Identitätsorientierung an dieser Stelle als „nur noch deutsch" beschrieben.

Das darauf folgende Stadium der Identitätsorientierung wird bezeichnet als „ein bisschen deutsch, aber hauptsächlich ganz unten". Durch Interaktionen mit einheimisch Deutschen machen Russlanddeutsche die Erfahrung, dass ihr Anspruch, in Deutschland unter Deutschen zu leben, von der bundesdeutschen Gesellschaft weder verstanden noch akzeptiert wird, so dass Aussiedler sich im Verhältnis zur Majorität in einer marginalen und diskriminierten Position wahrnehmen. Reitemeier schließt die Beschreibung des Identitätswandels mit der Orientierung der Russlanddeutschen als „gar kein Deutscher mehr, für die Deutschen ein Russe" ab. Beeinflusst durch den gesellschaftlichen Diskurs sehen sich Aussiedler in dieser Phase in der Position, mit ihrem Herkunftsland identifiziert zu werden, wobei gleichzeitig bei ihnen selbst eine Rückbesinnung auf vorherige Zugehörigkeiten und eine Auseinandersetzung mit der eigenen Aussiedlerbiographie einsetzt. Dies trägt zu der Bewusstwerdung einer ethnisch kulturellen Sonderstellung in Deutschland bei, die das Potenzial für die Entwicklung neuer Identitätsmuster birgt.

Reitemeiers Studie ist für die vorliegende Arbeit von besonderer Relevanz, da der Autor ausgehend von der spezifischen Kultursituation der (russlanddeutschen) Aussiedler unter anderem deren Identitätsbildungsprozess nach ihrer Einreise in die Bundesrepublik Deutschland näher zu beschreiben sucht. Diese Beschreibung richtet sich auf den Wandel von aufeinanderfolgenden Identitätsorientierungen, die sich zu Beginn des Lebens in Deutschland abzeichnen. Reitemeier schließt mit dem Hinweis darauf, dass Russlanddeutsche zu der Wahrnehmung ihrer eigenen ethnisch-kulturellen Sonderstellung in Deutschland gelangen, worin seiner Ansicht nach das Potenzial für die Herausbildung neuer Identitätsbildungsstrategien liegt. Eine eingehende Analyse der zu bearbeitenden Identitätsunsicherheiten und der Ausbalancierung verschiedener Identitätsoptionen sowie eine detaillierte Rekonstruktion des Identitätsbildungsprozesses bleiben aber aus.

3.3 Konsequenzen für den eigenen Forschungsprozess

Die vorliegende Arbeit setzt genau da an, wo die zuvor beschriebenen Studien aufhören und nimmt eine gesonderte Betrachtung und eingehende Untersuchung der kulturellen Dimension russlanddeutscher Aussiedler vor. Dabei wird das Ziel verfolgt, den von Ulrich Reitemeier angedeuteten Prozess des Identitätswandels vor dem Hintergrund der spezifischen Kultursituation der Russlanddeutschen ausführlich zu untersuchen.

Hierbei richtet sich der Fokus jedoch nicht wie bei Reitemeier auf aufeinanderfolgende Stadien des Identitätswandels, da dies meiner Ansicht nach der durch oben bereits dargestellte Studien erwiesenen Heterogenität der russlanddeutschen Aussiedlergruppe nicht gerecht wird. Vielmehr werden die Identitätsbildungsprozesse vor dem jeweiligen Erlebnishintergrund der Russlanddeutschen untersucht, was eine Typisierung unterschiedlicher Verortungen im Bereich der ethnisch-kulturellen Identität ermöglicht. Wichtig ist dabei die Berücksichtigung der zuvor herausgearbeiteten Kategorien Religion, Bildungsstand, Generationenzugehörigkeit und Opferstatus, wobei erörtert werden muss, ob sich diese auf die ethnische Identifizierung der Einzelnen auswirken und somit als identitätsstiftende Elemente gewertet werden können.

Um auch der Bedeutung der Familie für die Einzelnen gerecht zu werden, wird im Rahmen der vorliegenden Arbeit die Auseinandersetzung mit der von den Russlanddeutschen erlebten Kultursituation innerhalb von russlanddeutschen Drei-Generationen-Familien untersucht. So wird eine Rekonstruktion von intergenerativen Tradierungslinien im Identitätsbildungsprozess ermöglicht.

Die bisherige Forschung deutet einen Zusammenhang zwischen der spezifischen Kultursituation russlanddeutscher Aussiedler und deren Integrationsbereitschaft an. Diese Annahme wird für die vorliegende Studie aufgegriffen, so dass abschließend detailliert zu untersuchen ist, welche Wechselwirkungen zwischen der durch die Typisierung herausgearbeiteten ethnisch-kulturellen Identifizierung der Russlanddeutschen und deren integrativem Verhalten bestehen.

4 Theoretischer Rahmen

Das vorliegende Kapitel zielt auf eine theoretische Untermauerung des Forschungsinteresses dieser Arbeit. Da der Schwerpunkt auf der Untersuchung des kulturellen Bereiches russlanddeutscher Aussiedler insbesondere für die Zeit nach der Migration in die Bundesrepublik Deutschland liegt, werden hierzu im Folgenden die theoretischen Konzepte von Kultur und kultureller Identität kurz dargestellt und unter dem Blickwinkel von möglichen Veränderungen im Falle eines Wechsels von einem Kulturkreis in einen anderen erörtert. Der ethnische Aspekt von kultureller Identität wird dabei gesondert beleuchtet, da dieser im Rahmen der Studie von zentraler Bedeutung ist. Abgeschlossen werden die Ausführungen dieses Kapitels mit einer Definition des in der Untersuchung verwendeten Integrationsbegriffes.

4.1 Kultur und kulturelle Identität in komplexen Gesellschaften

Eine knappe Definition dessen zu geben, was unter Kultur und der sich daraus erschließenden kulturellen Identität zu verstehen ist, erweist sich aufgrund der vielfältigen Verwendung dieses Begriffes in den unterschiedlichen Kontexten und Disziplinen als schwierig.[192] Auch historisch gesehen bildeten sich zu unterschiedlichen Zeiten verschiedene Bedeutungsebenen des Kulturbegriffes heraus, die teilweise bis heute Anwendung finden.[193] Für die vorliegende Arbeit ist eine ausführliche Darstellung der Entwicklung und unterschiedlichen Verwendung des Begriffes der Kultur jedoch nicht sinnvoll, das Interesse richtet sich vielmehr auf die wissenschaftliche Bedeutungsebene. Die Ausführungen zielen darauf, eine Definition von Kultur und kultureller Identität zu formulieren, die der Komplexität in modernen Gesellschaften gerecht wird.

4.1.1 Übereinstimmende Grundannahmen heutiger Kulturkonzepte

Trotz der verwirrenden Vielfalt hinsichtlich der Verwendung des Kulturbegriffes bestehen in der neueren Kultursoziologie einige Grundannahmen, die den unterschiedlichen Konzepten von Kultur gemein sind.[194] So ist der Mensch grundsätzlich zu verstehen als ein Kulturwesen, das gefordert ist, sich aus Ideen und Werten seine Wirklichkeit selbst zu schaffen. Welt, Selbst und Gesellschaft konstituieren sich aus den Bedeutungen, die der Mensch seinem Handeln beimisst. Er gilt somit

---

192 Vgl. Soeffner 1988, S. 4.
193 Zur historischen Entwicklung des Begriffes siehe Hansen 2000, S.11-18.
194 Siehe dazu Tenbruck 1979, S. 401ff. und siehe Gebhardt 2003, S. 218ff.

als Produkt und zugleich als Produzent geistiger und sittlicher Bedeutungen. Damit Kultur verwirklicht werden kann, bedarf es der Gesellschaft. Da auch die sozialen Beziehungen des Menschen Bedeutungen für das individuelle und soziale Handeln beinhalten, sind sie als kulturell zu verstehen. Kultur bedeutet demnach die Summe aller charakteristischen Bedeutungsmuster der Gesamtgesellschaft.

Gerade für moderne, komplexe Gesellschaften kann ein solcher gesamtgesellschaftlicher Kulturbegriff lediglich als eine theoretische Fiktion dienen. Vielmehr ist davon auszugehen, dass sich Kultur in jeder Gesellschaft verteilt, also Unterschiede aufweist in den verschiedenen sozialen Gruppen und in unterschiedlichen Formen deutlich wird. Als ein Ausdruck der sich wandelnden Wechselprozesse und Beziehungsformen der Gesellschaft ist Kultur kein starres Objekt,[195] sondern befindet sich stetig in Bewegung. Daher ist Kultur grundsätzlich als dynamisch zu verstehen und stellt einen offenen und sich ständig weiter entwickelnden Prozess dar.[196]

Mit Anthony Giddens[197] kann davon ausgegangen werden, dass Kultur allgemein gesehen eine rahmende Funktion besitzt, die dazu dient, dass durch Menschen Orientierungsrahmen für Menschen geschaffen werden. Da diese sinnvolles Handeln ermöglichen, wird Kultur zu einem elementaren Medium der Sinnproduktion.[198] Ausgehend von diesen Annahmen ist der Begriff von Kultur in erster Linie zu verstehen als eine analytische Abstraktion[199] zur Entdeckung und Beschreibung von sinnstiftenden Bedeutungsmustern unter Menschen.[200]

4.1.2 Deterritorialisierung und Entstehung neuer Kulturgebilde

Entscheidend für die im Vorigen beschriebene Definition von Kultur als einem offenen System war die sogenannte Deterritorialisierung, die eine Entkoppelung von Kultur und Territorium beinhaltet. Zuvor war mit dem Kulturbegriff lange die Vorstellung einer geographisch eindeutig zu verortenden Menschengruppe, also einer Ethnie, verbunden, die eine von anderen abgrenzbare kulturelle Einheit bildete.[201] Da heute jedoch die Grenzen von Einzelkulturen insgesamt durchlässiger werden, sind neu entstandene Kulturgebilde zu berücksichtigen.[202]

---

195 Vgl. Lipp 1994, S. 76.
196 Vgl. Gebhardt 2003, S. 224.
197 Vgl. Giddens 1984.
198 Vgl. Eriksen 1991, S. 142; Weißköppel 2001, S. 56.
199 Vgl. Baumann 1998.
200 Vgl. Amann/Hirschauer 1997, S. 13.
201 Vgl. Weißköppel 2003, S. 54; Flechsig 2000, S. 2ff.
202 Vgl. Soeffner 1988, S. 7.

In Anlehnung an Geert Hofstede kann hierbei von unterschiedlichen Ebenen von Kultur ausgegangen werden.[203] Hofstede beschreibt Kultur grundsätzlich als eine Art inneres Muster, das sich auf das Denken, Fühlen und potentielle Handeln des Einzelnen auswirkt und das neben der menschlichen Natur und der Persönlichkeit eines Menschen einen wesentlichen Bestandteil seiner mentalen Programmierung darstellt. Die Quellen dieser „Software of the mind"[204] (mentale Programmierung) liegen in der Erziehung und dem jeweiligen Umfeld, in dem ein Individuum aufwächst.

Als Ausdrucksformen von Kultur werden Symbole, Helden, Rituale und Werte genannt. „Symbole" stellen Worte, Gesten oder Objekte dar, die eine bestimmte Bedeutung einnehmen, die von allen Angehörigen derselben Kultur verstanden wird. „Helden" gelten als Verhaltensvorbilder und besitzen diejenigen Eigenschaften, die in der jeweiligen Kultur hoch angesehen sind. Die dritte Ausdrucksform, die „Rituale", stellen kollektive Tätigkeiten dar, die als sozial notwendig gelten. Diese Formen beschreibt Hofstede als kulturelle Praktiken, die nach außen hin sichtbar werden, auch wenn sich die ihnen je zugeschriebene Bedeutung für Außenstehende nicht immer erschließen lässt. Den Kern der Kultur aber stellen die Werte dar, die Hofstede zufolge eine weit höhere Beständigkeit aufweisen als die zuvor beschriebenen kulturellen Praktiken und demnach nur wenig Veränderung aufweisen. Werte werden hauptsächlich in der Familie tradiert, so dass die Familie einen wichtigen Ort darstellt, in dem sich Kultur reproduziert. Aus diesem Grund stellen im Rahmen der vorliegenden Studie russlanddeutsche Familien den Forschungsgegenstand dar.

Da ein Mensch (fast) immer über mehrere Bezugsgruppen verfügt, denen er sich zugehörig fühlt, werden von dem Einzelnen verschiedene Schichten der mentalen Programmierung erlernt.[205] Als kulturelle Bezugsgruppe muss dabei nicht zwingend eine konkrete Gruppe von Menschen verstanden werden, entscheidend ist vielmehr die bewusste oder unbewusste Zuordnung des Einzelnen zu einem Komplex von gemeinsamen Bedeutungen, Wertvorstellungen, Symbolen und Verhaltensnormen.[206] Diese kulturellen Bezugssysteme können auf ganz unterschiedlichen Ebenen angesiedelt sein und somit neben ethnischen, religiösen und sprachlichen Aspekten auch solche des Geschlechts, der Generation und des sozialen Status beinhalten. Kultur zeichnet sich also besonders in komplexen Gesellschaften durch eine Mehrdimensionalität aus, die bei empirischen Forschungen berücksichtigt werden muss. Interessant wird dabei besonders die Betrachtung der Gewichtung

---

203 Vgl. Hofstede/Hofstede 2006, besonders S. 1-49.
204 Ebd., S.3.
205 Ebd., S. 12ff.
206 Vgl. Patterson 1979, S. 309.

der im Vorigen beschriebenen einzelnen kulturellen Ebenen. Es kann beispielsweise ein bestimmter Aspekt wie der der Religion oder der ethnischen Zuordnung in dem Gesamtkonzept von Kultur dominierend auftreten, so dass innerhalb der Gesellschaft kulturelle Minderheiten ausgebildet werden.[207]

4.1.3 Kulturelle Identität

Die kulturelle Identität der Einzelnen entsteht durch die Identifikation mit den zuvor beschriebenen unterschiedlichen Ebenen und Aspekten von Kultur.[208] Obwohl einige Autoren zu Recht darauf hinweisen, dass ethnische Identitätsressourcen in diesem Zusammenhang nicht überbewertet werden dürfen,[209] spielen bei der Bildung von kultureller Identität sowohl ethnische als auch nicht ethnische Aspekte eine Rolle. So stellt zum einen die ethnische Identifizierung einen wichtigen Anteil der kulturellen Identität einer Person oder Gruppe dar.[210] Daneben kommen aber zusätzlich zahlreiche, ganz verschiedene Identitätsressourcen zum Tragen wie zum Beispiel die Geschlechts-, Religions- oder Milieuzugehörigkeit, die mit Eriksen als „non-ethnic principles"[211] bezeichnet werden können. Durch die Komplexität der unterschiedlichen Ressourcen und auch der verschiedenartigen Gewichtung der einzelnen Aspekte bei der Bildung von kultureller Identität zeigt sich, dass innerhalb einer Einzelkultur immer eine Pluralität im Bereich der kulturellen Identifizierung besteht.[212] Kulturelle Identität kann dabei verstanden werden als ein komplexes Konstrukt, das im Einzelnen empirisch nachzuweisen ist.

Bei der Koexistenz der unterschiedlichen Identitätsressourcen ist die Betrachtung der Gewichtung der einzelnen kulturellen Ebenen von Relevanz. So wird die Bildung der kulturellen Identität maßgeblich beeinflusst durch den Aspekt, der im Leben des Individuums eine handlungssteuernde Funktion einnimmt und somit dominant auftritt.[213] Obwohl allgemein gesehen davon ausgegangen werden kann, dass die kulturelle Identität aufgrund ihrer innerfamilialen Tradierung eine relative Stabilität aufweist,[214] kann die subjektive Bedeutung der unterschiedlichen Identitätsressourcen für den Einzelnen im Laufe seines Lebens aber durchaus einen Wandel erfahren. So vollzieht sich im Zuge bestimmter sich verändernder Lebens-

---

207 Vgl. Hofstede/Hofstede 2006, S. 43ff.
208 Vgl. Knörr 1995, S. 2.
209 Vgl. Bommes1996; Sunier 1995, S. 60ff.: Die Autoren machen deutlich, dass Kultur nicht auf ethnische Prinzipien reduziert werden sollte.
210 Vgl Hackstein 1989, S. 4.
211 Eriksen 1991, S. 138.
212 Vgl. Pfister-Heckmann 1998, S. 210.
213 Vgl. Hofstede/Hofstede 2006, S. 43ff.; Flechsig 2000, S. 8.
214 Vgl. Hofstede/Hofstede 2006, S. 47.

umstände wie beispielsweise dem Älterwerden, dem Eintritt ins Berufsleben, der Geburt eines Kindes oder auch der Migration eine Verlagerung der wichtig werdenden kulturellen Aspekte.[215] Die interessante Frage dabei ist, welche Ressource zu welchem Zeitpunkt und angesichts welcher Lebensumstände hinsichtlich der Bildung von kultureller Identität dominant auftritt und warum dies geschieht.

4.1.4 Mögliche Veränderungen der kulturellen Identität im Zuge einer Migration

Die heutige ethnologische Migrationsforschung schließt sich dem zuvor beschriebenen Ansatz der Deterritorialisierung des Kulturbegriffes an und geht davon aus, dass Kultur und kulturelle Identität nicht an einen spezifischen Ort gebunden sind. Vielmehr ist kulturelle Identität als eine Ressource zu betrachten, die an unterschiedlichen Orten reaktiviert werden kann.[216] Es muss demnach nicht zwangsläufig davon ausgegangen werden, dass sich bei einem Wechsel von einem Kulturkreis in einen anderen im Bereich der kulturellen Identifizierung der Migranten eine Erschütterung vollzieht, die zu einer andauernden Instabilität führt – obwohl natürlich die Möglichkeit dazu besteht.

Die kulturelle Leistung – wie Hermann Bausinger es formuliert – besteht im Anschluss an eine Migration darin, Strategien für den Umgang mit auftretenden Widersprüchlichkeiten zu entwickeln. Die zu bewältigende Irritation der Migranten resultiert dabei aus einer anhaltenden Orientierung an der Herkunftskultur und einer gleichzeitigen Konfrontation mit Elementen der neuen kulturellen Umgebung.[217] Wird Kultur und die sich daraus erschließende kulturelle Identität betrachtet als eine kognitive und emotionale Ressource, besteht für die Migranten grundsätzlich die Möglichkeit, diese in den neuen Kontext zu integrieren.[218] Ob ein solcher Prozess erfolgreich verläuft, bleibt empirisch zu überprüfen.

Im Prozess des kulturellen Einlebens und der Anpassung durchläuft ein Migrant mehrere Phasen, die von verschiedenen Autoren ganz unterschiedlich beschrieben werden.[219] An dieser Stelle ist es nicht sinnvoll, den Prozess des Einlebens in bestimmte Stationen und Phasen einzuteilen, da sich dieser meines Erachtens ganz individuell vollzieht. Wichtig ist aber, dass ein sich wie auch immer gestaltender Vorgang des Einlebens letztendlich zu einer erneuten Festlegung innerhalb der kulturellen Identifizierung führt. Diese kann im Bestfall mit einer positiven Definition der eigenen kulturellen Identität verbunden sein, daneben besteht jedoch auch die

---

215 Vgl. Flechsig 2000, S. 7-8.
216 Vgl. Kea 10, 1997; Brah 1996.
217 Vgl. Bausinger 1986, S. 155.
218 Vgl. Weißköppel 2001, 53ff.; Kea 10, 1997; Brah 1996.
219 Siehe hierzu die Ausführungen zur Integration in Kapitel 4.2 dieser Arbeit.

Möglichkeit, dass eine negative Definition als „Fremder" dauerhaft bestehen bleibt.[220]

Grundsätzlich wird durch die im Rahmen einer Migration entstehenden Erfahrung der Fremdheit eine Auseinandersetzung mit der Frage nach der eigenen kulturellen Identität ausgelöst. Ist sich der Einzelne seiner kulturellen Identifizierung im gewohnten Umfeld oftmals nicht bewusst, wird in Konfrontation mit einer fremden Kultur eine Reflexion nötig. Da kulturelle Identität auch immer einen Außenaspekt besitzt, wird dieser Prozess der Bewusstwerdung maßgeblich mitbestimmt durch die Fremdzuschreibung, die Migranten durch Angehörige der aufnehmenden Mehrheitskultur erleben.[221] Beinhaltet diese eine Stigmatisierung als Zugehörige einer Minderheit, wird dabei der ethnische Bereich kultureller Identität dominierend. Ob der Einzelne also nach einer Migration bezüglich seiner kulturellen Identität zu einer positiven oder negativen Definition gelangt, ist neben vielen anderen Aspekten auch abhängig von den Erfahrungen, die mit der Majorität gemacht werden.

Im Rahmen einer Migration erfährt hinsichtlich der kulturellen Identität der ethnische Aspekt eine besondere Bedeutung. Durch die dabei grundsätzlich stattfindende Konfrontation mit Angehörigen einer anderen ethnischen Gruppe, kommt in der durch den Kulturkontakt ausgelösten Bewusstwerdung der eigenen kulturellen Identität insbesondere der Bereich der ethnischen Identifizierung zum Tragen.[222] Da in der vorliegenden Forschungsarbeit vor allem dieser ethnische Aspekt kultureller Identifizierung von Interesse ist, wird im Folgenden ein kurzer Exkurs zu den Konzepten von ethnischer Identität und Ethnizität angeführt.

4.1.5 Exkurs: Ethnizität als mögliche kollektive Identitätsstrategie

In diesem Zusammenhang ist darauf hinzuweisen, dass für die Gruppe der Russlanddeutschen, die den Forschungsgegenstand dieser Arbeit darstellt, die ethnische Komponente der kulturellen Identität während ihres Lebens in der ehemaligen Sowjetunion eine besondere Bedeutung einnahm. Vor allem durch die gemeinsamen lebensgeschichtlichen Erfahrungen während der Kriegs- und Nachkriegszeit erfuhr ihr Zugehörigkeitsgefühl zur deutschen Ethnie eine starke Ausprägung.[223] Dieses verstärkte Bewusstsein um die eigene ethnische Identifizierung ist darauf zurückzuführen, dass der ethnischen Komponente aufgrund der erlittenen Repres-

---

220 Vgl. Hofstede/Hofstede 2006, S. 444ff.
221 Vgl. Flechsig 2000, S. 4ff.
222 Vgl. Stienen/Wolf 1991, S. 123; Kaschuba 1999, S. 139; Roesler 2003, S. 84.
223 Vgl. Kusterer 1990, S. 4.

sionen eine größere Rolle zugeschrieben wurde, als dies im Normalfall getan worden wäre.[224]

Allgemein gesehen gilt ein gemeinsames Abstammungs- und Geschichtsverständnis, das die Basis des Zusammengehörigkeitsgefühls der Mitglieder einer Gruppe darstellt, als ein Kennzeichen dafür, dass innerhalb der kulturellen Identifizierung der ethnische Aspekt dominiert.[225] Ausreichend ist dabei die Annahme von gemeinsamen Vorfahren und Herkunftsmythen,[226] also, um es mit Max Weber zu sagen, eine „(geglaubte) Gemeinsamkeit".[227] Dieses auf Subjektivität ausgerichtete Verständnis löste in der Forschung die Vorstellung ab, dass zur Beschreibung einer Ethnie das Leben in einer Territorialgemeinschaft als ein zentrales Kriterium zu sehen ist.[228] Während die traditionelle Methode zur Bestimmung einer ethnischen Gruppe und ihrer Identität orientiert war an objektiven Merkmalen wie Territorium, Sprache, Religion und Kultur, gewinnt heute die subjektive Gruppenzugehörigkeit des Einzelnen an Bedeutung.[229]

Wie genau ethnische Identität und Ethnizität zu definieren sind, darüber besteht eine Vielzahl von theoretischen Ansätzen.[230] Übereinstimmend lässt sich jedoch sagen, dass ethnische Identität auf der Wahrnehmung basiert, anders zu sein und die gleichzeitige Bemühung beinhaltet, diese Andersartigkeit nach außen zu verdeutlichen.[231] Das Ziel, sich von anderen abzuheben, wird Frederick Barth[232] zufolge durch ein bestimmtes Zusammenspiel von Konzeptionen und daraus resultierenden Handlungen erreicht: „Diese Konzeptionen und Handlungen markieren die Grenzen der Gruppe, (...) sie schaffen eine gemeinsame Grundlage nach innen und ein Gefühl des Andersseins nach außen."[233]

Der Prozess der Herstellung von ethnischer Identität wird mit dem Begriff der Ethnizität beschrieben. Mit Angela Stienen und Manuela Wolf kann Ethnizität dabei als kollektive Identitätsstrategie definiert werden, deren Entstehen ausgelöst wird durch zwischenethnische Interaktionen. In diesen vollzieht sich eine Art ethnischer Grenzziehung, die darin besteht, dass die eigene Zugehörigkeit in Konfrontation mit der fremden Gruppe überdacht und gegebenenfalls neu definiert wird.[234]

---

224 Vgl. Roesler 2003, S. 87.
225 Vgl. Knörr 1995, S. 4.
226 Vgl. Richmond 1988, S. 144; Taft/Robins 1955, S. 116.
227 Weber 1972, S. 237.
228 Vgl. Kaschuba 1999, S. 140-141.
229 Vgl. Esser 1996, S. 65ff.; Roesler 2003, S. 85.
230 Siehe hierzu die Ausführungen von Stienen/Wolf 1991, S. 123ff.
231 Vgl. Barth 1969; Epstein 1978; Royce 1982.
232 Vgl. Barth 1969.
233 Zitiert nach Kusterer 1991, S. 2.
234 Vgl. Stienen/Wolf 1991, S. 123ff.

Im Kontext von Ethnizität ist es besonders hinsichtlich der Migrationsforschung wichtig, von einem dynamischen Konzept auszugehen. Ein solches berücksichtigt, dass ethnische Gruppen nicht als kontextübergreifende und fest bestehende Einheiten zu betrachten sind, sondern als Produkt der zuvor beschriebenen Interaktionsprozesse. Dadurch wird dem Tatbestand Rechnung getragen, dass für Migranten gleichen ethnischen Hintergrundes grundsätzlich die Möglichkeit zur Entwicklung unterschiedlicher Identitätsstrategien besteht und eine Identifikation nicht zwangsläufig über den ethnischen Aspekt geschehen muss. Im Rahmen der Identitätsbildung können vielmehr auch andere Ressourcen wichtig werden.[235]

Zusammenfassend lässt sich also sagen, dass ethnische Identität als „one of many identities available to people"[236] betrachtet werden kann und Ethnizität demnach eine mögliche Strategie der Identitätsbildung darstellt. In diesem Zusammenhang ist jedoch Hartmut Esser zu berücksichtigen, der auf die Möglichkeit hinweist, dass Ethnizität zu einer der wichtigsten Grundlagen für die Identitätsbildung des Menschen werden kann.[237] Diese Überlegungen führen zu der Frage, wann und – wenn ja – unter welchen Bedingungen ethnische Identität dominant und Ethnizität zur fundamentalen Identitätsstrategie wird.[238]

4.1.6 Konsequenzen für den eigenen Forschungsprozess

Kultur ist grundsätzlich zu verstehen als ein dynamisches Konzept, das aus unterschiedlichen kulturellen Bezugssystemen besteht, die als Ressourcen zur Bildung von kultureller Identität betrachtet werden können. Auch wenn die kulturelle Identifizierung des Einzelnen aus einem Zusammenspiel der verschiedenen Identitätsressourcen gebildet wird, bestehen Unterschiede in der Gewichtung der einzelnen Bereiche. So ist der Aspekt als dominierend zu bezeichnen, der hinsichtlich des Alltagslebens eine handlungssteuernde Funktion einnimmt. Da Kultur und die sich daraus erschließende kulturelle Identität aber keine starren Gebilde darstellen, kann sich die Gewichtung der relevanten Bezugssysteme beispielsweise im Zuge einer Migration verändern. Neben anderen Aspekten bildet dabei der Bereich der ethnischen Identifizierung einen Teilbereich der kulturellen Identität,[239] der insbesondere im Rahmen einer Migration an Bedeutung gewinnen und zu einer handlungsrelevanten Ressource werden kann.

---

235 Vgl. ebd., S. 174ff.
236 Royce 1982, S. 2.
237 Vgl. Esser 1996, S. 65.
238 Stienen und Wolf plädieren dafür, dass diese Fragestellung innerhalb der Migrationsforschung bezogen auf die Eingliederungsdiskussion eine zentrale Rolle einnehmen sollte (vgl. Stienen/Wolf 1991, S. 138).
239 Vgl. Knörr 1995, S. 1; Heinrich 1984, S. 17.

Meiner Forschungsarbeit liegt also ein Kulturverständnis zugrunde, das von der Koexistenz verschiedener Bedeutungssysteme ausgeht. Ethnizität als der Prozess zur Herstellung einer ethnischen Identifizierung wird dabei verstanden als eine zentrale identitätsstiftende Ressource, die neben anderen nicht-ethnischen Aspekten zur Bildung der kulturellen Identität beiträgt. Der Fokus der Arbeit richtet sich primär auf die detaillierte Betrachtung dieser ethnischen Komponente und auf mögliche Veränderungen inhaltlicher Art, die sich diesbezüglich im Zuge einer Umsiedlung von einem Kulturkreis in einen anderen vollziehen. Auch wird die Frage nach der Relevanz von ethnischen Aspekten kultureller Identität im Verhältnis zu anderen Identitätsressourcen im Falle einer Migration beleuchtet. So komme ich zu folgenden konkreten Fragestellungen:

- Welche Bedeutung kommt im Zuge der Migration und der daraufhin einsetzenden Auseinandersetzung mit der eigenen Kultur im Rahmen der Bildung von kultureller Identität der ethnischen Dimension zu? Nimmt sie hinsichtlich der kulturellen Identifizierung der Migranten eine dominierende Position ein?
- Gelingt es den Migranten, ihre kulturelle Identität – und hierbei besonders den Bereich ihrer ethnischen Zugehörigkeit – in den neuen Kontext zu integrieren oder setzt infolge des Kulturkontaktes eine dauerhafte Irritation ein? Welche Veränderungen vollziehen sich dabei möglicherweise in der inhaltlichen Ausgestaltung des ethnischen Zugehörigkeitsgefühls? Führt der Prozess der Auseinandersetzung mit der eigenen kulturellen Zugehörigkeit dabei zu einer positiven Definition oder bleibt ein negatives Gefühl des Fremd-Seins dauerhaft bestehen?
- Welche weiteren nicht-ethnischen Identitätsressourcen werden relevant?

Entsprechend der zuvor beschriebenen theoretischen Definition von kultureller Identität als einem Konzept, das sich aus unterschiedlichen Identitätsressourcen zusammensetzt, wird auch in den folgenden Ausführungen im Rahmen der empirischen Studie auf eine differenzierte Anwendung dieses Begriffes geachtet. Dass die Studie grundsätzlich ausgerichtet ist auf die Betrachtung der ethnischen Komponente kultureller Identität, soll daher auch in den verwendeten Begriffen Berücksichtigung finden. Wenn im Folgenden also von ethnisch-kultureller Identität oder Zugehörigkeit die Rede ist, wird damit sprachlich vereinfacht ausgedrückt, dass sich die Ausführungen auf den ethnischen Bereich der kulturellen Identifizierung beziehen.[240]

---

240 Um dabei Redundanzen im sprachlichen Bereich zu vermeiden, werden zum Teil auch Begriffe wie ethnische Zugehörigkeit oder ethnische Orientierung verwendet. Gemeint ist dabei aber immer die ethnische Komponente als ein Teilbereich der kulturellen Identität.

4.2 Integration

Bis heute ist die Begriffsbestimmung von Integration unklar und beinhaltet verschiedene, teilweise sogar gegenläufige Definitionen.[241] Da der Begriff zudem eine große politische Relevanz besitzt, ist seine Bedeutung sowohl in der Politik als auch der Wissenschaft äußerst umstritten.[242] Je nach Definition kann Integration als Funktion, als Prozess oder auch als Ziel verstanden werden,[243] wobei der Begriff im heutigen Verständnis grundsätzlich einen wechselseitigen Zusammenhang von ökonomischen, sozialen, psychologischen und kulturellen Faktoren umfasst.[244] Da auch im Bereich der Aussiedlerforschung verschiedene Ausprägungen in der Definition und im Gebrauch des Integrationsbegriffes bestehen, ist im Rahmen der theoretischen Untermauerung der vorliegenden Studie unumgänglich, einen operablen Begriff der Integration zu definieren.[245] Die ersten Ansätze in der Diskussion um einen Integrationsbegriff sind wesentlich in Amerika entstanden[246] und zwar als Assimilationskonzepte, da sie von der Grundannahme einer ethnischen Assimilation und Angleichung ausgehen, was sich in dem bekannt gewordenen Konzept des „melting-pot" ausdrückt.[247] Die dieser Tradition folgenden Assimilationskonzepte beschreiben Assimilation stets als automatisch einsetzende und unvermeidliche Endstufe des Eingliederungsprozesses.[248] Anfang der fünfziger Jahre des 20. Jahrhunderts setzt durch eine Trendwende in der Migrationsforschung eine Modifizierung dieses Assimilationsbegriffs ein.[249] Die neueren Konzepte verweisen auf einen differenzierteren Assimilationsbegriff und rücken allgemein von der grundsätzlichen Annahme einer vollständigen und zugleich unvermeidlichen Assimilation

---

241 Vgl. Ackermann 1990, S. 26.
242 Vgl. Geißler 2005, S. 46.
243 Vgl. Leggewie 2000, S. 87.
244 Vgl. Baaden 1997a, S. 14.
245 Da eine ausführliche Auseinandersetzung mit der Entwicklung des Integrationsbegriffes und den unterschiedlich akzentuierten Integrationskonzepten den Rahmen dieser Arbeit sprengen würde, wird an dieser Stelle darauf verzichtet. Ich beschränke mich auf eine zusammenfassende Darstellung der assimilativen Integrationsansätze der amerikanischen Migrationsforschung und der Entwicklung in der Bundesrepublik Deutschland und auf eine kurze Beleuchtung der Akzentuierung der in der Aussiedlerforschung verwendeten Integrationskonzepte. Im Anschluss daran stelle ich das für die Analyse der vorliegenden Studie angewandte Konzept dar. Eine detaillierte Darstellung der Entwicklung des Integrationsbegriffes in der Bundesrepublik Deutschland ist bei Volker Ackermann zu finden (vgl. Ackermann 1990).
246 Vgl. Lüttinger 1989, S. 34.
247 Vgl. Meister 1996, S. 54.
248 Vgl. Esser 1980, S. 45ff.; Treibel 1990, S. 79.
249 Vgl. Meister 1996, S. 59ff.

ab.²⁵⁰ Es wird vielmehr der Prozess einer partiellen oder zeitlich ungleichen Assimilation und erstmals auch die Bedeutung der Aufnahmegesellschaft im Eingliederungsprozess betont. Durch diese Modifikation wird zwar der Begriff der Assimilation aufgesplittert, doch bleibt der ursprüngliche Gehalt weiter bestehen.²⁵¹

Dies ändert sich erst durch das sich im Anschluss an die amerikanische Bürgerrechtsbewegung der sechziger Jahre vollziehende „ethnic revival", durch das eine Rückbesinnung der unterschiedlichen ethnischen Gruppen der USA auf ihre eigene Sprache, Kultur und Herkunft ausgelöst wird. Diese Entwicklung führt seit den achtziger Jahren von einer zunehmenden Problematisierung des Assimilationsbegriffs zu einer verstärkten Hinwendung zur Grundannahme eines kulturellen Pluralismus, so dass aus dem „melting-pot" eine „salad bowl" als Sinnbild für das Verbleiben ethnischer Charakteristika wird.²⁵²

In der Bundesrepublik Deutschland findet eine Auseinandersetzung mit dem Integrationsbegriff im weitesten Sinne erst nach 1945 statt und zwar bedingt durch die zu diesem Zeitpunkt nötig gewordene Eingliederung von Flüchtlingen und Vertriebenen und später auch durch den Umgang mit angeworbenen Gastarbeitern. Allerdings orientieren sich die Ansätze bis in die sechziger Jahre vorwiegend an ökonomischen Kriterien einer strukturellen Eingliederung, wobei für eine solche wegen des Fehlens einer Integrationstheorie ganz unterschiedliche Begriffe verwendet werden. Die kulturellen Traditionen werden in den Eingliederungskonzepten noch weitgehend ignoriert und rücken erst später verstärkt in den Blickpunkt.²⁵³

Auch in der Aussiedlerforschung werden die sozialen und kulturellen Aspekte der Integration lange ignoriert und finden erst seit den neunziger Jahren verstärkt Beachtung.²⁵⁴ Ein Jahrzehnt zuvor wird aber bereits eine kontroverse Diskussion über die soziokulturelle Integration von jugendlichen Aussiedlern geführt, die zu einer präzisierten Begriffsbestimmung von Integration führt. Zusammenfassend wird festgehalten, dass der Bereich der soziokulturellen Integration zukünftig stärker unter dem Aspekt der Akkulturations- und Sozialisationsprozesse zu betrachten ist,²⁵⁵ wobei betont wird, dass Integration als ein wechselseitiger Prozess verstanden werden muss.²⁵⁶ Im Anschluss daran werden verschiedene Modelle und Kon-

---

250 Siehe hierzu die drei als klassisch geltenden Konzepte zur Eingliederung von Wanderern von Samuel N. Eisenstadt, Ronald Taft und Milton M. Gordon (vgl. Esser 1980, S. 19).
251 Vgl. Treibel 1990, S. 66-83.
252 Vgl. Meister 1996, S. 60ff.; Treibel 1990, S. 40.
253 Vgl. Pfister-Heckmann 1998, S. 264.
254 Vgl. Oberpenning 2002, S. 266.
255 Siehe dazu folgende Aufsätze in der Zeitschrift Osteuropa: Hager/Wandel 1978b, S. 193-209; Hager 1980, S. 149-158; Robejsek 1979a, S. 476-483; Robejsek 1979b, S. 563-578; Wypich 1980, S. 126-137.
256 Vgl. Ackermann 1990, S. 27.

zepte erarbeitet, die den Integrationsverlauf von Aussiedlern idealtypisch herauszuarbeiten versuchen.[257]

In der vorliegenden Studie wird die Analyse des integrativen Verhaltens russlanddeutscher Aussiedler anhand der verschiedenen Dimensionen von Integration dargestellt. Allgemein wird Integration dabei verstanden als eine Verbindung von Einzelpersonen oder Gruppen zu einer gesellschaftlichen Einheit, wobei kulturelle Verschiedenheiten anzuerkennen und zu akzeptieren sind.[258] In Anlehnung an Kai-Uwe Beger werden dabei vier Dimensionen von Integration unterschieden, nämlich die strukturelle, die kulturelle, die soziale und die identifikatorische Dimension, die von den Ausführungen Friedrich Heckmanns zu den grundlegenden Konzepten der Migrationsforschung abgeleitet worden sind.

Die strukturelle Integration stellt den Prozess dar, in dem Zuwanderer neben einem Mitgliederstatus in der aufnehmenden Gesellschaft auch einen Zugang zu gesellschaftlichen Positionen und einen gleichberechtigten Status erwerben.[259] Diese sich vollziehenden funktionalen Lern- und Anpassungsprozesse, die auch als Akkomodation bezeichnet werden, umfassen die Aneignung grundlegender Kenntnisse über Kommunikation, Tätigkeit und Institutionen der fremden Gesellschaft, so dass die Zuwanderer in der neuen Umgebung interaktions- und arbeitsfähig werden. Eine Veränderung der Überzeugungen, Denkweisen oder Werte der zugewanderten Personen findet im Rahmen der strukturellen Integration noch nicht statt.[260]

Die zweite Dimension wird als kulturelle Integration oder, in Anlehnung an die zuvor beschriebene Begriffspräzisierung, als Akkulturation bezeichnet. Die hierbei stattfindenden kognitiv-kulturellen Lern- und Internalisierungsprozesse, die für eine Teilnahme und Teilhabe am gesellschaftlichen Leben unumgänglich sind, beziehen sich im Idealfall sowohl auf die zugewanderten als auch auf die einheimischen Personen.[261] Diese Prozesse führen zu einer Veränderung von Werten und Normen und auch von Verhaltensweisen, die das Freizeit-, Arbeits-, Wohn-, Konsum- und Heiratsverhalten umfassen können. Bezogen auf eine Gruppe bedeutet Akkulturation die Veränderung des kollektiven Wertesystems, wobei die Veränderung aufgrund der bestehenden Machtverhältnisse in ethnischen Mehrheits- und

---

257 Siehe hierzu unter anderem das Vier-Phasen-Modell von Line Kossolapow (vgl. Kossolapow 1987), das sie später erweiterte (vgl. Kossolapow 1992), die Konzepte und Modelle von Andreas Baaden (vgl. Baaden 1997a) und das Sechs-Phasen-Modell zur kulturellen Integration von Ulrich Tolksdorf (vgl. Tolksdorf 1990). Eine vergleichende Zusammenstellung der bisher herausgearbeiteten Determinanten der Integration russlanddeutscher Aussiedler siehe bei Irene Tröster (vgl. Tröster 2003 S. 57-61).
258 Vgl. Beger 2000, S. 10; Heckmann 1992, S. 169-172.
259 Vgl. Beger 2000, S. 10.
260 Vgl. Heckmann 1992, S. 167-168.
261 Vgl. Beger 2000, S, 10-11.

Minderheitenbeziehungen vorwiegend in Richtung der Mehrheit verlaufen. Somit umfasst Akkulturation zwar eine wechselseitige, aber keineswegs gleichgewichtige Beeinflussung und kann als Annäherung der Minderheit an die Mehrheit beschrieben werden. Im Rahmen der kulturellen Integration vollzieht sich demnach ein unterschiedlich weit reichender Annäherungs- oder auch Angleichungsprozess, bei dem Gruppen oder Einzelpersonen aber in ihrer separaten kulturellen Existenz verbleiben[262]. „... sie ändern sich, hören aber nicht auf, ethnisch unterschiedlich zu sein; ethnische Grenzziehungen bestehen fort."[263]

Die durch die strukturelle und kulturelle Integration möglich gewordene Teilnahme am gesellschaftlichen Leben umfasst bei einer sozialen Integration auch den privaten Bereich der Zugewanderten. Diese Dimension beinhaltet die Teilnahme an sozialen Aktivitäten der Aufnahmegesellschaft, beispielsweise durch eine Mitgliedschaft in Vereinen oder Verbänden, und den Aufbau freundschaftlicher Beziehungen zu Personen der einheimischen Bevölkerung.[264]

Bewegen sich die Zugewanderten durch die bisher beschriebenen Dimensionen von Integration aus ihrer bisherigen kulturellen Existenz heraus, kommt es zu einer umfassenden Angleichung und zu einer identifikatorischen Integration, die auch Assimilierung genannt wird. Dies führt zu einer weitläufigen Übernahme der kulturellen Elemente der Aufnahmegesellschaft und zu einer Bildung von neuen persönlichen Zugehörigkeitsdefinitionen. Dieser Prozess schließt die vollständige Aufgabe der Elemente der Herkunftskultur mit ein und hat eine Auflösung der vorherigen ethnischen Zuordnung zur Folge.[265]

Als Indikator für eine erfolgreich vollzogene Integration wird oftmals die Intensität von sozialen Alltagskontakten zwischen Zugewanderten und Einheimischen betrachtet, wodurch die soziale Dimension von Integration als Kriterium für den Erfolg integrativen Verhaltens herangezogen wird. Ein Rückzug der Migranten in die ethnische Eigengruppe gilt als Gegensatz dazu und wird oftmals als integrationshemmend bewertet. Diese Schlussfolgerung kann jedoch nicht als uneingeschränkt richtig betrachtet werden, da eine Orientierung an der Eigengruppe sich auch positiv auf die Situation der Zugewanderten auswirken kann.[266] Auf eine mögliche stabilisierende Funktion der ethnischen Eigengruppe für die Zuwanderer wird in der Literatur gehäuft hingewiesen.[267] Ob von den russlanddeutschen Migranten dieser Studie ein Rückzug in die Eigengruppe angestrebt wird und ob sich

---

262 Vgl. Heckmann 1992, S. 168-169.
263 Ebd., S. 169.
264 Vgl. Beger 2000, S. 11.
265 Vgl. Heckmann 1992, S. 169-170; Beger 2000, S. 11.
266 Vgl. Leggewie 2000, S. 97-99.
267 Vgl. Bade 1997, S. 34; Meister 1997, S. 63; Reitemeier 2006a, S. 420.

dieser stabilisierend oder integrationshemmend auswirkt, bleibt im späteren Verlauf zu untersuchen.

Allgemein ist davon auszugehen, dass Integration als Prozess über mehrere Generationen hinweg verläuft[268] und somit bei einer Analyse des integrativen Verhaltens eine intergenerative Betrachtung sinnvoll ist. In Bezug auf die kulturelle Integration zeigen empirische Befunde die Tendenz auf, dass im Generationenverlauf eine Rückbesinnung auf die eigene Herkunft, die traditionellen Glaubensüberzeugungen und das eigenkulturelle Gemeinschaftsleben sowohl bei Ausländern als auch bei Aussiedlern zunimmt.[269] Somit kann im kulturellen Bereich nicht uneingeschränkt von einem linearen generationenübergreifenden Prozess der Integration ausgegangen werden.

Die von den Zugewanderten wahrgenommenen Erfolge oder Misserfolge der eigenen Integrationsleistungen in den unterschiedlichen Bereichen stehen in engem Zusammenhang mit der Bildung von (kultureller) Identität, da diese – wie zuvor beschrieben – immer einen Außenaspekt besitzt[270] und sich somit als Balanceakt zwischen dem Selbstbild und dem tatsächlichen oder vermeintlichen Fremdbild in einem Wandel befindet.[271] Es erscheint daher sinnvoll, die Wechselwirkungen zwischen den Lernprozessen im Integrationsverlauf und den Identitätsbildungsstrategien näher zu beleuchten. Daher wird in der vorliegenden Studie die Auseinandersetzung von russlanddeutschen Aussiedlern mit der eigenen ethnisch-kulturellen Zugehörigkeit nicht nur ausführlich rekonstruiert, sondern auch im Hinblick auf die Integrationsbereitschaft der Aussiedler hin analysiert. Dabei auftretende Zusammenhänge werden anhand der im Vorigen definierten Dimensionen von Integration ausführlich herausgearbeitet. Um der Definition von Integration als intergenerativem Prozess gerecht zu werden, ist es wichtig, im Rahmen der Analyse das Integrationsverhalten der einzelnen Generationen gesondert zu betrachten.

---

268 Vgl. Beger 2000, S. 11.
269 Vgl. Leggewie 2000, S, 103-104.
270 Siehe hierzu die Ausführungen in Kapitel 4.1 zur Kultur und kulturellen Identität dieser Arbeit.
271 Vgl. Baaden 1995, S. 15.

5 Methodik und Forschungsdesign

Um gemäß der Fragestellung einen Einblick in die kulturelle Ebene der spezifischen Situation russlanddeutscher Aussiedler zu erlangen, halte ich es in Bezug auf die empirische Studie für sinnvoll, mit qualitativen Methoden zu arbeiten. Von besonderem Forschungsinteresse ist es, den sich im Zuge der Migration vollziehenden Prozess der Auseinandersetzung der Russlanddeutschen mit der ethnischen Komponente ihrer kulturellen Zugehörigkeit detailliert zu erörtern und einen Einblick in die ethnisch-kulturellen Verortungen zu bekommen, die von den Russlanddeutschen vorgenommen werden. Da hierbei die Perspektive und Erfahrungen der Russlanddeutschen selbst im Mittelpunkt stehen, ist die Anwendung eines rekonstruktiven Verfahrens sinnvoll.[272] In der vorliegenden Studie wird die dokumentarische Methode angewandt, da sie Aufschluss gibt über die sich in der Praxis dokumentierenden Handlungsorientierungen von Einzelpersonen und Gruppen.[273] Diese Orientierungen werden in Gruppendiskussionen und Interviews repräsentiert[274] und anhand der Analysearbeit der dokumentarischen Methode aufgedeckt. Die Auswertungsarbeit zielt dabei darauf, die die Gruppe übergreifende kollektive Orientierung aufzudecken, die aus den biographischen Gemeinsamkeiten der Gruppenmitglieder resultiert.[275] Da diese Untersuchung die Gruppe der Russlanddeutschen vor dem Hintergrund des gemeinsamen Migrationserlebens und dessen Auswirkungen zu betrachten sucht, erweist sich die Arbeit mit der dokumentarischen Methode als sinnvoll.

5.1 Fallrekonstruktive Methodologie und dokumentarische Methode

Die dokumentarische Methode geht zurück auf die Wissenssoziologie von Karl Mannheim[276] und wurde von Ralf Bohnsack zu einem methodologisch und forschungspraktisch fundierten Auswertungsverfahren in der qualitativen Sozialforschung weiter entwickelt.[277] Im Folgenden werden die Grundzüge der dokumentarischen Methode kurz dargestellt.

Im Zentrum der Methode steht bei der Analyse von Interviews die Unterscheidung zwischen den Ebenen der Beobachtung erster und zweiter Ordnung,[278] die

---

272 Vgl. Fritzsche 2003, S. 73.
273 Vgl. Nohl 2006, S. 8.
274 Vgl. Bohnsack/Schäffer 2001, S. 329.
275 Vgl. Breitenbach 2000, S. 49; Bohnsack 2004, S. 215.
276 Vgl. Mannheim 1964; Mannheim 1980.
277 Vgl. Nohl 2006, S. 8.
278 Vgl. Bohnsack 2004, S. 213-214.

den Zugang sowohl zu einer immanenten als auch dokumentarischen Sinnebene ermöglichen.[279] Auf der Ebene der Erschließung des immanenten Sinngehaltes wird der Blick auf die Frage nach dem Was gerichtet, also auf das, was „wörtlich oder intentional mitgeteilt wird"[280], wonach der immanente Sinngehalt aus dem besteht, was von den Probanden konkret zum Ausdruck gebracht wird. Hierbei handelt es sich also um von den Beteiligten selbst expliziertes Wissen, wohingegen der dokumentarische Sinngehalt aus einem für die Gesprächsteilnehmer selbstverständlichen Erfahrungswissen besteht, das mit Karl Mannheim als „atheoretisches Wissen"[281] bezeichnet werden kann. Dieses steht den Einzelnen in der Handlungspraxis zur Verfügung, wird jedoch alltagstheoretisch nicht expliziert.[282] Es ist nun die Aufgabe des Forschers, eine „begrifflich-theoretische Explikation der wechselseitigen (intuitiven) Verstehensleistungen der Erforschten"[283] zu vollziehen und mit der Frage nach dem Wie die dokumentarische Sinnebene aufzudecken.

Das Ziel der dokumentarischen Interpretation besteht darin, kollektive Orientierungsmuster und darüber hinaus den die Gruppe übergreifenden Orientierungsrahmen aufzuzeigen. Als solcher wird die für die Gruppe zentrale Orientierung bezeichnet, die in unterschiedlichen Darstellungen immer wieder neu auftaucht[284] und quasi das „Charakteristische in thematisch unterschiedlichen Passagen"[285] darstellt. Dieser Rahmen wird konstituiert durch positive und negative Gegenhorizonte sowie deren Enaktierungspotentiale und grenzt den für die Gruppe spezifischen Erfahrungsraum ab.[286]

Die aufgedeckten kollektiven Orientierungen verweisen auf gemeinsame Erfahrungen und gemeinsames Erleben der Gruppe, was in Anlehnung an Karl Mannheim als „konjunktive Erfahrungsräume"[287] bezeichnet wird.[288] Diese gründen sich auf biographische Gemeinsamkeiten der Mitglieder einer Gruppe, die geschlechts-, milieu-, generations-, entwicklungs- und migrationsspezifischer Art sein können und je nach gemeinsamer Erfahrung einen dementsprechend spezifischen Erfahrungsraum darstellen. Eine Gruppe hat demnach immer teil an unterschiedlichen

---

279 Vgl. Przyborski 2004, S. 22.
280 Bohnsack 2004, S. 214.
281 Vgl. Mannheim 1980, S. 73.
282 Vgl. Nohl 2006, S. 10.
283 Ebd., S. 214.
284 Vgl. Breitenbach 2000, S. 49.
285 Ebd., S. 49.
286 Vgl. Bohnsack 2003a, S. 136.
287 Zur Konzeption des Begriffs „konjunktiver Erfahrungsraum" siehe Mannheim 1980, S. 211ff.
288 Vgl. Breitenbach 2000, S. 49.

Erfahrungsräumen, die jedoch verschieden dominant auftreten.[289] Damit die Verankerung der rekonstruierten Orientierungen in spezifischen Erfahrungsräumen beschrieben werden kann, ist ein wiederholter fallübergreifender Vergleich unumgänglich.[290]

Zur Herausarbeitung des für die Gruppe zentralen Erfahrungsraums dient die intensive Betrachtung der Dramaturgie und der Diskursorganisation der erhobenen Elemente.[291] Hierbei wird das Augenmerk besonders auf die Identifizierung von Fokussierungsmetaphern gerichtet. Dies sind Passagen mit einer auffällig hohen metaphorischen und auch interaktiven Dichte, die durch eine rege Teilnahme der Gesprächspartner gekennzeichnet sind. Hierin wird inhaltlich der die Gruppe übergreifende Orientierungsrahmen ausgedrückt.[292] Fokussierungsmetaphern kennzeichnen somit Textstellen mit thematischer Relevanz, die als Grundlage für eine komparative Analyse herangezogen werden können.

Der komparativen Analyse kommt in der dokumentarischen Methode eine zentrale Bedeutung zu, da sie die gesamte Interpretationsarbeit begleitet. Sie zielt auf eine Typenbildung, die sich auf zwei Ebenen vollzieht. Innerhalb der sinngenetischen Interpretation werden für die zu untersuchende Gruppe zunächst deren spezifische Orientierungsmuster rekonstruiert, um in dem zweiten Schritt der soziogenetischen Interpretation Bezüge herzustellen zwischen diesen und dem spezifischen Erlebnishintergrund der Gruppe. Dies bedeutet, dass die Orientierungsfiguren an bestimmte Erfahrungsräume rückgebunden werden.[293] Im Rahmen der soziogenetischen Typenbildung ist darauf zu achten, dass die Mehrdimensionalität von Erfahrungsräumen berücksichtigt wird. Ein herausgearbeiteter Orientierungsrahmen kann nur dann einem spezifischen Erfahrungsraum zugeordnet werden, wenn gleichzeitig auszuschließen ist, dass er aus anderen Erlebnishintergründen entspringt; es muss also das Verhältnis des Erfahrungsraums, der der Orientierung zugeordnet wird, zu anderen Erfahrungsräumen dargestellt werden.[294] Für die vorliegende Studie bedeutet dies, dass eine herausgearbeitete Basistypik, um sie als für Russlanddeutsche typisch einordnen zu können, vor dem Hintergrund der geschlechts-, milieu- und generationsspezifischen Erfahrungsräume der Probanden analysiert und daraufhin deutlich werden muss, dass die bezüglich des Geschlechts, des Milieus oder der Generation auftretenden unterschiedlichen Orientierungen und

---

289 Vgl. Bohnsack 2004, S. 215.
290 Vgl. Fritzsche 2003, S. 90.
291 Vgl. Bohnsack 1989, S. 349.
292 Vgl. Loos/Schäffer 2001, S. 70.
293 Vgl. Bohnsack 2003b, S. 566.
294 Vgl. Bohnsack 2004, S. 219-220.

Ansätze lediglich verschiedene Modi der Basistypik darstellen und somit von dieser überlagert werden.

5.2 Die Schritte der Auswertung nach der dokumentarischen Methode

Die dokumentarische Methode als Auswertungsverfahren sieht vier aufeinanderfolgende Analyseschritte vor, nämlich die formulierende Interpretation, die reflektierende Interpretation, die Fallbeschreibung und die komparative Analyse und Typenbildung. Diese werden im Folgenden kurz beschrieben, wobei auch auf Modifikationen der Methode, die sich im Rahmen der Auswertungsarbeit der vorliegenden Studie als sinnvoll erwiesen haben, eingegangen wird.

Im ersten Schritt wird eine formulierende Interpretation des erhobenen Materials durchgeführt, bei der die Analyseeinstellung auf die Frage nach dem Was gerichtet ist und der immanente Sinn des Gesagten zu erfassen gesucht wird. Das, was die Gesprächsteilnehmer selbst begrifflich explizieren, wird im Rahmen dieses Analyseschrittes vom Forscher lediglich neu formuliert,[295] um einen Überblick über den gesamten Text und die darin angesprochenen Themen zu erhalten. Um eine thematische Gliederung des Textes anzufertigen sind die Ober- und Unterthemen darzustellen und zu kennzeichnen, wer diese einführt.[296]

Die sich nun anschließende reflektierende Interpretation zielt durch die Rekonstruktion des kollektiven Orientierungsrahmens auf die Erschließung des dokumentarischen Sinns des Gesagten. Durch die Analyse von Gruppendiskussionen können dabei Orientierungsmuster kollektiver Art herausgearbeitet werden, während Einzelinterviews die individuellen Orientierungen der befragten Personen verdeutlichen. Bei der reflektierenden Interpretation wird nicht der gesamte Text ausgewertet, in die Analysearbeit werden vielmehr im Vorfeld ausgewählte Textpassagen einbezogen, wobei verschiedene Kriterien für die Auswahl der Passagen bestehen.[297] Zum einen sind die Passagen wichtig, die für die Fragestellungen des Forschungsvorhabens thematisch relevant sind, und zum anderen solche Textstellen, die mit Passagen aus anderen Elementen verglichen werden können. Ein weiteres Auswahlkriterium stellen die im Vorigen bereits beschriebenen Fokussierungsmetaphern dar, da in diesen Themen erörtert werden, die für die Gesprächsteilnehmer von Bedeutung sind. Neben der inhaltlichen Komponente weist der Analyseschritt der reflektierenden Interpretation auch die Betrachtung der Dramaturgie und des Diskursverlaufes auf.

---

295 Vgl. ebd., S. 219.
296 Vgl. Przyborski 2004, S. 54.
297 Vgl. Breitenbach 2000, S. 48-49.

Bei der Auswertungsarbeit folgt nun die Fallbeschreibung, in der „die Gesamtgestalt des Falles zusammenfassend charakterisiert"[298] wird. Hierbei werden für jeden Fall die gesamten Interpretationsergebnisse dargestellt, wobei sowohl die inhaltliche Komponente als auch die der Diskursorganisation berücksichtigt wird. Die Darstellung der Ergebnisse folgt in einer Art sequenzieller Analyse dem Gesprächsverlauf des Interviews oder der Gruppendiskussion.[299] Die dokumentarische Methode sieht dabei vor, für alle durchgeführten Gruppendiskussionen und Interviews gesondert eine Fallbeschreibung anzufertigen. Für die vorliegende Studie war es jedoch sinnvoll, zusätzlich eine zusammenfassende Fallanalyse für die Gesamtfamilie zu erstellen, da die Forschungsarbeit darauf zielte, einen Einblick in die jeweiligen Familien als Ganzes und in die innerfamilialen Tradierungsprozesse zu geben. Im Rahmen der Auswertung wurde demnach an dieser Stelle ein zusätzlicher Schritt eingefügt, nämlich pro Familie die Erstellung eines Familienportraits, das jeweils eine Zusammenfassung der Ergebnisse der einzelnen Fallanalysen beinhaltet.

Abgeschlossen wird die Auswertungsarbeit durch den Arbeitsschritt der Typenbildung. Sie zielt nicht nur auf die Erfassung des intentionalen Prinzips des Handelns, sondern zudem darauf, dieses im Zusammenhang des Erlebnishintergrundes zu erschließen, aus dem es entstanden ist.[300] Der Prozess der Typenbildung ist also zweistufig und wird – wie im Vorigen bereits erwähnt – unterteilt in die sinngenetische und die soziogenetische Interpretation.[301] Die sinngenetische Interpretationsarbeit richtet sich zunächst auf eine Abstraktion des Orientierungsrahmens, indem durch eine fallübergreifende komparative Analyse die Gemeinsamkeiten der Fälle herausgearbeitet werden und eine Art Basistypik beschrieben werden kann.[302] Der Abstraktion des Orientierungsrahmens folgt durch fallübergreifende und fallinterne Vergleiche die Spezifizierung dieses Typus, also der Basistypik,[303] wobei die komparative Analyse nun nicht mehr auf die Suche nach Gemeinsamkeiten gerichtet ist, sondern vielmehr auf die Hervorhebung von Kontrasten zielt.[304] Im Anschluss an die sinngenetische Typenbildung wird der Forschungsfokus auf die soziogenetische Ebene gerichtet, indem die Frage zu beantworten versucht wird, welchem Erfahrungsraum die herausgearbeitete Orientierung zuzurechnen ist.[305] Die Analyse rich-

---

298 Bohnsack 2003a, S. 139.
299 Vgl. Breitenbach 2000, S. 50-51.
300 Vgl. Bohnsack 2003a, S. 145ff.
301 Vgl. Bohnsack 2003b, S. 566.
302 Vgl. Nentwig-Gesemann 2001, S. 292.
303 Vgl. ebd., S. 190-191.
304 Vgl. Bohnsack 2001, S. 236.
305 Vgl. Bohnsack 2001, S. 252.

tet sich nun nicht mehr primär auf die Fallstruktur, sondern vielmehr auf die Struktur der konjunktiven Erfahrungsräume, die die „Herausbildung bestimmter handlungsleitender Orientierungen"[306] beeinflusst haben. Die Analyseschritte der sinngenetischen und soziogenetischen Interpretation werden nacheinander durchgeführt, da so vorschnellen Typisierungen entgegengewirkt werden kann. Durch eine Explikation dieser einzelnen Arbeitsschritte wird im Rahmen der Typenbildung eine methodische Kontrolle der Interpretationsarbeit gewährleistet.[307] Das aufeinander folgende Ausführen dieser Auswertungsschritte führt allerdings unweigerlich zu Wiederholungen, die zugunsten der zuvor beschriebenen Gründe in Kauf genommen werden müssen.

Bei Forschungen, die nach der dokumentarischen Methode arbeiten, ist es üblich, im Ergebnisteil nicht die Analyseschritte der formulierenden und reflektierenden Interpretation zu präsentieren, sondern lediglich die sich daran anschließenden Fallbeschreibungen.[308] Da diese die Ergebnisse der vorherigen Analysearbeit zusammenfassend darstellen, reicht das Vorstellen dieses Auswertungsschrittes aus. In der vorliegenden Arbeit werden die Interpretationsergebnisse in Form der einzelnen Familienportraits in Kapitel sechs präsentiert. Diese Portraits dienen als Ausgangspunkt für die sich daran anschließende Typenbildung. Hierbei werden auch in der vorliegenden Arbeit die Analyseschritte der sinngenetischen und soziogenetischen Typenbildung getrennt aufgeführt, so dass im Rahmen der soziogenetischen Interpretation zur Herausarbeitung von Bezügen zwischen bereits gewonnenen Typisierungen und den spezifischen Erlebnishintergründen der Probanden auf Ergebnisse der sinngenetischen Typenbildung zurückgegriffen werden muss. Die dabei entstehenden inhaltlichen Überschneidungen werden aber aufgrund der durch diese Explikation entstehenden methodischen Kontrolle geduldet.

5.3 Anlage der Studie: Das Sample

Da die Auswertung qualitativer Erhebungsdaten äußerst zeitaufwendig ist, kann im Rahmen rekonstruktiver Studien nur mit einer kleinen Fallzahl gearbeitet werden. Im Gegensatz zu quantitativen Survey-Studien besteht unter anderem das Ziel einer qualitativ angelegten Studie nicht in der Erlangung einer statistischen Repräsentativität, sondern vielmehr darin, die im untersuchten Feld vorhandene Heterogenität zu dokumentieren. Hierzu wird in der Auswahl auf das Vorhandensein von mög-

---

306 Nentwig-Gesemann 2001, S. 295.
307 Vgl. Fritzsche 2003, S. 79.
308 Vgl. Jösting 2005; Fritzsche 2003; Breitenbach 2000.

lichst unterschiedlichen Fällen geachtet.[309] Für das Sample meiner Studie waren demnach sowohl Kriterien zur Vergleichbarkeit der Fälle als auch Kategorien zur Unterscheidung relevant, die gemäß des von Barney Glaser und Anselm Strauss entwickelten Verfahrens der Gleichzeitigkeit von Datensammlung und Analyse[310] während des Auswahlprozesses zum Teil modifiziert wurden.

Diese Methode des theoretischen Sampling beinhaltet eine im Prozess der Forschung fortlaufende Auswahl, die sich aus der Auswertung von bereits erhobenen Daten ergibt und darauf zielt, unterschiedliche Typen zu rekonstruieren. Der Prozess der Stichprobenziehung wird dann beendet, wenn eine theoretische Sättigung erreicht ist, wenn also keine weiteren Fälle mehr gefunden werden, die die bis dahin erarbeiteten theoretischen Verallgemeinerungen noch modifizieren. Einschränkend dazu ist aber darauf hinzuweisen, dass ein solcher idealtypische Forschungsverlauf aus Zeit- oder Kostengründen oftmals vorzeitig abgebrochen werden muss und eine theoretische Sättigung zwangsläufig unerreicht bleibt.[311] Entsprechend des theoretischen Sampling wurden für die vorliegende Studie diejenigen Fälle ausgewählt, die sich im Laufe der Forschungsarbeit als theoretisch relevant erwiesen haben.[312] Dies geschah auf folgende Weise:

In Anlehnung an die Fragestellung legte ich zunächst folgende Kriterien fest, die alle ausgewählten Familien aufweisen sollten: Um innerfamiliäre Tradierungslinien aufzeigen zu können, mussten die Familien aus drei in Deutschland lebenden Generationen bestehen, wobei sich die Kindergeneration in der Orientierungsphase der Adoleszenz befinden, also zwischen zehn und zwanzig Jahren alt sein sollte. Da die Untersuchung nicht auf die Gruppe der in den siebziger und achtziger Jahren nach Deutschland eingereisten und besonders anpassungsfreudigen russlanddeutschen Aussiedler[313] ausgerichtet sein sollte, wurden nur Familien aufgenommen, die zum Zeitpunkt der Erhebung, die in dem Zeitraum von Mitte 2003 bis Mitte 2004 stattfand, maximal fünfzehn Jahre in der Bundesrepublik Deutschland lebten. Zu Beginn des Auswahlverfahrens bestand aufgrund des Forschungsinteresses an der Gruppe der russlanddeutschen Aussiedler ein weiteres Kriterium darin, Familien zu untersuchen, die ausschließlich aus russlanddeutschen Mitgliedern bestanden.

Da sich zur Dokumentation der Heterogenität die Fälle zusätzlich aber voneinander unterscheiden sollten, achtete ich bei der Auswahl der Familien auf das Vorhandensein von unterschiedlichen Merkmalen. Gemäß des Verfahrens des theoretischen Sampling konnte somit ein maximal kontrastiver Vergleich möglich wer-

---

309 Vgl. Kelle/Kluge 1999, S. 99.
310 Vgl. Fritzsche 2003, S. 80; Glaser/Strauss 1967, S. 45-78; Rosenthal 2005, S. 85-88.
311 Vgl. Rosenthal 2005, S. 85ff.
312 Vgl. ebd., S. 85.
313 Vgl. Savoskul 2006, S. 211.

den.[314] So entschied ich mich im Laufe der Forschungsarbeit, neben den nichtakademischen Familien auch solche mit Bildungszertifikaten in die Untersuchung aufzunehmen. Aufgrund der theoretischen Annahme, dass Familien mit einem religiösen Hintergrund in ihren Handlungsstrategien womöglich von nicht religiösen Familien abweichen, bezog ich auch solche in das Sample ein. Nach den ersten Auswertungsarbeiten deutete sich an, dass die bis dahin interviewten Familien zumindest oberflächlich gesehen ein ihrer Umwelt gegenüber unauffälliges und angepasstes Leben führten. Um diesbezüglich Vergleichsmöglichkeiten zu erhalten, wählte ich für die Studie zusätzlich Familien aus, die durch innerfamiläre Probleme in irgendeiner Art und Weise auffällig wurden.

Bezüglich des religiösen Hintergrundes ist deutlich zu machen, dass beinahe alle Familien des Samples eine Zugehörigkeit zum christlichen Glauben betonten und den Wert der Religiosität als ein für Russlanddeutsche typisches Kulturelement beschrieben. Der Kategorie „religiös" ordne ich aber die Familien zu, deren Mitglieder ihre religiöse Ausrichtung als ein wesentliches Merkmal ihres Alltagslebens definieren und einen Großteil ihrer Freizeit innerhalb ihrer religiösen Gruppierung verbringen. Besonderes interessant schienen mir hierbei diejenigen religiösen Gruppierungen zu sein, die ausschließlich über russlanddeutsche Mitglieder verfügen und deren gelebte Religiosität somit in unmittelbarem Zusammenhang mit der kulturellen Zugehörigkeit zu sehen ist. Dies trifft vor allem auf russlanddeutsche Freikirchen zu, für deren Mitglieder in der bisherigen Forschung eine Art Sonderrolle beschrieben wurde.[315] Die für das Sample ausgewählten religiösen Familien gehören demnach auch einer russlanddeutschen evangelischen Freikirche an.[316]

Gegen Ende der Erhebungsphase modifizierte ich das zuvor festgelegte Kriterium der nationalen Zugehörigkeit der Familienmitglieder. Aufgrund der bis dahin bereits gewonnenen Erkenntnis, dass viele der Russlanddeutschen eine Abgrenzung zu gemischten Familien vornahmen, hielt ich es für sinnvoll, auch solche Familien mit russlanddeutschen und russischen Mitgliedern in die Untersuchung mit einzubeziehen. So fand auch die sich in den letzten Jahren verändernde Zusammensetzung der Aussiedlerfamilien Berücksichtigung, denn seit Mitte der neunziger Jahre stieg die Anzahl der nicht-deutschstämmigen Mitglieder innerhalb der russlanddeutschen Gruppe stetig an.[317] Außerdem wurden so auch von dem eigentlichen Untersuchungsgegenstand abweichende Fälle gewonnen, die für eine spätere kom-

---

314 Vgl. Rosenthal 2005, S. 97.
315 Siehe hierzu die Ausführungen zum Forschungsstand in Kapitel 3 dieser Arbeit.
316 Zu statistischen Daten bezüglich der Religiosität und des Bildungsstands siehe Kapitel 2.2 dieser Arbeit.
317 Zu den statistischen Zahlen bezüglich der Veränderung in der nationalen Zusammensetzung von Aussiedlerfamilien siehe Kapitel 2.2 dieser Arbeit.

parative Analyse als Vergleichspunkte – oder Bohnsack zufolge als Vergleichshorizonte[318] – herangezogen werden konnten.

Nachdem sich Familien gefunden hatten, die zu einer Mitwirkung bereit waren, konnte ich das folgende Sample zusammenstellen. In dem Schaubild sind alle Familien mit den ihnen zugeordneten Kategorien aufgeführt.[319] In der vorliegenden Arbeit werden in Kapitel sechs die Familienportraits von fünf ausgewählten Familien des Samples vorgestellt. Bei der Auswahl wurde darauf geachtet, dass jede der zuvor beschriebenen Kategorien durch je eine Familie vertreten wird. Die ausgewählten Familien sind im Schaubild markiert.

Familiensample

Familie Heinz	Familie Wendler	Familie Kanz	Familie Wondel	Familie Schwarz	Familie Hahn	Familie Engel
russlanddeutsch	russlanddeutsch	russlanddeutsch	russlanddeutsch	russlanddeutsch	russlanddeutsch / russisch	russlanddeutsch / russisch
ohne Bidungszertifikate	ohne Bildungszertifikate	ohne Bildungszertifikate	mit Bildungszertifikaten	ohne Bildungszertifikate	mit Bildungszertifikaten	ohne Bildungszertifikate
religiös	religiös	nicht religiös	nicht religiös	nicht religiös	nicht religiös	nicht religiös
				Familie mit Problemen		

5.4 Methoden der Datenerhebung

Um die Fragestellung des Forschungsvorhabens nach der kulturellen Situation der Familien zu bearbeiten, schien der Einsatz von verschiedenen Erhebungsmethoden sinnvoll. So wurden Gruppendiskussionen, teilstandardisierte Einzelinterviews und die Aufnahme von Tischgesprächen durchgeführt.[320] Die Durchführung von Gruppendiskussionen bot sich in der vorliegenden Studie insbesondere deswegen an, da

---

318 Vgl. Bohnsack 2001, S. 236.
319 Die Familiennamen wurden hierbei anonymisiert.
320 Dieses Forschungsdesign ist angelehnt an das Methodensetting des DFG-Projektes „Erziehung und Tradition. Tradierungsprozesse in Familien", das in dem Zeitraum vom 01.02.2002 bis zum 31.01.2003 an der Universität Koblenz-Landau, Abteilung Koblenz in Kooperation mit der Freien Universität Berlin stattfand. Ich arbeitete an dem Projekt als wissenschaftliche Hilfskraft mit.

der Forschungsfokus vorwiegend auf die Gesamtfamilie als Gruppe gerichtet war und das Gruppendiskussionsverfahren darauf zielt, „kollektive Orientierungen zu erforschen."[321] Auch können durch die genaue Betrachtung der Diskursorganisation Einblicke in die innerfamiliäre Art der Kommunikation und die Positionierung der Einzelnen in der Gesamtfamilie gewonnen werden.

Bei einer Gruppendiskussion wird die Gesprächsgrundlage von der interviewenden Person in Form eines „Grundreizes"[322] gegeben, der beispielsweise in einer vage formulierten Eingangsfrage bestehen kann. Doch dient dieser Eingangsimpuls lediglich dazu, den thematischen Rahmen des Gespräches grob abzustecken. Im gesamten Verlauf des Gespräches ist allgemein darauf zu achten, dass sich eine Selbstläufigkeit ergibt und dass sich die „Diskussion ... in ihrer ... Eigenstrukturiertheit entfalten kann."[323] Neben dem Gewinn von inhaltlichen Informationen sind bei einer Gruppendiskussion auch der Verlauf des Gesprächs[324] und die darin sichtbar werdenden gruppenspezifischen Verhaltensweisen interessant.[325] Nachdem zuerst ein Austausch der individuellen Standpunkte der Beteiligten über den vorgegebenen thematischen Rahmen angestrebt wird, kann während des weiteren Verlaufs der Diskussion ein gegenseitiges Sich-Beeinflussen innerhalb der Gruppe beobachtet werden, woraus dann vermittelte Erfahrungswerte resultieren.[326] Der Vorteil einer Gruppendiskussion besteht darin, dass durch die Spontaneität der Äußerungen und durch „wechselseitige Stimulationen das wesentlich Gemeinte zur Sprache"[327] gebracht wird.

Ralf Bohnsack entwickelte das Gruppendiskussionsverfahren mit der Annahme weiter, dass Orientierungen der Probanden nicht nur in der Diskussion entstehen, sondern in dieser auch repräsentiert werden.[328] Er geht davon aus, dass im Rahmen einer Diskussion ein kommunikativer Gruppenprozess entsteht, in dem sich die gemeinsamen Orientierungen der Gruppenmitglieder dokumentieren,[329] die „auf der Basis eines gemeinsamen Erfahrungshintergrundes der Gruppe entstanden sind".[330] In der später folgenden Analyse des erhobenen Datenmaterials wird es darum gehen, Bezüge zwischen diesen von allen geteilten Orientierungen und den spezifischen Erfahrungshintergründen herzustellen.

---

321 Breitenbach 2000, S. 42.
322 Friedrichs 1980, S. 246.
323 Loos/Schäffer 2001, S. 52.
324 Vgl. Dreher/Dreher 1995, S. 186.
325 Vgl. Lamnek 1998, S. 31.
326 Vgl. Dreher/Dreher 1995, S. 188.
327 Dreher/Dreher 1995, S. 186.
328 Vgl. Bohnsack/Schäffer 2001, S. 329.
329 Vgl. Fritzsche 2003, S. 87.
330 Ebd., S. 87.

Das Forschungsinteresse der vorliegenden Arbeit bezog sich neben der Familie als Ganzes auch auf die gesonderte Betrachtung der einzelnen Generationen. Da für die Erfassung individueller Werthaltungen und Einstellungen der Ertrag von Gruppendiskussionen in der Regel nicht ausreicht,[331] erwies es sich als sinnvoll, auch qualitative teilstandardisierte Interviews mit Einzelpersonen zu führen, die es ermöglichen, dass die Befragten „ihre Ansichten und Erfahrungen frei artikulieren können."[332] Es existieren verschiedene Varianten teilstandardisierter Interviews, wobei die Anwendung von problemzentrierten Interviews am geeignetsten erschien. Diese räumen den befragten Personen durch eine nur lockere Bindung an einen knappen und der thematischen Orientierung dienenden Leitfaden weitgehende Chancen zur Artikulation ein und regen ferner zu eigenen, teilweise auch vom vorgegebenen Rahmen abweichenden Erzählungen an, die sich für die Forschung unter Umständen als ebenso wertvoll erweisen können.[333] Der Interviewleitfaden dieser Studie gab wie auch der Eingangsimpuls in den Gruppendiskussionen die Veränderungen des Lebens nach der Einreise in die Bundesrepublik als übergeordnetes Thema vor und enthielt zusätzlich die Themenkomplexe Kultur, kulturelle Identität, Integration, Erziehung und Tradierung. Der Leitfaden enthielt keine feste Fragenabfolge, sondern wurde situativ je nach Gesprächssituation angewandt. Die Fragen mussten zudem auf die jeweiligen Familien spezifisch ausgerichtet werden, da deren Sprachkompetenz, Redebereitschaft und die unterschiedlichen familiären Hintergründe Berücksichtigung finden sollten. Das folgende Schaubild zeigt die Themenkomplexe und führt exemplarisch mögliche Fragen zu den jeweiligen Bereichen auf.

---

331 Dreher/Dreher 1995, S. 186.
332 Hopf 1995, S. 177.
333 Vgl. ebd., S. 178.

Themenkomplexe	mögliche Fragen
Eingangsimpuls	Frage nach den Veränderungen des Lebens (im Herkunftsland und in der Bundesrepublik Deutschland)
Kultur	– Gibt es in ihrer Familie bestimmte Traditionen oder Bräuche, die ihnen wichtig sind? Gab es diese auch schon in Russland? Gibt es auch welche, die in Deutschland nicht mehr wichtig erscheinen? – Glauben sie, dass sich russlanddeutsche Familien von hiesigen Familien unterscheiden? Worin bestehen diese Unterschiede? Worin bestehen Gemeinsamkeiten? – Gibt es in ihrer Familie Probleme oder Konflikte mit den einheimischen Deutschen oder der Kultur? Wenn ja, wie versuchen sie, diese zu lösen? – Was ist für sie „typisch" für Russlanddeutsche, was für Bundesdeutsche? – Welche Eigenschaften sollte der ideale spätere Ehepartner ihres Kindes besitzen?
Ethnisch-kulturelle Identität	– Fühlen sie sich in Deutschland zu Hause? Oder könnten sie sich auch heute noch ein Leben in Russland vorstellen? – Welcher Gruppe fühlen sie sich zugehörig? Würden sie sich selbst als „deutsch" bezeichnen?
Integration	– Wie gestalten sie ihre Freizeit? Haben sie auch einheimische Freunde?
Erziehung	– Was wollen sie ihren Kindern unbedingt „beibringen"? Warum sind ihnen gerade diese Dinge so wichtig? – Was verbieten und was erlauben sie Ihren Kindern?
Tradierung	– In welchen Bereichen sehen sie Unterschiede zwischen sich und den anderen Generationen in ihrer Familie? Woran liegt das Ihrer Meinung nach?

Durch die Aufnahme von Tischgesprächen, also alltäglichen Gesprächen während der Essenssituationen in den Familien, sollte ein Einblick in innerfamiliale Verhaltens- und Kommunikationsmuster und für die jeweilige Familie spezifische Tradierungslinien erhalten werden. Hierbei schien insbesondere der durch die Abwesenheit des Forschers entstehende informelle Charakter dieser Gespräche geeignet, auch von Begebenheiten oder Erzählungen aus dem Leben der Familie zu erfahren, die in Gruppendiskussionen und Interviews eventuell nicht zur Sprache kämen. Da sich die Inhalte der Tischgespräche der Familien aber hauptsächlich auf die Esssituation selbst bezogen und für die Thematik des Forschungsvorhabens wenig ertragreich waren, wurde das daraus gewonnene Material in der Analyse nur ergänzend hinzugenommen. Der Ertrag bestand dabei weniger in inhaltlichen Aspekten, sondern diente vielmehr zur Beschreibung der allgemeinen familialen Gesprächs- und Kommunikationskultur. Letztendlich zielt die Analyse von Tischgesprächen im Allgemeinen oft weniger auf die Interpretation des Inhaltes selbst als vielmehr auf die Erschließung der Regelhaftigkeit, die der Informationsvermittlung zugrunde liegt.[334]

5.5 Forschungsverlauf und Vorgehensweise

Zu Beginn des Forschungsprozesses stellte sich das Gewinnen von Familien zur Mitwirkung an der empirischen Studie als eine große Herausforderung heraus und erwies sich als schwierig. Ich begann die Suche damit, Experten zu kontaktieren, von denen ich mir erhoffte, dass über sie eine Vermittlung entsprechender Familien möglich sei. So trat ich entweder schriftlich oder mündlich mit ca. 30 Institutionen oder Funktionsträgern, die in irgendeiner Art und Weise mit russlanddeutschen Aussiedlern arbeiteten, in und um Osnabrück in Kontakt. Obwohl einige Experten engagiert versuchten, meiner Anfrage nachzukommen, war der Ertrag äußerst gering. Da mir einige Verantwortliche Namen und Telefonnummern von entsprechenden Familien aushändigten, konnte ich persönlich ca. 50 Familien kontaktieren. Doch überwog in den Fällen, in denen eine Familie in das Erhebungsraster gepasst hätte, oftmals das Misstrauen einer solchen Untersuchung gegenüber. Besonders bereitete die Tatsache, dass Tonbandaufnahmen ein fester Bestandteil der Untersuchung sein sollten, den meisten Russlanddeutschen Unbehagen, da sie ein solches Vorgehen an die Zeit der Verfolgung und Deportationen von Deutschen während und nach der Zeit des Zweiten Weltkrieges in der ehemaligen Sowjetunion erinnere. Auch noch so intensive Bemühungen meinerseits, diese Bedenken und Ängste zu zerstreuen, schlugen bei vielen Familien fehl.

---

334 Vgl. Keppler 2001, S. 140: Hierzu widmet sich Angela Keppler in ihrer Analyse von Tischgesprächen ausführlich der Erstellung kommunikativer Gattungen. Im Rahmen meiner Studie würde ein solches Vorhaben zu weit führen, weshalb hier eine allgemeine Beschreibung der Kommunikationskultur in den Familien ausreichen muss.

So bemühte ich mich, alle privaten Kontakte zu russlanddeutschen Aussiedlern zu aktivieren und diese Personen quasi als „official stranger handlers"[335] zu gebrauchen. Durch die nun vermittelten Kontakte zeigten sich erste Erfolge. Die bewusste Betonung meiner eigenen zum Teil russlanddeutschen Wurzeln trug wesentlich dazu bei, dass sich die kontaktierten Familien tatsächlich zu einer Mitwirkung an der Untersuchung entschieden, wobei ihre Motivation vorrangig darin bestand, mir, die ich von den Russlanddeutschen als eine der ihren empfunden wurde, zu helfen. Da von Seiten der Probanden trotz allem ein Rest an Misstrauen und Unbehagen bezüglich der Untersuchungssituation bestehen blieb, war eine intensive Feldpflege notwendig.

Zur Dokumentation der Erstkontaktierung und weiteren Forschungsarbeit erstellte ich für die Dauer der Erhebungsphase für jede Familie ein Forschungsverlaufsprotokoll. Auch hielt ich alle Eindrücke von den Familien, ihrer Wohn- und Lebenssituation, die ich während der Besuche bekam, durch die Anfertigung von ausführlichen Beobachtungsprotokollen fest. Zur besseren Einschätzung der Gesamtsituation der Familien und ihrer Mitglieder ließ ich zusätzlich im Rahmen der ersten Besuche bei den Familien biographische Fragebögen ausfüllen, so dass genaue Angaben über die Sozialdaten jedes einzelnen Familienmitgliedes vorlagen. Die hierbei gesammelten Informationen wurden zusammengefasst und in Form eines kurzen Überblicks dargestellt, so dass die soziodemographische Situation jeder Familie leicht einsichtbar wurde.

Soweit es die Terminabsprache mit den Familien zuließ, versuchte ich, die Erhebung mit den Gruppendiskussionen zu beginnen und die Einzelinterviews in den Familien erst im Anschluss daran durchzuführen. Dies hatte den Vorteil, dass innerhalb des Gesprächs mit der Gesamtfamilie kontrovers diskutierte Themen in den Einzelinterviews aufgegriffen und noch einmal aus der Sicht des jeweils Interviewten dargestellt werden konnten. Den Zeitpunkt der Aufnahme der Tischgespräche überließ ich den Familien selbst.

Die Gruppendiskussionen wurden innerhalb jeder Familie mit Vertretern der Eltern-, Großeltern- und Kindergeneration durchgeführt und dauerten jeweils zwei bis drei Stunden. Die Gespräche fanden bei den Familien zu Hause statt und ich verabredete im Vorfeld, dass zur Auflockerung der Gesprächsatmosphäre Tee oder Kaffee und etwas Gebäck gereicht werden sollte, wobei sowohl die Familie als auch ich an den Vorbereitungen dazu mitwirkten. In den von mir durchgeführten Gruppendiskussionen stellte ich zu Beginn der Gespräche die Frage nach den all-

---

335 Vgl. Hildenbrand 2005, S. 20: Bei „official stranger handlers" handelt es sich M.H. Agar zufolge um Personen, die das Vertrauen ihrer Gruppe besitzen und die Aufgabe haben, Informationen über die Gruppe an Außenstehende so weiterzugeben, dass für die Gemeinschaft selbst keine Gefahr entsteht.

gemeinen Veränderungen des Lebens nach der Einreise in die Bundesrepublik Deutschland und dem Umgang damit. In den meisten Fällen entwickelte sich daraufhin ein reges Gespräch, an dem sich die Vertreter aller drei anwesenden Generationen beteiligten.

Im Anschluss daran führte ich in fast allen Familien jeweils ein Interview mit den Vertretern jeder Generation durch. In wenigen Fällen entschied ich mich, die zu einer Generation gehörenden Personen einzeln zu interviewen, da die Vorgespräche und die Gruppendiskussion ein hohes Konfliktpotenzial aufgedeckt hatten und ich es somit für ergiebiger hielt, die Einzelnen getrennt zu Wort kommen zu lassen. Auch die Einzelinterviews fanden jeweils in den Häusern oder Wohnungen der Probanden statt und sie nahmen eine Zeitdauer von einer bis zwei Stunden ein. Auffällig hierbei war die Spannbreite der Erzählbereitschaft der Interviewpartner. Während einige Personen beinahe über ihre gesamte Lebensgeschichte sprachen, war es bei anderen schwer, sie überhaupt zum Reden zu motivieren.

Nachdem alle Gruppendiskussionen und Einzelinterviews durchgeführt und die Tischgespräche aufgenommen worden waren, wurde das erhobene Datenmaterial von mir transkribiert. Von den Tischgesprächen fertigte ich detaillierte Inhaltsangaben an.[336] Die erhobenen Daten umfassten insgesamt ca. 800 Seiten transkribiertes Material. Das folgende Schaubild gibt einen genauen Überblick über die Gesamterhebung:[337]

---

336 Die Transkripte wurden nach den Transkriptionsrichtlinien angefertigt, die in Bohnsack/ Nentwig-Gesemann/Nohl 2001, S. 363 zu finden sind. Alle Namen wurden dabei anonymisiert.
337 Auch hier sind die für die Studie ausgewählten Familien markiert.

	Familie Heinz	Familie Wendler	Familie Schwarz	Familie Kanz	Familie Wondel	Familie Hahn	Familie Engel	Insgesamt
Forschungsverlaufsprotokoll	1	1	1	1	1	1	1	7
Sozialdaten (Biographische Fragebögen)	5	4	8	8	4	5	5	39
Besuche	6	6	5	5	6	3	4	35
Beobachtungsprotokolle	6	6	5	5	6	3	4	35
Familienüberblick	1	1	1	1	1	1	1	7
Gruppendiskussion und Transkription	1	1	1	1	1	1	1	7
Großelterninterview und Transkription	1	1	2	1	1	1	1	8
Elterninterview und Transkription	1	1	2	1	1	1	1	8
Kinderinterview und Transkription	1	1	0	1	1	1	1	6
Tischgespräche	3	2	2	4	2	2	2	17
und davon detaillierte Inhaltsangaben	2	0	2	4	2	2	0	12

6 Ergebnisse der empirischen Studie

6.1 Die Familienportraits – Fallbeschreibungen des interpretierten Materials

Das Kernstück der Interpretationsarbeit der vorliegenden Studie bilden die im Anschluss dargestellten Familienportraits, die bezüglich jeder untersuchten Familie die Ergebnisse der gesamten Analysearbeit enthalten. Hierzu wurden die für die Fragestellung relevanten Ergebnisse der Falldarstellungen aller in den Familien erhobenen Elemente hinzugezogen und als Portrait für die Gesamtfamilie zusammengestellt. Durch eine solche Darstellung der Interpretationsergebnisse für die Familie als Ganzes werden die die Generationen übergreifenden innerfamilialen Tradierungslinien und Orientierungsmuster in besonderem Maße verdeutlicht. Um einen groben Überblick über die einzelnen Familien zu erhalten, wurden im Vorfeld jedes Familienportraits die Sozialdaten der einzelnen Familienmitglieder zusammengestellt, was einen Einblick in die biographische Struktur der Familien ermöglicht. Die angegebenen Zahlen bezüglich des Alters oder der bis heute in Deutschland verbrachten Zeit beziehen sich stets auf den Zeitpunkt der Erhebung der Daten.

6.1.1 Familie Kanz

Familie Kanz wird innerhalb des Samples den Kategorien „russlanddeutsch", „nicht religiös" und „ohne Bildungszertifikate" zugeordnet. Bezüglich des Bildungsstandes ist darauf zu verweisen, dass die Mutter Olena Kanz zwar über ein während ihres Lebens in Russland abgeschlossenes Universitätsstudium verfügt, nach ihrer Einreise nach Deutschland aber nicht im akademischen Bereich blieb, sondern stattdessen eine Ausbildung als Krankenschwester absolvierte. Da sie das einzige Familienmitglied mit Hochschulbildung ist und auch die Kindergeneration der Familie keine akademische Bildung anstrebt, wird die Familie insgesamt der Kategorie „ohne Bildungszertifikate" eingeordnet.

6.1.1.1 Sozialdaten

Olena Kanz, geborene Bauer, ist 44 Jahre alt und wurde in Kasachstan geboren. Dort machte sie das Abitur und besuchte im Anschluss daran die Universität, um Diplom-Ingenieurin zu werden. In Deutschland wurde ihr der Titel Diplom-Architektin anerkannt, doch fand sie keine adäquate Arbeitsstelle, so dass sie eine weitere Ausbildung zur Krankenschwester machte. In diesem Beruf arbeitet sie heute.

Ihr Ehemann, Ewald, ist 49 Jahre alt und stammt aus Sibirien. Er erwarb den Realschulabschluss und machte im Anschluss daran eine Ausbildung zum Energieanlagenelektroniker. Heute arbeitet er als Elektriker. Beide Eltern von Ewald wuchsen in deutschen Siedlungen auf, sein Vater Johann stammt aus Sibirien. Dessen Vater wurde 1937 erschossen und Johann verbrachte von 1942 bis 1943 aufgrund seiner deutschen Zugehörigkeit ein Jahr in der Arbeitsarmee. Die Mutter von Ewald, Margareta, stammt aus einem deutschen Dorf in der Ukraine und auch ihr Vater wurde 1938 als Deutscher erschossen. Wenige Jahre später starb auch ihre Mutter, und ihr Bruder wanderte nach Kanada aus. Ihn traf sie 1967 nach 22 Jahren wieder. Ewald hat noch zwei Geschwister, unter ihnen eine Zwillingsschwester. Er selbst ist das zweite Kind. Olenas Eltern wurden beide in der Autonomen Deutschen Wolgarepublik geboren und während des Zweiten Weltkrieges nach Kasachstan deportiert, wo sie zu Beginn unter „Kommandatur" lebten. Olena hat noch drei Geschwister, sie selbst ist die zweite in der Geschwisterfolge.

Im Jahr 1979 heirateten Ewald und Olena und bekamen zwei Töchter. Erika ist heute 23 Jahre alt und absolviert eine Ausbildung zur Operations-Technischen-Assistentin. Die achtzehnjährige Tochter Melinda besucht die zehnte Klasse der Realschule und hat für ihre berufliche Zukunft noch keine weiteren Pläne. Familie Kanz lebt seit 1992 in Deutschland. Sie haben gemeinsam mit den Eltern von Ewald ein großes Haus auf dem Land gebaut, in dem sie selbst den unteren Bereich bewohnen und die Großeltern eine abgeschlossene Wohnung im oberen Bereich des Hauses haben. Die Einrichtung ist auf Hochglanz poliert, alles wirkt sehr ordentlich und gepflegt. Von Beginn unserer Begegnungen an verhalten sich die einzelnen Familienmitglieder mir gegenüber ohne Distanz und duzen mich auf Anhieb.[338]

6.1.1.2   Familienportrait

Bezüglich ihrer kulturellen Selbstwahrnehmung und Identifizierung hinsichtlich der ethnischen Komponente herrschen bei den Mitgliedern der Familie Kanz ähnliche Grundansätze vor, die jedoch innerhalb der Generationen unterschiedlich ausgestaltet und begrifflich verschiedenartig artikuliert werden.

Die familiale Gesprächskultur ist allgemein gekennzeichnet von einer Dominanz der weiblichen Familienmitglieder. Besonders Mutter Olena zeigt sich deut-

---

338   In den im Familienportrait der Familie Kanz angeführten Interviewpassagen werden die einzelnen Personen wie folgt abgekürzt: Vater Ewald Kanz (E), Mutter Olena Kanz (O), ältere Tochter Erika Kanz (Er), jüngere Tochter Melinda Kanz (Me), Großvater väterlicherseits Johann Kanz (J), Großmutter väterlicherseits Margareta Kanz (M), Großvater mütterlicherseits Konstantin Bauer (K) und die Interviewerinnen Svetlana Kiel (S) und Susanne Meiering (Su).

lich als Wortführerin. Sie ist diejenige, die Gespräche in bestimmte Richtungen lenkt, indem sie unterschiedliche Themen einführt. Sie fordert die anderen Familienmitglieder zu Wortbeiträgen auf und kommentiert oder vervollständigt die Aussagen der anderen häufig. Auch Großmutter Margareta prägt die Gesprächskultur, indem sie längere Erzählpassagen einfließen lässt, die vorrangig das vergangene Leben in Russland beschreiben. Aufgrund dieser Struktur kommen Passagen, die von einer regen Beteiligung möglichst vieler Gesprächsteilnehmer gekennzeichnet sind, weniger häufig zustande. Die Gesprächsabschnitte, die sich mit der Thematik der Opferrolle der Deutschen in Russland oder der wahrgenommenen Diskriminierung Russlanddeutscher in der Bundesrepublik beschäftigen, weisen eine höhere metaphorische Dichte und abweichende Wortwahl auf und sind somit als Fokussierungsmetaphern zu bezeichnen. Eine Beschreibung von für sie typischen Kulturelementen wird von jeder Generation der Familie vorgenommen, allerdings werden bei genauerer Betrachtung unterschiedlich gesetzte Akzentuierungen und auch das Heranziehen verschiedener Gegenhorizonte deutlich.

Die Kultur der deutschen Minderheit in Russland wird von der Großeltern- wie auch der Elterngeneration ausführlich dargestellt, während die Kindergeneration aufgrund ihres kurzen Lebens in Russland hierzu kaum Aussagen macht. Die für die Deutschen in Russland als typisch empfundenen Kulturelemente beschreiben die Großeltern wie auch die Eltern in Abgrenzung zur russischen Kultur, die als Gegenhorizont hinzugezogen wird. Hierbei werden die einzelnen Elemente einer deutschen Kultur vorrangig positiv bewertet, die russische Kultur im Gegensatz dazu fast ausschließlich negativ empfunden. Deutsche in Russland zeichneten sich nach Meinung von Familie Kanz vor allem dadurch aus, in vielen Bereichen des Lebens erfolgreicher gewesen zu sein als ihre russischen Nachbarn. So galten deutsche Frauen als bessere Hausfrauen und Köchinnen, männliche Deutsche als fleißigere und bessere Arbeiter. Deutsche legten Wert auf ein gepflegtes Erscheinungsbild ihres Besitzes und ihrer Person. Die genannten Kulturelemente umfassen hauptsächlich Sekundärtugenden wie Sauberkeit, Wohlanständigkeit und Bescheidenheit. Unterschiede zur russischen Essenskultur werden aufgrund der Zubereitung verschiedener Speisen beschrieben. Als ein wesentliches Element einer Kultur der Deutschen in Russland nennt Familie Kanz das Festhalten an christlichen Glaubenstraditionen. Auch eine gewisse Feinfühligkeit oder Sentimentalität und das Leben in endogamen Ehebeziehungen werden als typisch deutsch wahrgenommen.

Familie Kanz beschreibt neben der Kultur der deutschen Minderheit in Russland auch die der Bundesdeutschen. Daran beteiligt sich ebenfalls die Kindergeneration. Hierbei fällt auf, dass je nach Generation zur Abgrenzung verschiedene Gegenhorizonte gewählt werden. Während die Großelterngeneration als Gegenhorizont die Kultur der Deutschen in Russland heranzieht, nimmt die Elterngeneration eine Abgrenzung durch Hinzuziehen der russischen Kultur vor, die Kindergeneration beschreibt als Gegenhorizont eine russlanddeutsche Kultur. Die unterschiedliche Orientierung der Eltern- und Kindergeneration bezieht sich jedoch ausschließlich auf die Wahl der Begrifflichkeit, nicht aber auf inhaltliche Aspekte. Die Kulturelemente, die die Elterngeneration als russisch beschreibt, ordnet die Kindergeneration einer russlanddeutschen Kultur zu. Bezüglich der Bewertung der russischen Kultur wird innerhalb der Elterngeneration ein Wandel deutlich, da diese in Abgrenzung zur bundesdeutschen Kultur nun vorrangig positiv dargestellt wird. Den Begriff einer russlanddeutschen Kultur wählt innerhalb der Familie Kanz ausschließlich die Kindergeneration.

Trotz der Orientierung an unterschiedlichen Gegenhorizonten werden von der Familie einheitlich Kulturelemente der einheimisch Deutschen genannt, die jedoch vorrangig negativ bewertet werden. Irritierend empfinden besonders die Eltern- und die Kindergeneration die Notwendigkeit von Terminabsprachen in der bundesdeutschen Gesellschaft und betonen im Gegensatz dazu den russischen oder russlanddeutschen Wert der Gastfreundschaft, der beinhaltet, Besucher auch ohne vorherige Absprache willkommen zu heißen und zu bewirten. Während Russen oder Russlanddeutsche sich durch einen weit stärkeren Zusammenhalt untereinander auszeichnen als Bundesdeutsche, werden diese allgemein als weniger offen und weniger freundlich Fremden gegenüber empfunden. Vielmehr wird die Art, Menschen nach einer Rangordnung einzustufen und andere Kulturen abzuwerten, als typisch bundesdeutsch wahrgenommen. Besonders die Festkultur weist deutliche Unterschiede auf, wobei die bundesdeutsche Art, zu feiern, als langweilig eingeordnet wird, die russische oder russlanddeutsche Art sich im Gegensatz dazu durch eine ausgelassene Stimmung auszeichnet. Allen Familienmitgliedern zufolge fallen Bundesdeutsche durch mangelnde Höflichkeit besonders gegenüber Frauen und älteren Menschen auf, wobei besonders kritisiert wird, dass wegen Mangels an Respekt älteren Menschen beispielsweise im Bus kein Platz angeboten wird. Die Großelterngeneration kritisiert, dass Bundesdeutsche häufig ohne Heirat zusammenleben und Ehen weit öfter geschieden werden. Bescheidenheit oder Wohlanständigkeit als Werte der Deutschen in Russland werden von der Großelterngeneration innerhalb der bundesdeutschen Kultur vermisst.

Deutsch-Sein in Russland

Während ihres Lebens in Russland fühlte sich Familie Kanz stets der deutschen Minderheit zugehörig, mit deren Kultur sie einen Verhaltenskodex verbindet, der vorrangig von Sekundärtugenden bestimmt ist. Margareta und Johann als Vertreter der Großelterngeneration wuchsen beide in deutschen Dörfern auf, wo sie innerhalb ihrer als deutsch wahrgenommenen Kultur lebten und ausschließlich die deutsche Sprache erlernten. Mit der russischen Kultur und Sprache wurden sie erstmals als Jugendliche nach ihrer Vertreibung aus den deutschen Siedlungen konfrontiert. Auch innerhalb ihrer eigenen Familie war es Johann und Margareta wichtig, ihre deutsche Zugehörigkeit und Kultur an die Kinder zu tradieren.

(Interview Großeltern, Z. 237-241)
M: Mir waren Deutsche, haben unsere Kultur auch, unsere deutsche Kultur behalten, und wollten auch, dass die Kinder deutsch sind. Die waren ja sowieso eine deutsche Familie, ja, und mir waren ja auch im Ausweis eingeschrieben, dass wir sind Deutsche. (...) Wir wollten auch haben, dass die deutsch sprechen.

Bezüglich der Thematik ihrer Zugehörigkeit zur deutschen Minderheit in Russland erzählt die Großelterngeneration wiederholt von der Verfolgung und Deportation der Deutschen.

(Interview Großeltern, Z. 113-116)
J: Sind die (...) Deutsche, überall waren se, ein Dorf von 40 Häuser, und 60 Mann han die genommen, keiner ist zurück gekommen, nicht einer.

Das Bewusstsein eines Opferstatus als Deutsche ist demnach als ein zentraler Aspekt ihrer ethnisch-kulturellen Identität zu sehen. Auch während ihres späteren Lebens in Russland sind ihnen als Angehörige einer deutschen Familie Diskriminierungen von Seiten der russischen Majorität stets präsent.

(Interview Großeltern, Z. 188-193)
J: Der Ewald, unser, den haben wir auf den Namen Ewald gegeben, und die konnten das ja nicht aussprechen richtig, der hat immer geweint. Der Peter war ja auf Russisch Pietr, und der Ewald, das konnten die nicht sagen, da hat er immer geweint, warum habt ihr dem Peter ein guten Namen gegeben und mir keinen. Ne, der musst viel aushalten. Der ist oft gekommen, die haben schon wieder Faschist zu mir gesagt.

Die Wahrnehmung als Opfer umfasst neben der Zeit des Krieges ebenso ihr weiteres Leben in Russland und wirkt sich auch auf die nachfolgende Generation aus. Wie die Großelterngeneration lebten auch Olena und Ewald als Vertreter der Elterngeneration in Russland stets im Bewusstsein, Deutsche zu sein, und grenzten sich von der russischen Kultur ab.

(Interview Eltern, Z. 398-409)
E: Ich war immer schon.   Ich war da auch mich gefühlt wie ein Deutscher.
O: L Da auch.
(...)

E: Da immer gelebt, in mein Pass steht, wenn ich auch nicht deutsch spreche, aber ich war Deutscher. (...) Und das weiß ich, ich habe immer von Anfang, geboren Deutsche, im Pass steht Deutsche, immer so. Und dann wenn es, das ist immer schon so ein Unterschied, in Schule, in Armee, da war es überall.
O: ⌊ Da wird drauf geachtet, was für Nationalität, ne. Und wir als Deutsche, da waren auch nicht viele. Ich meine keiner hat sich auf Präsentteller jetzt gesetzt, aber jeder wusste.

Trotz ihrer schlechten Kenntnisse der deutschen Sprache nahm sich die Elterngeneration aufgrund ihrer ethnischen Herkunft und auch der Zuweisung von außen als deutsch wahr. Olena und Ewald beschreiben neben Sekundärtugenden auch das Praktizieren christlicher Glaubenstraditionen als ein wesentliches Kulturelement der Deutschen in Russland.

(Interview Eltern, Z. 534-540)
O: Aber auch immer Deutsche, ne, und hat (...) die deutsch Bibel gehabt, und so. Ich konnte sogar, ich bin klein, mein Herz ist rein, kann niemand drin wohnen als Jesus allein. Das von Kindheit, kenn ich das, ne. Oder diese Lied am Tannenbaum, wie grün sind deine Blätter. Das (...) kann ich alles von Kindheit. Das ist, was uns weitergeben wurde, ne.

In ihrer eigenen Familie versuchten Olena und Ewald das Zugehörigkeitsgefühl zur deutschen Gruppe in Russland auch an ihre Kinder weiterzugeben. Aufgrund ihrer eigenen Probleme mit der deutschen Sprache, wird aber innerhalb der Familie russisch gesprochen. Bezüglich des Deutsch-Seins ihrer Vorfahren verfügen die Kinder jedoch nicht über vollständig korrekte Kenntnisse der Familiengeschichte.

(Interview Kinder, Z. 312-313)
M: Und so was versteh ich nicht, denn meine Oma, die ist ja in Deutschland geboren.

Melinda glaubt, dass ihre deutsche Zugehörigkeit daraus resultiert, dass ihre Großmutter in Deutschland geboren wurde. Tatsächlich aber wurde ihre Großmutter in einem deutschen Dorf in der Ukraine geboren und kam während des Zweiten Weltkrieges für eine kurze Zeit nach Deutschland, bis sie im Anschluss daran nach Sibirien deportiert wurde. Den Kindern ist zwar während ihres Lebens in Russland ihre deutsche Zugehörigkeit präsent, deren Begründung scheint aber innerhalb der Familie nicht genau besprochen worden zu sein. Insgesamt erzählen die Kinder wenig von ihrem Leben in Russland.

Der von der Großelterngeneration beschriebene Opferstatus der Deutschen wird auch von der Elterngeneration thematisiert. Obwohl sie die Zeit der Vertreibung der Deutschen nicht selbst miterlebten, ist die daraus resultierende Wahrnehmung als Opfer ebenso für Olena und Ewald präsent und somit auch für sie ein bezüglich der ethnisch-kulturellen Ebene identitätsstiftendes Element.

(Interview Eltern, Z. 540-553)

O: Und (...) diese äh, was kann man sagen, die haben uns immer gesagt, ihr müsst sehen, dass ihr irgendwann nach Deutschland zurückkehrt, auf jeden Fall, und das war so ganz ganz große Schmerz im Innern, ne. Dadurch, dass sie jetzt äh (...) aus der Wolga alle da vertrieben worden waren. Das war schlimmste Zeit bei denen. Und die werden das nie vergessen im Leben gehabt, und dieser Schmerz wurde uns weitergeben. Sie sagten, egal, was passiert, das war immer Vater, Oma von meinem Vater, Mutter von Vater. Egal was passiert, seht zu, dass ihr nach Deutschland kommt. Und die hätten sich wirklich so gefreut, dass wir jetzt alle hier sind. Weil die mussten wirklich sehr viel leiden, alles aufgeben, und sie hatten nichts mehr.

Olena beschreibt ausführlich eine Tradierung der Selbstdefinition als Opfer und macht deutlich, dass der Ausreisewunsch ihrer Generation von den Leidenserfahrungen ihrer Vorfahren mitbegründet wurde, und ordnet demnach ihrem Ausreisewunsch eine kulturelle Motivation zu. Die Großelterngeneration nennt als Ausreisemotivation konkret ethnisch-kulturelle Beweggründe.

(Gruppendiskussion, Z. 430-432)

J: Hab ich immer gehört, ich möchte viel schlechter, äh ich wär zufrieden, wenn ich hier schlechter als dort, aber ich will nach Deutschland, weil ich en Deutscher bin und so.

Deutsche mit russischer Mentalität in Deutschland

Während sich Familie Kanz in Russland stets uneingeschränkt als deutsch wahrgenommen hat, findet mit dem Beginn des Lebens in der Bundesrepublik nun für die Familienmitglieder eine Auseinandersetzung bezüglich der ethnischen Komponente ihrer kulturellen Identität statt. Durch die Konfrontation mit der bundesdeutschen Kultur wird für alle Mitglieder der Familie Kanz deutlich, dass die während ihres Lebens in Russland als deutsch empfundene Kultur der bundesdeutschen in weiten Teilen nicht entspricht, wodurch sie sich gezwungen sehen, ihr „Deutsch-Sein" zu reflektieren. Innerhalb dieses Reflektionsprozesses werden bezüglich der verschiedenen Generationen unterschiedliche Ansätze deutlich.

Ebenso wie während ihres Lebens in Russland definiert sich die Großelterngeneration auch in Deutschland als deutsch.

(Interview Großeltern, Z. 694-697)
M: Ich denke, ich gehör dazu. Ich bin schon's zweite Mal hier. Ich war im Krieg da. (...)
J: Wie se schon gesagt hat, ich fühl mich zu Hause.

Margareta und Johann betonen, dass sie in Deutschland ihr Zuhause sehen. Obwohl sie sich um den Aufbau von Kontakten zu einheimisch Deutschen bemühen, unterhalten sie vorrangig oberflächlichere Beziehungen zu ihnen. Sie machen aber deutlich, dass sie sich als Deutsche anerkannt fühlen.

(Gruppendiskussion, Z. 495-498)
M: (...) Ich kann nur sagen, nur gutes von den Menschen sagen, die haben uns gleich anerkannt, dass wir Deutsche sind, ja. Das waren aber nur älter Menschen da drin, das ist ein Seniorenhaus. Aber die haben uns anerkannt als Deutsche, haben und mitgeholfen in allem (...).

Die Anerkennung ihres Status als Deutsche durch die bundesdeutsche Majorität ist für Johann und Margareta wichtig. Allerdings machen sie die Einschränkung, dass die Anerkennung von Russlanddeutschen allgemein eine Generationenfrage ist. Ältere Menschen erkennen Aussiedler eher als Deutsche an als die jüngere Generation der einheimisch Deutschen. Obwohl sie ihr Zugehörigkeitsgefühl zu Deutschland ausdrücklich betonen, bringen Johann und Margareta ebenso ihre Irritation über das Verhalten einheimisch Deutscher deutlich zum Ausdruck.

(Interview Großeltern, Z. 394-407)
J: Und ich versteh die Deutsche nicht, unsere Kinder, ich will sagen, unsere, überhaupt nicht, sind hergekommen, ich versteh de gar nicht, zu stehlen, mit die Droge, soll ma vielleicht nicht sagen, so was ham wer ja nicht gehört in Russland, dass unter den Deutschens so was war. Warum ist das hier so?
S: Unter den einheimischen Deutschen oder unter den Russlanddeutschen?
M: Nee.
J: Nicht unter den Russlanddeutschen, tät ich sagen. (?) Die Hiesige. Aber dies kann ich gar nicht verstehen. Wann diese gar nicht, die Hungernot, die Quälerei im Krieg, aber dass da gestohlen worde ist unter den Deutschen, ich hab so was nicht gehört. Nein, hab ich nicht. Aber die Russen, die waren ja auch, wir waren ja in (?), der Hauptstadt vom Altaigebiet. Dort hen se auch alles gemacht, gestochen, und weeß nicht was. Aber unter den Deutschen hab ich das nicht einmal gehört.

Bei ihrer Vorstellung von Angehörigen der deutschen Kultur nehmen sie vorerst keinerlei Unterscheidung zwischen Deutschen aus Russland und einheimisch Deutschen vor. Gemäß ihren eigenen Erfahrungen definieren sie Deutsche allgemein als wohlanständige Menschen, die nach einem bestimmten Verhaltenskodex leben, der die Bereitschaft zu kriminellen Handlungen ausschließt. In der Bundesrepublik Deutschland nun mit der Kriminalität einheimisch deutscher Jugendlicher konfrontiert zu sein, verunsichert sie und verdeutlicht, dass das innere Bild der Großelterngeneration von „Deutsch-Sein" nicht der kulturellen Realität in Deutschland entspricht. Auf diese von ihnen wahrgenommene Diskrepanz reagieren Margareta und Johann, indem sie eine Unterteilung in „richtige" und „nicht richtige" Deutsche vornehmen.

(Interview Großeltern, Z. 728-729)
J: Die sind so, wie man sagen soll, schon richtige Deutsche. Mer han unsere eigenen Charakter.

Aus der Erkenntnis, dass die von den Deutschen in Russland gepflegte und als deutsch wahrgenommene Kultur nicht der bundesdeutschen Kultur entspricht, schlussfolgert die Großelterngeneration, dass die in Deutschland aufgewachsenen einheimischen Deutschen „richtige" Deutsche sind. Sich selbst schreiben sie einen davon abweichenden „eigenen Charakter" zu. Letztendlich nimmt die Großelterngeneration in ihrer eigenen Wahrnehmung als russlanddeutsche Aussiedler die Position der „nicht richtigen" oder im Vergleich zu einheimisch Deutschen „weniger richtigen" Deutschen ein und kommt demnach zu einer negativen Selbstidentifikation.

Wie die Großelterngeneration definiert sich auch die Elterngeneration sowohl während ihres Lebens in Russland als auch in Konfrontation mit der bundesdeutschen Gesellschaft und Kultur als deutsch.

(Interview Eltern, Z. 395)
O: Wir fühlen uns als Deutsche.

Dennoch nehmen Olena und Ewald als Reaktion auf die Erkenntnis der Unterschiedlichkeit der bundesdeutschen und der von ihnen subjektiv als deutsch definierten Kultur eine Abgrenzung zur einheimisch deutschen Kultur vor, indem sie ihre Mentalität als russisch beschreiben.

(Interview Eltern, Z. 325-334)
E: Das ist wir haben äh ne anders die wohnen anders, gelebt, aber mit ganz anderer Mentalität. Aber es kann sein, indem mehr Deutsche aus andere, wir können sprechen gut deutsch sprechen, aber ja Mentalität haben wir russische. (...) Wir haben da gewohnt.
O: Wir kennen Russisch äh Russland, kennen wir, und wir konnten nicht viel anders sein als sie selber, ja. Sicherlich das ist macht große Einfluss (...) und du wächst zwischen den Menschen, die sind auch gut, ja, das sind auch viele Vorteile, finde ich so selber in Menschen.

Obwohl Olena und Ewald während ihres Lebens in Russland die russische Kultur im Gegensatz zu der Kultur der deutschen Minderheit stets negativ bewertet haben, kommen sie in Konfrontation mit der bundesdeutschen Kultur nun zu einer positiven Bewertung russischer Kulturelemente. Rückblickend wird der Elterngeneration nun bewusst, dass sie während ihrer Zeit in Russland ebenso von der russischen Gesellschaft und Kultur geprägt worden sind, so dass sie ihrer eigenen Mentalität nun sogar russische Charakteristika zuordnen.

(Interview Eltern, Z. 580-581)
O: (...) Obwohl weißt, das kann man nicht sagen, das ist russisch-deutsche Mentalität.

Wegen des Mischens von russischen Kulturelementen und Elementen der Kultur der Deutschen in Russland während ihres Lebens in Russland definieren Olena und Ewald ihre eigene Mentalität jetzt als russisch-deutsch, wobei sie die gängigere Begrifflichkeit „russlanddeutsch" vermeiden. Nahmen sie sich vor dem Beginn des Lebens in Deutschland undifferenziert als deutsch wahr, führt der in Deutschland einsetzende Prozess der Reflexion ihrer ethnisch-kulturellen Zugehörigkeit dazu, ihre kulturelle Selbstwahrnehmung während ihres Lebens in Russland kritisch zu hinterfragen und im Gegensatz zu vorher nun auch eine Prägung durch die russische Kultur anzunehmen. Auch bezüglich der Tradierung innerhalb ihrer Familie beschreiben Olena und Ewald die Weitergabe sowohl von deutschen als auch von russischen Kulturelementen.

(Interview Eltern, Z. 512-517)
E: Das ist Mentalität von deutsche Familien, deutsche Familie, wir haben auch so erzogen, ich habe auch, uns erziehen genau das gleiche, weil sie wissen, (?), darum wir haben auch übernommen von unsere Eltern, und anderes von russische Leute, und von dieser (...) Mentalität wir haben auch, ich weiß es nicht.

Trotz der Rückbesinnung auf eine Prägung durch die russische Kultur definiert sich die Elterngeneration vorrangig als deutsch, jedoch mit dem Zusatz der Betonung einer russischen Mentalität.

(Gruppendiskussion, Z. 770-772)
E: (...) Deutsche, aber die (...) Mentalität ist russisch. Bei uns. Darum.

Im Gegensatz zu der Großelterngeneration, die aufgrund der Abgrenzung zur einheimisch deutschen Kultur zu einer negativ ausgestalteten Selbstidentifikation kommt, verarbeitet die Elterngeneration ihre ethnisch-kulturelle Unterschiedlichkeit durch das Hinzuziehen einer zusätzlichen kulturellen Prägung. Olena und Ewald kommen dadurch ebenso zu einer Selbstdefinition als Deutsche, allerdings schreiben sie sich eine weitere Komponente zu, nämlich die Prägung durch russische Kulturelemente.

Eine derartige ethnisch-kulturelle Selbstdefinition ließe annehmen, dass die Elterngeneration ihre Mehrkulturalität als Bereicherung empfindet. Allerdings betonen Olena und Ewald statt eines kulturellen Selbstbewusstseins wiederholt ihr Gefühl der Ablehnung von Seiten der einheimisch deutschen Majorität.

(Interview Eltern, Z. 661-698)
O: Wir sind Deutsche, wir wollen (...) Deutsche sein, wir unterstützen alles, was in diesem Land passiert, wir bemühen uns, so denke ich, wir sind fleißig, wir integrieren uns oder haben uns integriert. Wir sitzen nicht so und warten, bis einer kommt und uns was gibt, wir haben selber alles gemacht. Und so was hinterher was zu hören, das (...) macht mich- oder ihr habt so viel Geld gekriegt. Wer hat mir das <u>gegeben</u>? (...) Da werde ich ganz ganz knatschig. (...) Wir sind ein Volk und ein Land und wir müssen zusammen sein, ja. Aber solche, wenn man so was hört, dann denkt man, Scheiße, was hab ich jetzt wieder verdorben, oder so.

Trotz ihrer Bemühungen um eine erfolgreiche Integration fühlt sich die Elterngeneration in Deutschland nicht akzeptiert. Vielmehr sehen sich Olena und Ewald mit Vorurteilen russlanddeutschen Aussiedlern gegenüber konfrontiert, deren Abbau sie auch durch ihr eigenes positives Beispiel nicht als möglich erachten. Durch Fleiß und den grundsätzlichen Wunsch sowie die generelle Bereitschaft zur Integration haben Ewald und Olena sich beruflich erfolgreich etabliert, wobei Olena nicht innerhalb des akademischen Bereichs blieb. Neben einer strukturellen kann von einer sozialen Integration jedoch noch nicht gesprochen werden, da sich der Freundeskreis von Olena und Ewald vorrangig aus Russlanddeutschen zusammensetzt und zu einheimisch Deutschen oberflächlichere Kontakte bestehen. Sie selbst bewerten ihre Integrationsstrategie als erfolgreich, betonen aber, dass sie sich trotz allem von einheimischen Deutschen aufgrund ihrer russlanddeutschen Zugehörigkeit als minderwertig eingestuft fühlen.

(Interview Eltern, Z. 632-635)
O: Wir (...) glaub ich, für die sind auch Sorte, nicht erste Sahne, ja. Sie sind erste Sahne, ich weiß nicht, warum, ich denke absolut nicht so, und das tut weh.

Aus ihrer ethnisch-kulturellen Selbstdefinition als Deutsche mit russischer Mentalität resultiert demnach für die Elterngeneration kein Maß an kulturellem Selbstbewusstsein, das ihr generelles Empfinden einer Nichtakzeptanz überwinden oder zumindest verringern könnte oder der Außenwahrnehmung ihnen gegenüber keine derart hohe Bedeutung beimessen würde. Stattdessen wird auch während ihres Lebens in Deutschland der Aspekt des Opferbewusstseins als ein Teil ihrer ethnisch-kulturellen Identität deutlich. Auch innerhalb einer deutschen Gesellschaft und Majorität empfinden sie für sich selbst keine vollwertige kulturelle Zugehörigkeit, was ihre innere Zerrissenheit verdeutlicht und im Gegensatz zu der äußerlich erfolgreichen Integration steht. Somit kommt ebenso wie die Großelterngeneration auch die Elterngeneration bezüglich ihrer kulturellen Zugehörigkeit im ethnischen Bereich zu einer nicht zufriedenstellenden Position.

Wie die Großeltern- und die Elterngeneration verbringen die Kinder Erika und Melinda ihre Freizeit vorrangig mit Angehörigen der russlanddeutschen Gruppe, was durch den Tatbestand mitbegründet wird, dass beide einen russlanddeutschen Freund haben. Hierbei vollzog sich besonders für Erika ein Wandel, die während ihrer Zeit in der gymnasialen Oberstufe auch einheimisch deutsche Freunde hatte, nun aber vorrangig Freundschaften zu Russlanddeutschen unterhält. Dies liegt vor allem daran, dass das Verhältnis zu anderen Russlanddeutschen von der Kindergeneration im Vergleich zu einheimisch Deutschen als enger und vertrauter empfunden wird.

(Interview Kinder, Z. 531-534)
E: Und hier ist es irgendwie so, (...) man fühlt sich wie in ner Familie. Ja, und er fühlt sich hier bei uns wohl, und die fühlt sich bei denen wohl, ne.

Das Empfinden dieser engen Verbundenheit untereinander sehen Erika und Melinda in einer gemeinsamen Orientierung an russlanddeutschen Kulturelementen begründet. So formulieren sie konkrete Handlungsweisen, wie das Verhalten russlanddeutscher Männer als „Gentlemen", die sie explizit einer russlanddeutschen Kultur zuordnen. Damit verwendet innerhalb der Familie Kanz einzig die Kindergeneration die Begrifflichkeit einer russlanddeutschen Kultur, wobei die genannten Elemente inhaltlich identisch sind mit der Beschreibung der russischen Kultur, die die Elterngeneration vornimmt. Bezüglich ihrer ethnisch-kulturellen Selbstwahrnehmung berichten sowohl Erika als auch Melinda davon, sich zu Beginn ihres Lebens in Deutschland ihrer russlanddeutschen Herkunft geschämt zu haben.

(Interview Kinder, Z. 297-327)
M: Ich hab mich, früher war es mir immer peinlich, dass ich aus Russland komme. Auch wenn meine Mutter mit mir gegangen ist und russisch mit mir geredet hat, ich so: psst, psst. Is mir peinlich. Sofort so komisches Gefühl, ich weiß nicht wieso. (...) Und jetzt ist es mir eigentlich egal. (...)
E: Also, am Anfang war es mir auch peinlich, weil man sich nicht richtig ausdrücken konnte. Mir war das peinlich selber zu sprechen, weil man eben so einen starken Dialekt hatte und so. Aber jetzt mittlerweile denk ich da gar nicht drüber nach, ob ich Deutsche bin oder Russlanddeutsche (...).

Beide Kinder machen deutlich, dass ihnen ihre russlanddeutsche Zugehörigkeit heute nicht mehr peinlich ist. Auch für sie setzte demnach durch die Konfrontation mit der bundesdeutschen Gesellschaft eine Reflexion ihres ethnisch-kulturellen Status ein, wenn natürlich auch innerhalb ihres damals kindlichen Erfahrungshorizontes. Überwog zu Beginn ihrer Zeit in der Bundesrepublik Deutschland das Empfinden einer Nichtzugehörigkeit, definieren sie heute ihre Zugehörigkeit zur russlanddeutschen Gruppe. Aussagen hierzu macht jedoch vornehmlich Melinda, während Erika die Frage nach der ethnisch-kulturellen Zugehörigkeit nicht ausführlich thematisiert.

(Interview Kinder, Z. 313-322)
M: Ich denke schon, Russlanddeutsche. Russlanddeutsche passt genau dazu. Weil ich bin nicht unbedingt aus Deutschland, gut, ich komm aus Russland, aber eigentlich bin ich Deutsche, und deswegen ist passt genau, Russlanddeutsche. (...) Ich bin sogar irgendwo glücklich, dass (1) auch zwei Sprachen lernen, (?) zum Beispiel auch wichtig andere Fremdsprachen zu wissen außer Englisch und so. Später mit jemand zu kommunizieren.

Mit der Selbstdefinition als Russlanddeutsche umschreibt Melinda den Tatbestand, zwar deutsch, aber in Russland geboren worden zu sein, und macht deutlich, dass sie diesen Status der Konfrontation mit mehreren Kulturen zumindest bezüglich ihrer Sprachfähigkeit als Bereicherung empfindet. Dementsprechend verfolgen Erika und Melinda das Ziel, die russische Sprache später ebenfalls an ihre eigenen Kinder weiterzugeben.

(Interview Kinder, Z. 691-692)
E: Ich möchte auf jeden Fall, dass die auch russisch auf jeden Fall ihnen beibringen.

Bezüglich ihrer ethnisch-kulturellen Selbstwahrnehmung kommt die Kindergeneration innerhalb ihres Erfahrungshorizontes wie ihre Eltern auch zu der Position, neben ihrer Zugehörigkeit zur deutschen Kulturgruppe eine weitere kulturelle Prägung erfahren zu haben. Doch wie die Elterngeneration deuten auch die Kinder ihr Empfinden an, aufgrund ihrer russlanddeutschen Zugehörigkeit abgelehnt oder benachteiligt zu werden.

(Gruppendiskussion, Z. 472-473))
M: Kommt drauf an welche Lehrer. Es gibt so welche, die richtig gegen Aussiedler und-.

Melinda kritisiert die von ihr vermutete Abneigung mancher Lehrer russlanddeutschen Aussiedlern gegenüber und verdeutlicht somit, dass sie, wie ihre Eltern auch, innerhalb ihres Erlebnishorizontes Antipathien wahrnimmt, die sich auf sie als Angehörige der russlanddeutschen Gruppe beziehen. Das Element der Selbstwahrnehmung als Opfer findet sich innerhalb ihrer kulturellen Auseinandersetzung demnach auch bei der Kindergeneration wieder, allerdings im Vergleich zur Eltern- und Großelterngeneration in einer abgeschwächteren Form. Es wird deutlich, dass bezüglich der ethnisch-kulturellen Zugehörigkeit die Annahme einer Opferrolle innerhalb der Familie Kanz bis an die Kindergeneration tradiert wurde.

6.1.2 Familie Wondel

Die folgenden Ausführungen enthalten die Interpretationsergebnisse der Familie Wondel. Sie wird im Sample den Kategorien „russlanddeutsch", „mit Bildungszertifikaten" und „nicht religiös" zugeordnet.

Auch bei Familie Wondel sind bezüglich der Kategorie des Bildungsstandes einige Anmerkungen zu machen. Obwohl die Familie allgemein der Kategorie „mit Bildungszertifikaten" eingeordnet werden kann, verfügen nicht alle Familienmitglieder über eine akademische Ausbildung. So absolvierte der Vater Anton Wondel während seines Lebens in Russland eine Berufsausbildung und arbeitet auch heute in der Bundesrepublik Deutschland in einem handwerklichen Bereich. Doch zeichnet sich die akademische Ausrichtung der Familie auch darin aus, dass die Kinder zielgerichtet eine Hochschulbildung anstreben und teilweise bereits ein Universitätsstudium begonnen haben. Daher wird die Familie als Gesamtes dem akademischen Milieu zugerechnet.

6.1.2.1 Sozialdaten

Lena Wondel, geborene Winter, ist 37 Jahre alt und wurde in Russland als drittes von insgesamt vier Kindern geboren. Sie beendete die Schule und absolvierte später ein Hochschulstudium mit den Studiengebieten Kulturarbeit und Musik. In diesen Bereichen war sie in Russland auch beruflich tätig. Lenas Eltern, Waldemar und Ljuba Winter, geborene Diel, stammen beide aus dem Gebiet Odessa in der Ukraine, wo sie in deutschen Siedlungen aufgewachsen sind, bis der Ausbruch des Zweiten Weltkrieges dem ein jähes Ende bereitete. Die Eltern von Waldemar Winter wurden beide bereits 1937 vom KGB verschleppt und ermordet, der zwölfjährige Waldemar dann im Jahr 1943 zusammen mit seinen sieben älteren Brüdern nach Deutschland gebracht, wo sich die Brüder allerdings verloren. In Deutschland besuchte Waldemar zwei Schulklassen, bis er 1945 ohne seine Brüder nach Sibirien deportiert wurde. Dort angekommen, musste er sich selbst versorgen und absolvierte später eine sechsmonatige Ausbildung zum Kraftfahrer. In diesem Beruf arbeitete er auch. 1953 heirateten Lenas Eltern und bekamen vier Kinder, zwei Söhne und zwei Töchter, die heute alle mit ihren Familien in der Bundesrepublik Deutschland leben. Die gesamte Familie ist katholisch.

Im Jahr 1981 heiratete Lena den zwei Jahre älteren Anton Wondel, der nach einer zehnjährigen schulischen Bildung an einem Technikum eine Ausbildung zum Elektriker absolvierte. Sowohl Anton als auch sein Bruder und seine zwei Schwestern wurden in Karaganda in Kasachstan geboren, Anton als jüngstes Kind. Sein Vater, Friedhelm Wondel, stammte ursprünglich aus Saratow, das in der ehemaligen Autonomen Deutschen Wolgarepublik gelegen ist. Nachdem Antons Eltern 1947 geheiratet hatten, verstarb Friedhelm bereits 1955. Die in der Ukraine geborene Witwe Emilia Wondel, geborene Grün, musste die Kinder daraufhin allein großziehen. Im Jahr 2003 verstarb sie in der Bundesrepublik Deutschland im Alter von 79 Jahren. Die Familie ist evangelisch. Nach ihrer Eheschließung bekamen Anton und Lena Wondel zunächst zwei Kinder, den heute 21-jährigen Sohn Anton und zwei Jahre später die Tochter Ella. Beide wurden in Kasachstan geboren, wo die Familie bis zu ihrer Ausreise nach Deutschland im Jahr 1988 lebte. In der Bundesrepublik wurde das jüngste Kind der Wondels geboren, die nun achtjährige Mira. Anton und Lena entschieden, dass ihre Kinder katholisch getauft wurden.

In Deutschland hat sich die Familie inzwischen eine Existenz aufgebaut. Anton arbeitet auch hier als Elektriker. Nachdem seine Frau zunächst Musikunterricht gegeben hatte, machte sie sich nach einer Ausbildung zur Reiseverkehrskauffrau vor einigen Jahren mit einer Freundin gemeinsam selbständig und betreibt nun erfolgreich ein Reisebüro, das auf Ostreisen spezialisiert ist. Der Großteil ihres Kundenstamms ist russischsprachig. Anton, das älteste Kind der Familie, hat nach Erlangen der Allgemeinen Hochschulreife gerade ein Musikwissenschaftsstudium begonnen, die ältere Tochter Ella verbringt nach Abschluss des Gymnasiums zur Zeit ein Jahr in Australien. Im Anschluss daran strebt auch sie ein Hochschulstudium an. Das Nesthäkchen Mira besucht die Grundschule. Die Wondels bewohnen ein großes, sehr modern eingerichtetes Haus in einem Dorf in der Nähe von O., worin die vor kurzem verstorbene Mutter von Anton eine Einliegerwohnung bewohnte, die nun leer steht.[339]

---

339 In den im Familienportrait der Familie Wondel angeführten Interviewpassagen werden die einzelnen Personen wie folgt abgekürzt: Vater Anton Wondel senior (As), Mutter Lena Wondel (L), Sohn Anton Wondel junior (A), Tochter Ella Wondel (E), Großvater mütterlicherseits Waldemar Winter (W) und Interviewerin Svetlana Kiel (S).

6.1.2.2 Familienportrait

Innerhalb ihrer kulturellen Orientierung und Selbstwahrnehmung hinsichtlich des ethnischen Bereiches präsentiert Familie Wondel ein relativ einheitliches Bild. Wiederholt treffen sie diesbezüglich Aussagen, die auf die gesamte Familie bezogen sind und nehmen somit eine einheitliche Verortung vor.

Die familiale Gesprächskultur zeichnet sich dadurch aus, dass sowohl die Eltern- als auch die Kindergeneration in der Lage ist, eigene Ansichten genau und präzise zu artikulieren. Bestimmte Fragestellungen werden unter einer gleichberechtigten Beteiligung aller Familienmitglieder ausführlich diskutiert, wodurch viele Passagen mit einer hohen metaphorischen Dichte auszumachen sind. Durch eine große Selbstläufigkeit zeichnen sich aber die Stellen aus, in denen über die ethnisch-kulturelle Identität und eine inhaltliche Ausgestaltung des „Deutsch-Seins" gesprochen und jeweils abschließend eine Verortung diesbezüglich für sie als Familie vorgenommen wird. Solche Passagen können als Fokussierungsmetaphern bezeichnet werden.

Einzig Waldemar Winter als Vertreter der Großelterngeneration stellt eine Ausnahme dar. An gemeinsamen Gesprächen beteiligt er sich kaum, und wenn doch, wirken seine Aussagen wenig deutlich und zuweilen sogar widersprüchlich. Auch inhaltlich grenzt er sich von den anderen Familienmitgliedern ab.

Allgemein gesehen fällt es den Familienmitgliedern nicht schwer, für sie typische Kulturelemente zu beschreiben. Hierzu werden die sie jeweils umgebenden Kulturen als Gegenhorizonte hinzugezogen, um die für Russlanddeutsche typischen Charakteristika zu definieren. So zeichnet sich die Kultur der in Russland lebenden deutschen Minderheit hauptsächlich durch Sekundärtugenden aus. Im Gegensatz zu ihren russischen Nachbarn werden Deutsche vor allem als arbeitsam und fleißig beschrieben, die viel Wert auf ein sauberes und gepflegtes Erscheinungsbild ihres Besitzes und ihrer Person legen. Auch ein Mindestmaß an Religiosität und das Leben in endogamen Ehebeziehungen bilden Elemente der Kultur sowie die „typisch deutsche" Disziplin und Ordnung.

Wie von der russischen wird auch eine Abgrenzung zur bundesdeutschen Kultur vorgenommen, was zeigt, dass die Familienmitglieder die Gruppe der Russlanddeutschen als eine eigene Kultureinheit wahrnehmen. Diese beinhaltet ganz im Gegensatz zu der Distanz und Privatisierung unter einheimischen Deutschen eine Art der zwischenmenschlichen Beziehungen, die sich durch Nähe und Verbindlichkeit auszeichnet. Wahre Freunde sind nach Ansicht der Familienmitglieder ausschließlich unter Russlanddeutschen zu finden, ebenso ein starker familiärer Zusammenhalt. Auch Werte wie Hilfsbereitschaft, Wohlanständigkeit, der Respekt vor Älteren und die Fähigkeit, praktische Arbeiten zu verrichten, sind Elemente der russlanddeutschen Kultur, wobei Letzteres geschlechtsspezifisch ausgeführt wird. Frauen werden vor allem als gute Hausfrauen und Köchinnen gelobt, Männer hingegen für ihr Vermögen, ein Eigenheim selbst zu bauen. Ein für Russlanddeutsche typischer Biographieverlauf wird besonders von der Kindergeneration beschrieben als gekennzeichnet durch eine frühe Heirat und Familienplanung. Längere Ausbildungs- oder gar Studienzeiten sind im Gegensatz zur Biographie einheimischer Deutscher eher selten.

Rückblickend auf ihr ethnisch-kulturelles Leben in Russland im Vergleich zu dem in der Bundesrepublik Deutschland wird von Familie Wondel ein Wandel beschrieben. Während die deutsche Minderheit in Russland bekannt war für ihre Disziplin und „deutsche Ordnung", zeichnet sich die Gruppe der Russlanddeutschen innerhalb der Bundesrepublik dadurch aus, von dieser abzuweichen. Das Element der Disziplin und Ordnung wird nun der einheimisch deutschen Kultur zugeschrieben, sich selbst und Russlanddeutsche allgemein nehmen die Familienmitglieder im Gegensatz dazu als spontaner, aktiver, lauter und emotionaler wahr. In Konfrontation mit der bundesdeutschen Kultur haben sich die kulturellen Rahmenbedingungen der Russlanddeutschen allgemein und von Familie Wondel im Einzelnen also dahingehend verschoben, dass nicht mehr sie selbst sich durch als typisch deutsch empfundene Kulturelemente auszeichnen, sondern die sie umgebende bundesdeutsche Gesellschaft.

Deutsche in Russland

Der durch die Einreise nach Deutschland veränderte kulturelle Status wirkt sich auch auf die Definition der ethnisch-kulturellen Zugehörigkeit und Identität der Familienmitglieder aus. Während ihres Lebens in Russland wurde in den Herkunftsfamilien der Elterngeneration Wert auf die Pflege und Tradierung des als deutsch empfundenen Kulturgutes und der deutschen Sprache gelegt und sie beide nahmen sich undifferenziert als deutsch wahr.

(Gruppendiskussion, Z. 745-749)
L: Das war in der Familie so eingeprägt, die haben so die deutschen Sitten gehalten, die haben das gepflegt in schwierigen Zeiten. Als sie nach Ukraine, die haben in allen schwierigen Zeiten des Lebens das immer gepflegt und die haben das nie aufgegeben. Und das haben sie auch an mich und an die Kinder weitergegeben.

Auch die Wahl eines deutschen Ehepartners wurde eingefordert.

(Gruppendiskussion, Z. 723-728)
As: Ja, nur bis zwölf Uhr durften wir ausgehn. Am besten mit Deutschen.
L: Ja, ein Deutscher war schon wichtig, katholisch oder evangelisch war egal, aber ein Deutscher musst man schon als Freund haben, besonders als Mädchen, aber die Jungs auch. Da hab ich mir keine äh, nee, ich hab das tief gehabt, ich hab da überhaupt nichts angefangen so richtig. Opa war da ganz streng.

Besonders in Lenas Familie war das Ziel einer Ausreise nach Deutschland stets präsent und prägte das alltägliche Leben. Mit dem Wunsch eines neuen Lebens in Deutschland wurde auch die Forderung nach deutschen Ehepartnern begründet, da eine Rückkehr in das Land der Vorfahren mit nicht deutschen Ehepartnern erschwert oder gar unmöglich werde.

Deutsche mit Exklusiv- oder Sonderstatus in Deutschland

Mit dem Beginn des Lebens in der Bundesrepublik Deutschland und der Konfrontation mit der bundesdeutschen Kultur sieht sich die Elterngeneration nun vor der Herausforderung, ihr „Deutsch-Sein" zu reflektieren. Während sich beide in Russland in Abgrenzung zur russischen Kultur als Deutsche definierten, grenzen sie sich nun von der einheimisch deutschen Kultur ab. Innerhalb einer neuen Ausgestaltung ihrer ethnisch-kulturellen Zugehörigkeit differieren ihre Ansätze leicht.

(Gruppendiskussion, Z. 797-812)
As: Ich meine, so ganz, (2) ich fühle mich noch, (2) ich verstehe nicht, ein halbes Leben dort, ich weiß nicht   Weil äh, meine
L: L Aber du weißt immer, woher du kommst, ja.
As: Sprache ist noch durcheinander und du wirst immer so dich fühlen, dass du kommst nicht von hier.
L: Das ist dann die schlechte Erinnerung, das   ist auch nicht schlimm.
As: L Nein, das ist nicht schlecht, aber (2) das stört mich auch nicht, aber dass ich hundertprozentig Deutscher bin, das ist nicht so.
L: Aber ich, ich fühle mich als Deutsche, aber ich bin stolz sogar, dass ich woanders geborn bin in Russland oder in Kasachstan, dass ich irgendwo ganz anders, das ist interessanter ich hab andere Erziehung gehabt. Und äh als Deutsche fühl ich mich und dass mich erinnert, das macht mir überhaupt nichts aus. Ich akzeptiere das. Und ich bin manchmal sogar froh, dass ich bin woanders aufgewachsen, ich hab eine andere Erziehung gehabt, ein strenge Erziehung und ich denk ein bisschen anders und da bin froh.

Obwohl Lena sich klar von der einheimisch deutschen Kultur abgrenzt, definiert sie sich als deutsch. Die wahrgenommen Differenzen zwischen ihrer und der bundesdeutschen Kultur führt sie auf die während ihres Lebens in Russland gemachten Erfahrungen zurück und bewertet diese als positiv und bereichernd. Im Vergleich zu Menschen, die in der Bundesrepublik aufgewachsen sind, empfindet Lena sich selbst aufgrund ihrer zusätzlichen Prägung durch eine andere Gesellschaft nicht nur als gleichwertig, sondern sogar als interessanter. Demgegenüber nimmt Anton sich zwar auch als Deutscher wahr, kommt in Konfrontation mit der einheimischen Kultur aber zu der Folgerung, kein „richtiger Deutscher" zu sein. Obwohl dieser Tatbestand für ihn trotzdem subjektiv zufriedenstellend ist, betont Anton die Grenze, die er noch heute zwischen sich und der ihn umgebenden Kultur empfindet.

(Interview Eltern, Z. 726-735)

L: Doch, es is ja, wir fühlen sich schon so wohl, pudelwohl, ich sag ja, aber äh
As: ⌊ Aber nicht als Deutsche. (?)
L: ⌊ Wieso? Ich fühl super.
As: Ja, aber diese Grenze zwischen, das seh ich irgendwie auch, geht für mich nicht ganz weg.
L: Ich für mich, ist es weg. Ich mach mir keine Gedanken mehr wie früher, oh, ich drück mich so aus, wie ich kann, fertig aus.
As: ⌊ Wer möchte, der versteht auch.
L: Ja, ich mach mir nicht mehr die Gedanken und mach mich verrückt.

Auch Lena litt zuvor daran, den Anforderungen, deutsch zu sein, nicht entsprechen zu können, doch erlebte diesbezüglich einen Wandel. Allgemein gesehen definieren sich sowohl Lena als auch Anton als deutsch, doch differieren sie in der Bewertung und Einordnung ihrer in Russland verbrachten Vergangenheit und den daraus resultierenden Unterschieden zur bundesdeutschen Kultur. Während Lena für sich durch die explizit als bereichernd bewerteten zusätzlichen Erfahrungen im Vergleich zu einheimischen Deutschen selbstbewusst eine Art Exklusivstatus definiert, sieht sich Anton aufgrund der Abweichungen von der bundesdeutschen Kultur vielmehr in einer Art Sonderstatus. Innerhalb ihrer deutschen Zugehörigkeit formuliert Lena also eine zusätzliche, durchaus als positiv zu sehende, neue Variante des Deutsch-Seins, wohingegen Anton diesbezüglich in einer negativeren Selbstidentifikation, also „nicht richtig deutsch zu sein", verharrt. Eine Zuordnung als Russlanddeutsche vermeiden beide, da sie unter der negativen Besetzung des Begriffes leiden. Besonders Anton ist verärgert über die als negativ empfundene Außenansicht und Stigmatisierung Russlanddeutscher.

(Gruppendiskussion, Z. 813-816)
As: Ich meine, wenn du was aus Medien erfährst über Russlanddeutsche, dann geht es über Klauen oder was weiß ich was, über ein Schlägerei und dann wahrscheinlich, das stört mich. Wenn du irgendwo sagst, Russlanddeutscher <u>ach ja.</u>

Noch mehr irritiert ihn jedoch die durch die Außenwelt an ihn herangetragene ethnisch-kulturelle Zuordnung.

(Interview Eltern, Z. 793-794)
As: In letzter Zeit war es mir ein bisschen beleidigt, oder was weiß ich, ah, du bist ein Russe. (3) Ich war nie ein Russe, und jetzt bin ich.

Da er sich auch während seines Lebens in Russland als Deutscher wahrgenommen und von der russischen Majorität abgegrenzt hat, empfindet er die Bezeichnung „Russe" als Beleidigung. Obwohl die Reaktionen der bundesdeutschen Gesellschaft auf sie als Russlanddeutsche von Anton und Lena nicht immer positiv erfahren werden, verfolgen sie seit Beginn ihres Lebens in Deutschland das Ziel, sich in die bestehenden Gesellschaftsstrukturen zu integrieren.

(Gruppendiskussion, Z. 1023-1036)
L: (...) Wer <u>lernt zuerst die Sprache und sagt, ich werde das schaffen.</u> Die andere geben auf und der Frust kommt, ich war dort der große Mann und hier bin ich nichts, das ist so das Innere wie eine Mensch das (1) macht von sich. Jeder kann die Händchen zusammenlegen und sagen, ja ich kann die Sprache nicht. <u>Aber tu was. (4)</u> Und dann sagen sie ich geh putzen, ich hab gesagt, ich mach das nie. Dafür hab ich gelernt und <u>irgendwo</u> bringst du dich trotzdem noch durch. Aber putzen kann man immer noch. (5)
As: Ich arbeite in meinem Beruf, aber wie gesagt, ich muss auch noch viel dazu lernen.
A: Man muss auch ständig dazu lernen.
As: Ja, aber ich meine, das ist etwas anderes. Du kommst aus fremde Land und fühlst dich am Anfang auch nicht so richtig wohl und alles ist anderes. Und das Beste, was du kannst machen, ist einfach dich anpassen und irgendwo anfangen und dann (2) zeigen, was du kannst. Das ist einzige Chance.

Im Umgang mit den Veränderungen des Lebens in der Bundesrepublik wurde eine Strategie entwickelt, an der sich das Handeln von Familie Wondel bis heute orientiert. Als eine grundsätzliche Notwendigkeit wird hierbei definiert, die eigene Sprachfähigkeit zu verbessern und sich anzupassen. In Bezug auf die berufliche Entwicklung kritisieren Anton und Lena die Resignation mancher Aussiedler, die sich trotz ihrer beruflichen Bildung mit der Verrichtung von Hilfsarbeiten zufrieden geben. Sie fordern stattdessen, ehrgeizig zu sein und sich durch Leistung zu bewähren. Eine große Bedeutung wird der Bereitschaft beigemessen, ständig dazu zu lernen und sich weiter zu bilden, was die intellektuelle Ausrichtung der Familie verdeutlicht. Die beschriebene Lösungsstrategie wurde von Lena und Anton selbst erfolgreich umgesetzt, beide haben sich den in der Bundesrepublik bestehenden äußeren Rahmenbedingungen angepasst und sich beruflich etabliert. Ihrer bundesdeutschen Umwelt wird kein Anlass zur Irritation gegeben. Auch im Privatbereich bemühen sie sich um eine Annäherung an einheimisch Deutsche, können jedoch keine wirklichen Freundschaften aufbauen.

(Gruppendiskussion, Z. 189-192)
As: Ich weiß nicht, aber eine richtige Freundschaft so mit Einheimischen, wir haben auch gute Bekannte und so, aber keine richtigen Freunde. Aber wahrscheinlich, weil wir so viel zwischen uns sind unter Russlanddeutschen und so.

Das enge soziale Umfeld der Elterngeneration besteht weiterhin aus Russlanddeutschen. Eine soziale Integration hat demnach lediglich ansatzweise stattgefunden. Bezüglich der innerfamiliären Tradierung der Zugehörigkeit zur Gruppe der Russlanddeutschen vermuten Anton und Lena selbst, dass es einer natürlichen Entwicklung entspricht, wenn ihre Nachfahren sich zukünftig als Bundesdeutsche wahrnehmen.

(Interview Eltern, Z. 810-817)
As: Das ist doch normal, dass irgendwie dritte Generation äh (2) kommt dann ganz hier, wird sich heimisch fühlen, wahrscheinlich.
L: Is ja klar, noch wie viel Jahre müssen vorbei gehen?
As: Weiß ich nicht. Unsere Kinder (?)
L: L Ja, die Kinder von unsere Kinder. Das ist schon richtig. Wissen sie schon nicht mehr von wo sie kommen. (2) Ach irgendwo tief im Walde. @2@

Innerhalb der Familie wird bereits jetzt in verschiedenen Bereichen eine Entwicklung hin zur bundesdeutschen Lebensart oder Kultur beobachtet. So fällt auf, dass aufgrund eines Mangels an Zeit weniger Familientreffen mit der weitläufigeren Verwandtschaft stattfinden als zu Beginn des Lebens in Deutschland. Sogar früher undenkbare innerverwandtschaftliche Streitigkeiten schwächen den Familienzusammenhalt.

(Interview Eltern, Z. 908-914)
L: In der Familie sind paar Leute, haben sich auch, <u>verstehen</u> sich nicht mehr, und so   fängt das an, das deutsche normale Leben
As: L Verstehen sich nicht mehr.

S: L @1@
L: L Und du sagst, wir integrieren sich nicht.
Doch wie integrieren wir uns. @2@ Einer spricht mit der anderen nicht. Ist doch normal, ist doch normal, für deutsche Verhältnisse ist das normal.

Um dieser als negativ empfundenen Entwicklung entgegenzuwirken, bemühen sich Anton und Lena, ihren Kindern den Wert des Familienzusammenhaltes näher zu bringen und diesen in der Familie zu tradieren. Auch andere, als russlanddeutsche Kulturelemente definierte Werte werden in der Familie gelebt und somit an die Kindergeneration weitergegeben. In Anbetracht der schwächer werdenden Bedeutung russlanddeutscher Kulturelemente im Generationenverlauf findet bei der Elterngeneration sogar eine Rückbesinnung auf russlanddeutsche Traditionen statt.

(Interview Eltern, Z. 418-448)
As: Im Leben der, die war in Familie, die viel gesehen, diese alte Lieder, die singen mir bis jetzt. Jetzt haben wir Hochzeit, da müssen wir Lieder von den ganz Alten singen.
L: L Ja, die Tradition tragen wir noch. Jetzt singen wir schon die von älteren Lieder, paar Stück. Zwei haben wir schon gut drin.
S: L Ja? @1@
As: Ja, gut, aber wir müssen immer Texte dabei haben, Melodie kennen wir, aber Texte nicht
L: L Beerdigungslieder zum Beispiel jetzt, ich hab das immer so, ich hab immer zugehört, das hat mich richtig durch die Seele, aber nie diese Lieder gesungen oder nachgesungen, und jetzt wenn ich mal älter werde, jetzt singt man schon mit bei der älteren Generation.
(...)
As: L Ja, wir singen, dass wir das mitnehmen, weil die sind alle schon über 70.

Hierzu haben sie es sich zum Ziel gesetzt, das Liedgut der Deutschen aus Russland zu pflegen und es über die Großelterngeneration hinaus zu bewahren. Die grundsätzliche Bereitschaft zur Integration in die bundesdeutsche Gesellschaft schließt bei Familie Wondel eine Aufgabe von Elementen ihrer Herkunftskultur aus, so dass keine identifikatorische Integration stattfindet. Die Erkenntnis darüber, dass innerhalb der Familie bereits russlanddeutsche Kulturelemente verloren zu gehen drohen, bewirkt bei der Elterngeneration den dringenden Wunsch nach einer Konservierung und Bewahrung der russlanddeutschen Kultur.

Hierzu wird auch die Erinnerung an Erlebnisse in Russland innerhalb der Familie durch Erzählungen wachgehalten. So können sich auch die Kinder neben ihren eigenen Erfahrungen ein Bild über das Leben ihrer Vorfahren als Deutsche in Russland machen. In ihrer eigenen ethnisch-kulturellen Orientierung nehmen Anton jr. und Ella sowohl Abgrenzungen von der russischen als auch der einheimisch deutschen Kultur vor. Die hierbei wahrgenommene Stigmatisierung ihrer Person als Russen durch die bundesdeutsche Majorität verärgert besonders Anton jr., der wie sein Vater eine derartige Zuordnung als unrichtig empfindet. Zusätzlich zu der Abgrenzung zur russischen und einheimisch deutschen Kultur distanziert sich die Kindergeneration von den von ihnen als typisch russlanddeutsch skizzierten Jugendlichen und formuliert für sich einen exklusiven Status.

(Gruppendiskussion, Z. 846-853)
A: Ja, die haben ganz andere Einstellungen, die sehen sich eher als Russen, nicht als Russlanddeutsche oder Deutsche, die fragen so ja bist du Russe oder was? Zum Beispiel, wenn ich jetzt deutsch spreche, dann fragen die mich das. Ich sag dann, nee, ich bin Russlandsdeutscher. Wenn die sagen, bist du Deutscher, sag ich, wie kommst du denn darauf, ich bin Russland geboren. Ich hab da auch ganz andere Einstellungen als die meisten anderen. Nee, ich sehe mich zwischen Russlanddeutscher und Deutscher, so ungefähr.
E: L Ja.

Für sich selbst definieren Anton jr. und Ella sowohl Elemente der russlanddeutschen als auch der einheimisch deutschen Kultur. Keiner dieser Kulturen empfinden sie sich jedoch vollständig zugehörig.

(Gruppendiskussion, Z. 913-916)
E: (...) Wir sind keine richtigen Russlanddeutschen, wir sind auch keine richtigen Deutschen, weil, (2) na ja, halt irgendwas dazwischen. Wir sind halt Deutsche, aber irgendwie anders, auf andere Weise. Das sagen auch andere.

Es fällt Anton jr. und Ella nicht schwer, genau zu definieren, welche Elemente sie welcher Kultur entnehmen. Während sie sich zu den von ihnen als russlanddeutsch beschriebenen Werten wie Hilfsbereitschaft, zwischenmenschliche Nähe und Familiezusammenhalt bekennen, kritisieren sie den für Russlanddeutsche als typisch empfundenen Biographieverlauf einer frühen Ehe- und Familienplanung, von dem sie sich bewusst abgrenzen. Stattdessen legen sie hierbei mehr Wert darauf, Zeiten für Ausbildung und Selbstentfaltung in ihre Biographie einzuflechten, was sie als eine der bundesdeutschen Kultur entspringende Ausrichtung einschätzen. Anton jr. macht diese Ausrichtung durch die Aufnahme eines Hochschulstudiums und Ella durch die Planung eines längeren Auslandsaufenthalt zur Vertiefung ihrer Sprachkenntnisse deutlich.

Anton jr. und Ella zeichnen in ihren Ausführungen ein genaues Bild von der von ihnen als typisch russlanddeutsch empfundenen Gruppe der Jugendlichen und kritisieren diese.

(Gruppendiskussion, Z. 893-910)
A: Aber zieht sich mal jemand anders an oder verändert sich oder schlägt aus der Gruppe heraus. (5) Ja, wenn da alle gleich sind und mal einer andere Meinung hat oder anders ist, dann ist das viel schlimmer als wenn das zum Beispiel in unserer, hier in Deutschland. Da hat jeder so seinen eigenen Stil, sein eigenes Ziel und eigene Vorstellungen, da ist jeder tolerant und wenn dort aber alle Meinungen gleichgeschaltet sind, dann man muss sich einfach integrieren, da herrscht so ein Diktat.
E: Ja, das wollt ich auch sagen, bei mir, du bist sofort voll der Exot bei denen
A: L Bei mir ist auch voll so.
E: und, wart mal. Bei denen jetzt bei meinen Freundinnen auf der Schule, wenn ich da meine Meinung sage, dann oh ja, Ella, so komisch. Weil man halt nur so eine Einstellung hat.
A: Weil man nicht offen ist gegenüber Neuem. Alles nur eingeschworene Gemeinschaft.
E: Ja, die hören da gar nicht drauf, die stempeln das sofort ab. Also, die nehmen das einem dann nicht übel, wir verstehen uns trotzdem total gut, aber es ist einfach sehr verschieden.

Vor allem das gleichgeschaltete Denken und das Bestreben vieler russlanddeutscher Jugendlicher, sich nach außen sichtbar als zusammenhängende Gruppe darzustellen, stößt bei Anton jr. und Ella auf Widerstand. Doch haben sie die Erfahrung gemacht, dass eine Loslösung von dieser Verhaltensweise bei der Gruppe ihrer russlanddeutschen Freunde eine Irritation hervorruft, da die Einhaltung dieses Verhaltenscodexes erwartet wird. Aufgrund ihrer eigenen, von der als typisch russlanddeutsch beschriebenen abweichenden Ausrichtung werden Ella und Anton jr. von ihrem russlanddeutschen sozialen Umfeld als Exoten betrachtet, was von ihnen beiden aber keinesfalls negativ, sondern im Gegensatz dazu sogar als zufriedenstellend bewertet wird.

(Gruppendiskussion, Z. 923)
E: Aber ich find's gut.

Letztendlich unterstützt diese Beschreibung ihrer russlanddeutschen Freunde ihren für sich selbst definierten exklusiven kulturellen Status. Trotz dieser Abgrenzung zählt auch die Kindergeneration ausschließlich Russlanddeutsche zu ihren richtigen Freunden, wenn auch ihr Bekanntenkreis aus Angehörigen der unterschiedlichsten Nationalitäten besteht. Mit der Definition eines exklusiven Status kommen Anton jr. und Ella ihrer Mutter gleich. Dies verdeutlicht, dass sich bei der Tradierung der ethnisch-kulturellen Orientierung von der Eltern- an die Kindergeneration die selbstbewusstere Variante Lenas durchgesetzt hat. Lena gibt für sie als Gesamtfamilie folgende Beschreibung:

(Gruppendiskussion, Z. 918-919)
L: Wir sind Deutsche mit einem russischen @Touch oder Glanz oder@.

Familie Wondel nimmt in diesem Zusammenhang gemeinsam eine Abgrenzung gegenüber Russlanddeutschen vor, die integrative Leistungen vollends verweigern und nach ihrer Einreise nach Deutschland einen Rückzug in die Eigengruppe leben.

(Gruppendiskussion, Z. 996-1002)
L: Die stehen da und sagen alle ich bin ein Deutscher. Ich bin ein Deutscher und will nach Deutschland. Hier kommen sie an, die wollen keine Deutsche sein. **Das regt mich auf.** Und da, die stehen da bei Konsulat und sagen **ich bin ein Deutscher,** meine Eltern und was weiß ich, müssen einen Sprachtest machen und dann lernen sie. Und dann kommen sie hier her, ein paar Wochen und alles ist vorbei. Dann sind sie alle wieder Russen.

Ihr eigenes Leben in Deutschland bewertet Familie Wondel als zufriedenstellend und die Erlebnisse ihrer vergangenen Zeit in Russland als schöne Erinnerungen.

(Gruppendiskussion, Z. 1074-1079)
L: Aber, ja aber wir sind zufrieden, okay, wir erinnern uns sehr. Die Erinnerungen sind schöne Erinnerungen, was wir da drüben gelassen haben und ja, **wir waren einmal vielleicht in zehn Jahren gewesen** und dann ist es gut gewesen. Gesehen, Erinnerung das ist gut, ja, aber das ist so schöne Erinnerung. Aber manche sind nur am Schimpfen, das ist nicht gut (…).

Durch ihre klare Festlegung als „Deutsche mit russischem Glanz" hat die Eltern- und Kindergeneration der Familie Wondel eine für sie zufriedenstellende Position in ihrer ethnisch-kulturellen Orientierung gefunden und ist in der Lage, diese Ausrichtung auch mit Inhalten zu füllen. Die Ausrichtung, ein erfolgreiches Leben in Deutschland zu führen, unterstützt ihre grundsätzliche Bereitschaft zu integrativen Leistungen.

Einzig Waldemar als Vertreter der Großelterngeneration bildet hierbei eine Ausnahme, da er für sich selbst in Konfrontation mit der bundesdeutschen Gesellschaft keine zufriedenstellende Positionierung vornehmen kann. Aufgewachsen in einer deutschen Siedlung in der Ukraine, lebte er stets im Bewusstsein, ein Deutscher zu sein. Innerhalb seiner Familie wurde die deutsche Sprache und Kultur gepflegt, bis die Familie aufgrund ihrer deutschen Zugehörigkeit mit Einsetzen des Zweiten Weltkrieges verfolgt und auseinander gerissen wurde.

(Interview Großvater, Z. 485-494)[340]
W: Mei Eltern sind schon um 37 geholt worde, KGB. (?)
S: Und was ist mit ihnen geschehen?
W: Ach, die hen se doch erschossen.
S: Ja?
W: Ja, in (?).
S: Und da waren Sie ganz alleine? Oder hatten Sie noch Geschwister?
W: Geschwister.
S: Und sind diese Geschwister mit Ihnen zusammen nach W. gekommen?
W: Nein.

Als Kind erlebte Waldemar die Ermordung seiner Eltern und die Trennung von seinen Geschwistern, so dass er vor der russischen Front allein nach W. in Deutschland floh. Hier verbrachte er lediglich drei Jahre, bis er von russischen Soldaten nach Sibirien deportiert wurde. Obwohl die in Deutschland verbrachte Zeit kurz war, erlebte Waldemar sie sehr intensiv und erzählt wiederholt davon. Nach der Deportation nach Sibirien sieht sich Waldemar aufgrund seines „Deutsch-Seins" Diskriminierungen und Beschimpfungen von Seiten der russischen Majorität ausgeliefert.

(Interview Großvater, Z. 191)
W: Na, ja. (3) Deutsche war ein Nazi.

Die traumatischen Erlebnisse der Verfolgung und Deportation und später dann die ständige Stigmatisierung führen dazu, dass Waldemar sich selbst sehr stark in seiner Rolle als leidendes Opfer wahrnimmt. Die Aspekte der Verfolgung, des Leidens und des Opferstatus stellen demnach für Waldemar wesentliche Elemente der ethnisch-kulturellen Identität als Deutscher dar. Auch nach der Einreise in die Bundesrepublik Deutschland beschreibt sich Waldemar als deutsch.

(Gruppendiskussion, Z. 794-795)
W: Ich hab mich noch nie gefühlt wie ein Russlandsdeutscher, immer ein Deutscher. Ja.

In Konfrontation mit der bundesdeutschen Kultur findet bei Waldemar im Gegensatz zu den anderen Familienmitgliedern keine Reflexion der Zugehörigkeit oder

---

340 An dieser Stelle ist darauf hinzuweisen, dass das Interview mit dem Großvater Waldemar Winter äußerst schwierig zu führen war, da er kaum Redebereitschaft zeigte und zudem während des Interviews abwesend und teilweise sogar verstört wirkte. Um ihn überhaupt zum Reden zu motivieren, mussten viele und konkret formulierte Fragen gestellt werden. Daher finden sich in dem Interview leider kaum narrative Passagen.

gar eine Neubildung der ethnisch-kulturellen Identität statt. Doch trotz seines von ihm selbst definierten deutschen Zugehörigkeitsgefühls und seines jetzigen Lebens in Deutschland fühlt sich Waldemar heimatlos.

(Interview Großvater, Z. 160)
W: Ich hab kei Heimat.

Auch während seines Lebens innerhalb einer deutschen Gesellschaft und Kultur kann Waldemar keine positivere Ausgestaltung seines ethnisch-kulturellen Zugehörigkeitsgefühls finden, sondern verharrt in der Position eines Leidenden. Seine Selbstwahrnehmung als Heimatloser wird unterstützt durch die von ihm empfundene negative Haltung, die die bundesdeutsche Majorität russlanddeutschen Aussiedlern entgegenbringt.

(Interview Großvater, Z. 306)
W: Die wolln uns nicht hier.

Ebenso wie er sich in der ehemaligen Sowjetunion als Fremder gefühlt hat, empfindet sich Waldemar auch in der Bundesrepublik Deutschland nicht willkommen geheißen, also auch nicht als zur (bundes)deutschen Kultur Zugehöriger anerkannt. Gleichzeitig definiert er seine eigene Zugehörigkeit aber als deutsch und sieht sich somit einem Widerspruch gegenüber, den er im Gegensatz zu den anderen Familienmitgliedern nicht auflösen kann. Dadurch stellt ihn seine ethnisch-kulturelle Verortung nicht zufrieden.

6.1.3   Familie Wendler

Im Folgenden sind die Ergebnisse der Interpretationsarbeit von Familie Wendler aufgeführt. Sie wird im Sample den Kategorien „russlanddeutsch", „ohne Bildungszertifikate" und „religiös" zugeordnet.

6.1.3.1   Sozialdaten

Der 56-jährige Vater Wilhelm durchlief in Russland elf Schulklassen, wurde nacheinander zuerst Lokführergehilfe, dann Elektroschlosser und arbeitet nun in Deutschland als selbständiger Kaufmann. Er ist Inhaber einer Speditionsfirma, die in der Ukraine und der Bundesrepublik Deutschland angesiedelt ist. Sein Geschäftspartner ist Ukrainer. Mittlerweile beschäftigt die Firma ca. 60 Personen in der Ukraine. In Deutschland arbeitet neben Herrn Wendler auch Lena, sein siebtes Kind, als Bürokauffrau in der Firma. Seine Frau Ada, geborene Minn, ist 54 Jahre alt und machte eine Schneiderlehre, nachdem sie nach der 8. Klasse die Schule verlassen hatte. Neben einer Zwillingsschwester, die mit einem Bruder von Wilhelm

Wendler verheiratet ist, hat Ada zwei weitere Geschwister, wobei das eineiige Zwillingspärchen als erstes geboren wurde. Die Eltern von Ada stammen beide aus Sibirien, der Vater war Schmied, die Mutter erlernte keinen Beruf. Auch Wilhelm ist der älteste Sohn, er hat noch fünf jüngere Geschwister. Wilhelms Vater war Landwirt und stammte aus Sibirien, die Mutter Magda, die ebenfalls keinen Beruf ausübte, aus der autonomen Wolgarepublik. Nach ihrer Deportation nach Sibirien wurde sie als Bergarbeiterin im Arbeitslager eingesetzt. Während dieser schwierigen Zeit verhungerte Magdas 14-jähriger Bruder.

Wilhelm und Ada heirateten im Jahr 1968 und bekamen insgesamt zehn Kinder, acht Mädchen und zwei Jungen, von denen vier bereits geheiratet haben. Das jüngste Kind ist heute zehn und das älteste 33 Jahre alt. Fünf Jahre nach der Ausreise nach Deutschland im Jahr 1988 wurde das letzte Kind geboren, das als einziges in Deutschland zur Welt kam.

Die gesamte Familie ist religiös geprägt und gehört einer russlanddeutschen evangelischen Freikirche an, in der sich fast alle Familienmitglieder engagieren. Willhelm gehört zum Kirchenvorstand, sein Bruder Vitali ist der Pastor der Gemeinde. Die Aktivitäten innerhalb der Familie werden denen des Kirchenlebens angepasst. Nach eigenen Angaben arbeitete Ada durchgehend als Schneiderin, sowohl in Russland als auch hier, und vereinbarte somit Beruf und Familie. Sie betont, wie glücklich sie über jedes einzelne ihrer zehn Kinder ist und dass sie trotz mancher Schwierigkeiten keines missen möchte. Familie Wendler wohnt in einer kleinen Stadt, in der hauptsächlich Russlanddeutsche leben, in einem großen und gepflegten, neu wirkenden Haus. Direkt daneben baut zur Zeit ein Sohn ein Haus, in das er bald mit seiner Familie einziehen möchte. Insgesamt herrscht in der Familie durch Besuche der zahlreichen Verwandten immer reger Betrieb und ein ständiges Kommen und Gehen.[341]

6.1.3.2   Familienportrait

Unter den Mitgliedern der Familie Wendler herrschen bezüglich ihrer kulturellen Orientierung hinsichtlich des ethnischen Bereiches überwiegend übereinstimmende Meinungsansätze vor. Meinungsbildend sind hierbei hauptsächlich die Ansichten des Vaters Wilhelm Wendler, der innerhalb der familiären Gesprächskultur die Position des Wortführers einnimmt und im Allgemeinen das Geschehen dominiert

---

341 In den im Familienportrait der Familie Wendler angeführten Interviewpassagen werden die einzelnen Personen wie folgt abgekürzt: Vater Wilhelm Wendler (W), Mutter Ada Wendler (A), ältere Tochter Lena Wendler (L), mittlere Tochter Ada Wendler junior (A2), jüngste Tochter Edith Wendler (E), Großmutter väterlicherseits Magda Wendler (M) und Interviewerin Svetlana Kiel (S).

und prägt. Seine Ausführungen sind gekennzeichnet von längeren Monologen, in denen er als derjenige auftritt, der bestimmte Sachverhalte erklärt. Diese Position des „Belehrenden" wird von den anderen Familienmitgliedern akzeptiert. Unterstützt wird Wilhelm von seiner Frau Ada, die die von ihm erläuterten Ansätze und Inhalte ausführt und ergänzt. Die an der Studie beteiligten Kinder Lena und Ada jr. verhalten sich weitgehend zurückhaltend. Auch die Großmutter Magda Wendler greift in das Geschehen nicht richtungweisend ein. Aufgrund dieser wenig kontroversen und hauptsächlich von Wilhelm geprägten Gesprächskultur lassen sich Fokussierungsmetaphern schwer erkennen.

Allen Familienmitgliedern gleich ist eine christlich-religiöse Ausrichtung, die auch das Alltagsleben und die Wertorientierung prägt. Neben einer Rückbindung bestimmter Sachverhalte auf ihre ethnische Orientierung wird in der Familie Wendler auch eine Rückbindung auf ihre religiöse Ausrichtung vorgenommen, wobei die Grenzen hierbei verwischen. Der familiale kulturelle Orientierungsrahmen wird demnach sowohl von ethnischen als auch religiösen Elementen bestimmt, wobei die Gewichtung innerhalb der einzelnen Generationen unterschiedlich ist. Nehmen die Großeltern- und Elterngeneration noch stärker Rückbindungen auf ihre ethnische Orientierung vor, verliert diese aufgrund der fehlenden eigenen Erfahrungen bei der Kindergeneration an Bedeutung. Dafür gewinnt hier der religiöse Bereich an Gewicht.

Typische Elemente einer russlanddeutschen Kultur werden von den Familienmitgliedern jeweils in Abgrenzung zur russischen und zur bundesdeutschen Kultur definiert und vermischt mit Orientierungen aus ihrer Religiosität dargestellt. Es werden vornehmlich Sekundärtugenden genannt, wohingegen Selbstentfaltungswerte von Wilhelm ausdrücklich als negativ bewertet werden. So zeichneten sich Deutsche in Russland durch Wohlanständigkeit, Fleiß und Gottesfurcht aus. Im Gegensatz zu ihren russischen Mitbürgern legten Deutsche Wert auf Sauberkeit und ein gepflegtes Erscheinungsbild ihres Besitzes und ihrer Person, genossen keinen Alkohol und waren ehrgeizigere und bessere Arbeiter.

Auch in der Bundesrepublik Deutschland fallen nach Meinung der Familie Wendler Russlanddeutsche dadurch auf, fleißige Arbeiter zu sein und praktische Arbeiten besser erledigen zu können. Hierbei wird eine geschlechtsspezifische Unterscheidung vorgenommen und russlanddeutsche Frauen als gute Hausfrauen und Köchinnen gelobt, russlanddeutsche Männer demgegenüber als gute Handwerker, die in der Lage sind, ein eigenes Haus selbst zu bauen. Neben Sparsamkeit und einem starken familiären Zusammenhalt wird auch ein von Respekt gekennzeichnetes Verhalten älteren Menschen gegenüber als Element einer russlanddeutschen Kultur beschrieben. Als negativ wird im Gegensatz zur bundesdeutschen Kultur das fehlende Durchsetzungsvermögen von Russlanddeutschen empfunden, das Familie

Wendler auf ein geringeres Selbstbewusstsein zurückführt. Andererseits spricht sich Wilhelm explizit gegen die in Deutschland herrschende Freiheit und Selbstverwirklichung des Einzelnen aus, wobei er den Widerspruch zur negativen Bewertung des fehlenden Selbstbewusstseins Russlanddeutscher an dieser Stelle nicht erkennt.

Als Deutsche und Christen ausgegrenzt in Russland

Ihre ethnisch-kulturelle Zugehörigkeit definieren zunächst einmal alle Familienmitglieder als deutsch. Die Elterngeneration, Ada und Wilhelm Wendler, lebte in Russland ebenso wie Magda als Vertreterin der Großelterngeneration stets im Bewusstsein, der deutschen Minderheit anzugehören. Sowohl in Adas als auch in Wilhelms Herkunftsfamilie, die in der deutschen Wolgarepublik gelebt hatte, wurde die Zugehörigkeit zur deutschen Kultur betont, was auch die Forderung nach einer endogamen Eheschließung mit einbezog.

(Interview Eltern, Z. 1214-1219)
W: (...) ja, man hat immer gesagt, wir sind Deutsche, ihr seid Deutsche, ihr müsst ne deutsche Frau haben oder ein deutsches Mädchen, das haben wir von zu Hause gehört. Wenn wir n bisschen ausgingen so, dann hat schon Opa gesagt, pass mit auf!

Neben der innerfamiliären Prägung verlangte auch die an sie herangebrachte Außenansicht von ihnen die Einhaltung eines bestimmten Verhaltenscodexes, der durch ihre ethnisch-kulturelle Zugehörigkeit begründet wurde.

(Interview Eltern, Z. 1134-1136)
W: Man hat uns immer gesagt, ihr seid Deutsche. (5) Deutsche sind freundlich
S: L Mhm.   L Ja, mhm.
W: und @2@. Weiß nich.

Dass sie während ihres Lebens in der ehemaligen Sowjetunion natürlicherweise auch von der russischen Kultur geprägt wurden, bestreiten die Eltern Wilhelm und Ada nicht, betonen aber, dass sie sich stets als Deutsche identifiziert haben.

(Gruppendiskussion, Z. 628-639)
W: Wir, man muss es sagen, wir waren Deutsche, in Russland aufgewachsen, in der Gesellschaft aufgewachsen, wenn man uns nicht so verachtet hätte, wenn
S: L Mhm.
W: man uns nicht immer noch Faschisten genannt hätte, und wenn unsere unsere Vorfahren nicht so verfolgt wären, dann wären wir Russen. Nur, dieses schwierige Gefühl, oder diese Situation, wo man uns reingeführt hat, das hat

uns veranlasst, ja, einer für den anderen sollten wir zusammen sein, wir mussten, ums Überleben, ja und dann war's, wir haben unsere, ich will mal sagen, mit wir hatten immer noch unsere äh äh (spricht ein russisches Wort)
L: Wert. Werte.
W: Werte, unsere Werte. Wertgefühle als Deutsche.

Wilhelm, Ada und auch die Großmutter Magda betonen wiederholt die Ausgrenzung, die sie als Deutsche in der ehemaligen Sowjetunion erlebten, und beschreiben diesen Tatbestand der eigenen Diskriminierung und der ihrer Vorfahren als wesentliches Element in ihrer ethnisch-kulturellen Orientierung. Die Erinnerung an ihre Opferrolle wird auch innerhalb der Familie durch Erzählungen wachgehalten und somit an die Kindergeneration tradiert und stellt in der Auseinandersetzung mit der eigenen Zugehörigkeit bis heute für alle Familienmitglieder ein zentrales Thema dar. Die Unterhaltungen über sie als Deutsche diskriminierende Situationen bilden demnach auch Fokussierungsmetaphern. Neben dem Erlebnishorizont der Zugehörigkeit als Deutsche besteht bei Familie Wendler auch der ihrer religiösen Ausrichtung, wobei sie sich auch in der Identifizierung als Christen diskriminiert erlebten.

(Gruppendiskussion, Z. 217-219)
W: (...) aber als deutscher Mensch warst du ein Mensch der zweiten Klasse, ungewollt, und als Christ, dann wars ganz. Musstest hart kämpfen um dein Leben, um dein Dasein, um dich zu versorgen dann auch.

Die Rückbesinnung auf ihre Opferrolle ist bei Familie Wendler sowohl bezüglich ihrer ethnischen Zugehörigkeit als Deutsche als auch bezüglich ihrer religiösen Ausrichtung identitätsstiftend. Um mit der von ihnen empfundenen Ausgrenzung umzugehen, versuchten die Eltern Ada und Wilhelm während ihres Lebens in Russland, sich durch harte Arbeit zu bewähren und Respekt zu verschaffen, da dies die einzige Möglichkeit zu sein schien, Anerkennung zu erlangen.

(Gruppendiskussion, Z. 223-227)
W: Das Einzige, wo man sich doch durchsetzen oder Anerkennung bekommen könnte, das war die Arbeit. Dann hab ich, ham wir, hab ich auch schon gesagt, wir haben hart gearbeitet, wir waren das schon gewohnt.

Innerhalb der Familie wurde also die Lösungsstrategie entwickelt, in Konfrontation mit der aufgrund der ethnischen Zugehörigkeit oder weltanschaulichen Ausrichtung entstandenen Ausgrenzung nach einer Möglichkeit zu suchen, sich in besonderer Art und Weise auszuzeichnen und sich einen Platz innerhalb der Gesellschaft zu erkämpfen. Dies gelang mit dem Einsatz der eigenen Arbeitskraft, was an die cal-

vinistische Arbeitsmoral erinnert. Diese Handlungsstrategie wird auch in der Auseinandersetzung mit der bundesdeutschen Bevölkerung von Bedeutung sein.
Durch das starke Empfinden der Ausgrenzung während ihres Lebens in Russland verbindet Familie Wendler mit der Einreise nach Deutschland ursprünglich um so mehr die Erwartung einer Rückkehr in die eigentliche Heimat.

(Interview Großmutter, Z.731)
M: Unser Heimat ist doch Deutschland.

Doch besonders Magda als Vertreterin der Großelterngeneration wird schnell deutlich, dass in ihrer Vorstellung von dem Leben in der Bundesrepublik Deutschland das Bild ihres vergangenen Lebens in der deutschen Wolgarepublik vorherrschte.

(Interview Großmutter, Z.257-261)
M: Das hat mich sehr sehr gewundert. Ich hab mir vorgestellt, dass in Deutschland auch so alles wär als wie in Russland an der Wolga, wie mir gewohnt haben. Weil das waren doch alles von Deutschland Übersiedler. Und da hab ich, simmer hierher gekommen, da hab ich mich sehr gewundert (...).

In der Konfrontation mit der bundesrepublikanischen Wirklichkeit wird deutlich, dass das in Russland bewahrte und an die jeweils nachfolgende Generation tradierte Deutschtum nicht mit der bundesdeutschen Kultur übereinstimmt und dass das Leben der deutschen Minderheit in Russland als eine eigene Kultureinheit zu sehen ist.

(Interview Großmutter, Z.375-380)
M: Aber ich hab mir das anders vorgestellt, ich hab mir das vorgestellt, in einem gottesfürchtigen Land ist alles in Liebe und Ruhe, ist keine Unruhe und keine Stehlerei und Schlägerei un Totschlag und was. Und dann muss ich aber übereinstimme, dass der Teufel überall ist, nicht nur in Russland, der ist auch hier. Mit dem musst ich einstimme. Also die Werke in den ungläubigen Menschen hat er.

Bei der Wahrnehmung und Auseinandersetzung mit den Unterschieden der bundesdeutschen und der von ihnen als deutsch empfundenen Kulturelemente nimmt Familie Wendler eine Rückbindung auf ihre religiöse Orientierung vor. Christlich geprägte Werte und Tugenden wie der Wert der Frömmigkeit und Gottesfurcht, die zentrale Elemente der von ihnen als deutsch empfundenen Kultur darstellen, werden in der Bundesrepublik nicht vorgefunden. Dies ist zu begründen mit der Existenz des Bösen in Form des Teufels, der wider Erwarten auch in der Bundesrepublik Deutschland wirkt. An dieser Stelle wird deutlich, dass bei der Reflexion über die eigene ethnisch-kulturelle Zugehörigkeit Elemente und Wahrnehmungen wichtig werden, die aus der religiösen Ausrichtung resultieren. Diese Vermischung scheint von den Familienmitgliedern jedoch nicht explizit wahrgenommen zu werden.

Trotz der Erkenntnis, dass die eigene Kultur nicht der der einheimisch Deutschen entspricht, bringen die einzelnen Familienmitglieder wiederholt ihre Freude und Dankbarkeit darüber zum Ausdruck, in Deutschland leben zu können. Dabei gibt vorrangig Anlass zur Freude, dass die wirtschaftliche Lage in der Bundesrepublik die äußeren Lebensbedingungen verbessert hat.

(Gruppendiskussion, Z. 372-377)
A: Jeden Tag, und bis heute, gestern hab ich das wieder gesagt, ich danke Gott jeden Tag, dass ich hab genug zu essen, meine Familie kann versorgen, kann kochen, was ich will, und wie viel Geld ich hab, kann ich einkaufen, ja. Was ich will. Und meine Kinder sind satt, und meine Bekannte und Freunde kann auf den Tisch stellen, was ich kann. Und jeden Tag dank ich bis heute.

Auch das politische System Deutschlands, das durch seine demokratische Ordnung die Freiheit des Einzelnen schützt, wird positiv gesehen, da Familie Wendler nun in ihrer ethnischen und religiösen Orientierung ohne die in der ehemaligen Sowjetunion für sie ständig präsente Befürchtung von Repressionen leben kann.

(Gruppendiskussion, Z. 331-334)
W: Ich hab ja angefangen, dass ich sein hier kann, wer ich bin. Und wer, und kann hoffen, kann auf Verständnis aus der Gesellschaft hoffen, oder viel mehr noch, das ist in einer demokratischen Gesellschaft, wo die Demokratie wirklich Raum hat (...).

Trotz der als positiv empfundenen äußeren Rahmenbedingungen des Lebens in Deutschland herrscht bei der Großeltern- und Elterngeneration aufgrund der nach der Einreise wahrgenommenen Diskrepanzen zwischen den von ihnen als deutsch definierten Kulturelementen und der bundesdeutschen Kultur eine Irritation bezüglich ihrer eigenen ethnisch-kulturellen Zugehörigkeit vor. Definierten Magda, Wilhelm und Ada sich während ihrer Zeit in Russland noch undifferenziert als deutsch, nehmen sie in Konfrontation mit der bundesdeutschen Kultur eine klare Abgrenzung gegenüber einheimisch Deutschen vor und beschreiben sich als russlanddeutsch.

(Gruppendiskussion, Z. 602-617)
A: (...) ich fühle da zu Hause, wie gesagt, aber trotzdem so, dass wir Russlanddeutsche sind, das spürt man doch.
W: L Das erstmal lässt man uns das oftmal spüren.
S: Inwiefern?

A: Wir sind das nicht gewohnt zurück, so sich zurück- durchsetzen. Ja.
W: ⌊ Widersetzen.
A: Wir wollen alles gut machen.
W: ⌊ Erstens und zweitens, na ja, (3) das sind vielleicht teilweise auch Minderheits-, Minderwertsgefühle, (3), die man hat vielleicht, na ja, du kannst die Sprache nicht, ich sag mal, meiner Frau, ich hab mal was anderes, von dem Gefühl, @2@, ich bin oftmals in der Ukraine, und äh, mit meiner Arbeit, meinen Chef, da werden jetzt Lieder gesungen, und, da saß ich mal und hörte das, da kam mir ein Gedanke in der Kopf: Wie <u>gut</u> ich die russische Seele verstehe. (3) Und wie schlecht ich verstehe die <u>Seele</u> der Deutschen.

Mit dem Empfinden der Fremdartigkeit der „Seele" der einheimisch Deutschen findet besonders bei der Elterngeneration nun eine Rückbesinnung auf die Vertrautheit statt, die durch das Kennen und Verstehen der russischen Gesellschaft und Kultur dieser gegenüber bestand. Grenzte Familie Wendler sich während ihrer Zeit in Russland aufgrund ihrer deutschen Zugehörigkeit von der russischen Majorität ab, nimmt sie in Deutschland wegen ihrer Zugehörigkeit zur russlanddeutschen Gruppe eine Abgrenzung zur bundesdeutschen Kultur vor.

Wie in Russland auch, fühlen sich die Familienmitglieder in Deutschland aufgrund ihrer ethnisch-kulturellen Zugehörigkeit zum Teil ausgegrenzt und stigmatisiert, was auch die jetzige Definition als Russlanddeutsche bestärkt. Wirkte sich die Diskriminierung gegenüber der deutschen Minderheit in Russland identitätsstiftend auf das ethnische Zugehörigkeitsgefühl von Familie Wendler aus, trägt auch die weit abgeschwächtere Form der Ausgrenzung und Stigmatisierung in Deutschland zur Identifizierung der Familienmitglieder als Russlanddeutsche bei.

Obwohl die einzelnen Familienmitglieder in Abgrenzung zur bundesdeutschen Kultur ihre Zugehörigkeit zur Gruppe der Russlanddeutschen artikulieren, empfinden sie sich selbst als die „richtigen" Deutschen und kritisieren den fehlenden Patriotismus der Bundesbürger.

(Interview Eltern, Z. 1107-1126)
W: <u>Obwohl ich</u> für dieses Land mehr empfinde oftmals wie ein einheimischer Deutscher, der sagt, was will ich in diesem Land. Das tut mich ab und zu (2) das ist nicht richtig, das ist nicht richtig. Ich weiß es, äh, man hat sich
S: ⌊ Mhm.
W: vielleicht abgekoppelt oder hat sich von der Vergangenheit sich irgendwie distanziert und äh man wollte nichts mit dieser zu tun haben, das ist <u>nicht richtig</u>, ich muss zu meinen Fehlern auch stehen, mein oder den Fehlern meiner Eltern, oder. Ich komm hier, das ist hier geboren und was ist, nur ich

	machs nicht, warum soll ich da büßen mein Leben lang? Das is es auch nicht, das. Warum? Drum, ich bin aber trotzdem en Deutscher. Und wir, ham
S:	L Mhm.
W:	wir denn nicht als Deutsche was vorweisen der Welt? Oder den anderen Menschen, Dieser Stolz den vermiss ich, Deutsch zu sein. Ich weiß, ich mein
S:	L Bei den Einheimischen?
W:	jetzt nicht äh, im schlechten Sinne, dass man sich wieder erhöht. Aber trotzdem, wir ham eine <u>Kultur</u>, ich war, in Russland war ich stolz auf <u>Goethe</u>. Auf Schiller auf Bach.

(7)
S: Und bei den Einheimischen vermissen sie das?
W: Ja, und hie- hier, pf, da wird alles so, ich weiß es nicht. (4)

Wilhelm betont an dieser Stelle seine tiefe Verwurzelung in der deutschen Kultur und seinen Stolz, ein Deutscher zu sein. Diese Verbundenheit mit den kulturellen Wurzeln vermisst er bei einheimisch Deutschen, was deutlich macht, dass er sich selbst und Russlanddeutsche im Allgemeinen keineswegs als „weniger deutsch" empfindet als einheimische Deutsche. Auch seine Mutter Magda betont ihre Verbundenheit zum „deutschen Volk", was zeigt, dass dies innerhalb der Familie Wendler von einer Generation an die nächste tradiert wurde.

(Interview Großmutter Z. 731-742)
M: Und wenn die Kinder sich einleben hier als deutsche Menschen, (?) dass diese Nation nicht ausstirbt. (...) In Deutschland sind wenig Deutsche mehr geblieben. Fand ich schade. Andere Nationen haben sich mehr in deutsche Länder schon gewöhnt. So ganz richtige Deutschländer sind wohl auch sehr wenig schon. Und die Russlandsdeutsche sind auch net alles Deutsche, sind ja auch viel gemischt. Aber in unser Freundschaft ist mehr deutsch mit deutsch geblieb so, und das hat mein Schwiegervater und auch meine Eltern, ja wie meine Eltern, da waren auch nur Deutsche, da war das noch net so gemischt mit dene Russe. Aber jetzt nach dem Krieg ist das alles so vermischt. Aber die Älteren haben, die meiste haben getracht, dass ihre Kinder mit ihre Nation soll verheiratet sein.

Sowohl die Großeltern- als auch die Elterngeneration grenzt sich von der einheimisch deutschen Kultur ab und definiert sich aufgrund dessen als russlanddeutsch. Hierbei beziehen die Eltern Wilhelm und Ada ihre in der ehemaligen Sowjetunion verbrachte Vergangenheit mit ein und wissen darum, auch von der russischen Kultur geprägt worden zu sein, wobei dies nicht explizit ausgestaltet wird. Doch stellt sich rückblickend im Vergleich der Umgang mit Russen als leichter und angenehmer für Ada und Wilhelm dar als mit einheimischen Deutschen, da ihnen die Elemente der russischen Kultur vertrauter sind als die der Bundesdeutschen. Doch trotz einer wie auch immer gearteten Prägung durch die russische Kultur definieren sich alle Familienmitglieder für ihre Zeit in Russland als deutsch und können dies auch inhaltlich ausgestalten.

Auch wenn Familie Wendler sich nach ihrer Einreise in die Bundesrepublik als russlanddeutsch beschreibt, hat sich innerhalb ihrer ethnisch-kulturellen Zugehörigkeit nichts wesentlich verändert. Die Zuordnung zur russlanddeutschen Gruppe ist letztendlich ausschließlich auf die Abgrenzung zur bundesdeutschen Kultur und die an sie herangebrachte Außenwahrnehmung und Stigmatisierung zurückzuführen, nicht aber auf einen Wandel ihrer ethnisch-kulturellen Orientierung. Ihr inneres Bild von sich als Deutsche hat sich demnach nicht verändert. Die Ausführungen über ihren Patriotismus machen deutlich, dass sie sich im Vergleich zu den einheimischen Bundesbürgern keinesfalls als „nicht richtig deutsch", sondern vielmehr als die „wahren Deutschen" empfinden, die eine tiefe Verwurzelung in der deutschen Kultur auszeichnet.

Die Erkenntnis darüber, dass das von ihnen in Russland gelebte und tradierte Deutschtum nicht mit der innerhalb der Bundesrepublik herrschenden deutschen Kultur übereinstimmt, führt bei Familie Wendler demnach nicht zu einer anhaltenden Zerrüttung ihrer ethnisch-kulturellen Identität. Die erneute Abgrenzung gegenüber einer von ihnen als anders empfundenen Kultur stärkt sie sogar in ihrer subjektiv als deutsch empfundenen Identität, die nun (notgedrungen) als russlanddeutsch bezeichnet wird, und unterstützt das Zugehörigkeitsgefühl zu den Mitgliedern der eigenen Kulturgruppe. Innerhalb der Gruppe der Russlanddeutschen grenzt Familie Wendler sich von denjenigen Aussiedlern ab, die in gemischten Ehen leben und die sie aufgrund dessen nicht als „richtige Deutsche" empfinden.

Obwohl keine größere Unsicherheit bezüglich ihres Zugehörigkeitsgefühls vorliegt, empfinden die Mitglieder der Familie Wendler die von außen kommende Stigmatisierung als Russlanddeutsche als negativ, zumal sie sich mit Vorurteilen ihrer Kulturgruppe gegenüber konfrontiert sehen. Im Umgang damit greifen sie auf eine Handlungsstrategie zurück, die sich bereits in Russland bewährte.

(Gruppendiskussion, Z. 444-468)
W: Das musste jetzt erarbeitet werden. Auch das Haus musste bezahlt sein, man spricht ja viel, den Aussiedlern steckt man in Hintern und das alles, das Geld, das ist ja alles bekannt, nur das ist es nicht, das ist, das entspricht ja nicht der Wahrheit, (...) Ja ich seh zunehmend, die Menschen der Umgebung, die früher nicht Guten Tag gesagt haben, die sagen heute Guten Tag, nachdem sie gesehen haben, wie wir das machen. Jetzt is bekannt, jetzt sind wir keine Aussiedler mehr, (...) Ja, ich sag ja, viele Menschen, die sagen jetzt, guck mal hin, das ist doch so wie's gesagt wird. So, das Arbeiten is ja hier auch, ich will mal sagen, angesehen, dass der Mensch arbeitet. Das ist auch

normal, dass es nicht irgendwo von irgendwem kommt, die **arbeiten**. Das ist die Arbeit.

Familie Wendler versucht auch in Deutschland, Anerkennung durch Fleiß und harte Arbeit zu erhalten. Diese in Russland erprobte Lösungsstrategie wirkt sich auf ihr Ansehen bei ihrer einheimisch deutschen Nachbarschaft positiv aus, da sie nun freundlich behandelt werden und sich nicht mehr als Aussiedler stigmatisiert fühlen. Auch Magda als Vertreterin der Großelterngeneration betont ihr gutes Verhältnis zu ihren bundesdeutschen Nachbarn, auch wenn diese Kontakte bei allen über den Austausch von Höflichkeiten nicht hinausgehen.

Bezüglich der Bereitschaft von Anpassungen, die die Integration begünstigen, und Modifikationen des eigenen Handelns zeigt sich bei Familie Wendler, dass eine Integration bis zu einem gewissen Punkt bereits vollzogen ist. Die Familienmitglieder sind beruflich etabliert und haben sich erfolgreich darum bemüht, innerhalb der bundesdeutschen Gesellschaft zumindest anerkannt zu werden und friedlich leben zu können. Familie Wendler lebt also erfolgreich und subjektiv zufriedenstellend in den in Deutschland herrschenden äußeren Rahmenbedingungen. In ihrem Privatbereich allerdings findet keine Verknüpfung mit der bundesdeutschen Gesellschaft statt.

(Gruppendiskussion, Z. 830-839)
W: Ja, gegenüber einheimischen Menschen. Ich, ich muss immer angespannt sein in der Gegenwart, ich kann nicht frei, erstmals ist die Sprache oder oftmals wenn's wir-, das kommt noch nicht einmal zu näheren Kontakten erstmal wegen der Sprache. Automatisch, unbesonnen. Ich muss mich äh überwältigen, ich muss mich äh anstrengen, damit ich dabei bin. Dann bildet sich ein Kreis. Es ist so, ich bin nicht gezwungen in der Gesellschaft Einheimischer zu sein, wenn ich alleine hier wär, wär ich schon lange, tät ich sagen, aber es gibt Leute oder ein Kreis, der für mich reicht. Der Mensch geht den leichteren Weg. Das is warum, da, wo ich muss, da kämpf ich mich durch. Da sag ich, ich muss, beiß meine Zähne zusammen und tu das. Wo ich muss.

Da im Umgang mit einheimischen Deutschen Verunsicherungen bestehen und der Kontakt als anstrengend empfunden wird, vollzieht Familie Wendler im Privatbereich bewusst einen Rückzug in die Eigengruppe. Wilhelm begründet dies damit, dass sein bisheriges soziales Umfeld ausreicht. Da Familie Wendler ausschließlich zu Russlanddeutschen Freundschaften unterhält und keine Verflechtung in Beziehungsstrukturen der bundesdeutschen Gesellschaft angestrebt werden, findet keine soziale Integration statt.

Neben der Ressource der ethnischen Orientierung besteht bei Familie Wendler auch die der religiösen Ausrichtung. Diese Identifikation als Christen ist auch nach der Einreise nach Deutschland gleich geblieben. Durch die hier herrschende Religionsfreiheit wird die Ausübung ihres christlichen Glaubens wesentlich erleichtert, wobei die Erinnerung an die in Russland erlebte Verfolgung als Christen aber durch Erzählungen in der Familie aufrecht erhalten wird. Während der Bereich der ethnischen Zugehörigkeit mit dem Beginn des Lebens in Deutschland überdacht werden musste, bleibt der christlich-religiöse Rahmen bestehen.

(Gruppendiskussion, Z. 556-564)
W: Vielleicht prägt das doch viel, dass äh, nun, dass wir doch, na ja, unsere Gemeinde gehen, oder sehr in Gemeindeleben beschäftigt sind.
S: L Die ganze Familie?
W: Die ganze Fa-   So, und äh, das ist so, das ist christlich, und
A: L ganze Familie.
W: Christen sind überall Christen. Drum hat, ich will mal sagen, die Gesellschaft hat nicht, ich will mal sagen, die Schattenseiten oder die negativen Seiten der Gesellschaft, unserer Gesellschaft.

Da die Ausrichtungen und Handlungsweisen von Christen in der Wahrnehmung von Familie Wendler weitgehend gleich bleiben, lebt sie bezüglich ihrer religiösen Orientierung in einem sich wenig verändernden Rahmen. Diese die Migration überdauernde Konstante stellt für die Familie einen stabilisierenden Faktor dar. Alle engen sozialen Kontakte und auch die Freizeitaktivitäten spielen sich demzufolge generationenübergreifend auch innerhalb der Kirchengemeinde ab.

Die die Familie umgebenden Erlebnishorizonte der ethnischen Orientierung und der religiösen Ausrichtung sind generationenabhängig unterschiedlich stark ausgeprägt. Während bei der Großeltern- und Elterngeneration die ethnische Zugehörigkeit noch von zentraler Bedeutung ist, verliert diese bei der Kindergeneration an Gewicht. Dies wird auch durch die wenig aktive Auseinandersetzung der Kinder mit der ethnischen Ebene deutlich. Da durch Erzählungen vorwiegend die Erinnerung an das vergangene Leben der Familie als ausgegrenzte Deutsche in Russland wachgehalten wird, beschränkt sich die Kenntnis der Kinder hauptsächlich auf den Tatbestand der Verfolgung. Diese Besinnung auf die Rolle als Opfer bildet bereits bei der Eltern- und Großelterngeneration ein wesentliches Element in der Auseinandersetzung mit der ethnisch-kulturellen Orientierung und wird somit auch an die Kindergeneration tradiert.

(Gruppendiskussion, Z. 735-738)
L: Aber (3) dass ich mich so Außenseiter, weil ich aus Russland komme? Weil, ich hab auch gearbeitet, und fast alle wussten gar nicht, dass ich aus Russland komme, man wurde halt so behandelt wie alle andern. Also ich hab das so nicht gespürt.

Im Gegensatz zu ihren Vorfahren beschreiben sich die Kinder aber nicht als Russlanddeutsche, da sie sich von der sie umgebenden Gesellschaft nicht gemieden fühlen. Der Aspekt der Ausgrenzung stellt für sie demnach ein wesentliches Kriterium einer russlanddeutschen Zugehörigkeit dar. Das innere Bild, das Lena und Ada jr. vom Russlanddeutschtum haben, ist jedoch diffus.

(Interview Kinder, Z. 599-611)
A2: Ja. (3) Deutsche- wir sind Deutsche, wir sind Deutsche. Ja, Lena hat mir das letztens erklärt: Oma ist deutsch, Opa ist deutsch, Papa ist deutsch, Mama ist deutsch, deutsch, obwohl wir Russen sind, komisch. @2@
S: L @2@ Wie kommst du drauf, dass ihr Russen seid?
A2: Nein, das ist ja so, weil ich aus Russland komme, ich bin, weil du da geboren bist, dann bist du eine Russin, aber du bist deutsch, deine Nationalität ist ja deutsch. Weiß ich nicht. Muss ma tiefer hinein gehen, um das zu verstehen.
S: @2@ Hast du dich noch nicht so damit beschäftigt?
A2: Nee.
S: Interessiert dich nicht?
A2: Nee, nich so ga-, also was schon, hier: du bist keine Russin, du bist eine Deutsche, weißt du, aber im Nachhinein ist mir das egal.

Da ihre Familie und sie in Russland geboren wurden, nimmt Ada jr. eine Zugehörigkeit als Russin an, weiß aber gleichzeitig von Erklärungen ihrer Familienmitglieder, dass sie Deutsche sind. Dies stellt für sie einen nicht zu verstehenden Widerspruch dar, an dessen Auflösung sie aber nicht weiter interessiert ist. Im Gegensatz zum ethnischen Bereich ihrer kulturellen Orientierung ist für die Kindergeneration der Aspekt ihrer religiösen Ausrichtung wichtiger und hauptsächlich identitätsstiftend.

(Interview Kinder, Z. 585-586)
A2: (...) Ich denk ma schon, dass wir uns unterscheiden, auch schon allein, dass wir Christen sind.

Durch die starke Verwurzelung im christlich-religiösen Niveau scheint für Lena und Ada jr. die Auseinandersetzung mit ihrer ethnisch-kulturellen Identität nicht mehr von zentraler Bedeutung zu sein. Doch wie bereits bei der Eltern- und Großelterngeneration die Grenzen des ethnischen und religiösen Rahmens verwischen, spielt trotz Betonung der Religiosität auch bei den Kindern der ethnische Bereich dahingehend eine Rolle, dass das Praktizieren ihres christlichen Glaubens in einer ausschließlich russlanddeutschen Gemeinschaft geschieht und daher der Freundeskreis der Kinder auch vorwiegend aus russlanddeutschen Jugendlichen besteht. Die für sie identitätsstiftende Religiosität ist also in einen russlanddeutschen Rahmen eingebettet, was deutlich macht, dass im Gegensatz zu ihren Eltern und Großeltern für die Kindergeneration zwar der religiöse Rahmen auf Kosten der Wichtigkeit der ethnischen Orientierung an Bedeutung gewinnt, der ethnische Rahmen aber durchaus noch vorhanden ist.

Bezüglich der Tradierung der ethnisch-kulturellen Zugehörigkeit ist es den Familienmitgliedern einerseits wichtig, die Erinnerung an das vergangene Leben in Russland wach zu halten. Andererseits begrüßen die Eltern eine Integration ihrer Kinder in die bundesdeutsche Gesellschaft.

(Interview Eltern, Z. 1188-1190)
W: Und äh, das heißt jetzt, ich hab da mit Integr- Integretatit- Integration, ich hab da keine Probleme, dass die Kinder hier integriert werden. Das ist überhaupt kein Problem. Die sind hier zu Hause (...).

Wo die Eltern Wilhelm und Ada bei sich selbst noch Defizite im Umgang mit einheimischen Deutschen sehen, sind sie erfreut über die Fortschritte ihrer Kinder.

(Gruppendiskussion, Z. 849-851)
W: (...) Und das Erfreuliche ist ja, unsere junge Menschen sind, die haben ein Durchsatzvermögen, die lernen wie die Menschen hier in Deutschland, das seh ich.

Eine Integration wird also dahingehend gewünscht, dass die Kindergeneration für sich zufriedenstellend und im Umgang mit einheimischen Deutschen erfolgreich leben kann. Allerdings fand vor einigen Jahren ein Wandel bezüglich des Wunsches einer vollständigen Integration der Kinder in die bundesdeutsche Gesellschaft statt. Obwohl ein erfolgreiches Leben innerhalb der hier herrschenden Kultur für die Nachfahren noch immer angestrebt wird, bewerten Wilhelm und Ada die während ihres Lebens in Russland erworbenen Kompetenzen, wie die Kenntnis der russischen Sprache, nun auch für das Leben in Deutschland als Bereicherung und wollen ihre Tradierung nachholen.

(Interview Eltern, Z. 223-229)
A: Wir sagen unser Kinder, was ihr könnt, könnt, kann euch keiner wegnehmen. Lernt alles, was ihr, das und das   das schon
S: L Mhm.   L Ja, ja
W: L Ja und jetzt neu, äh, oder nich, jetzt, aber wir haben (2) vor paar Jahren haben wir das, äh, so gesehen, dass, äh, wir den Kindern das Russische wieder beibringen müssen, weil die haben das ganz verlernt. Pf. Oder fast ganz verlernt, Lena hat vier Klassen, gehabt, da (...).

Dieses Bemühen der Eltern trifft auch bei den Kindern auf Zustimmung. Dass die mit diesem Wandel einhergehende Rückbesinnung auf in Russland gemachte Erfahrungen auch eine erneute Abgrenzung zur einheimischen Majorität darstellt, ist anzunehmen. Hierbei steht nun vor allem die ethnisch-kulturelle Zugehörigkeit der Kindergeneration im Mittelpunkt, bei der von der Familie eine völlige Assimilierung an die bundesdeutsche Kultur nicht gutgeheißen wird. Auch in der Auseinandersetzung mit Elementen, die an die Kinder zu tradieren sind, spielt neben der ethnischen Komponente auch die christlich-religiöse Ausrichtung eine Rolle. Dies wird daran deutlich, dass die in der Familie Wendler übliche Forderung nach endogamen Eheschließungen nicht mehr ausdrücklich artikuliert wird. Stattdessen bildet die Religiosität des Ehepartners nun das entscheidende Kriterium. Dabei ist anzumerken, dass die bisher verheirateten Kinder alle russlanddeutsche Partner gewählt haben, die zudem religiös geprägt sind.

Bei allen Generationen der Familie Wendler wird der allgemeine kulturelle Orientierungsrahmen von einer Mischung des religiösen und ethnisch-kulturellen Erlebnishorizontes gebildet, wobei Unterschiede lediglich innerhalb der Gewichtung der einzelnen Komponenten deutlich werden.

6.1.4 Familie Schwarz

Die folgenden Ausführungen beinhalten die Ergebnisse der Interpretationsarbeit von Familie Schwarz, die im Sample den Kategorien „russlanddeutsch", „ohne Bildungszertifikate" und „nicht religiös" zugeordnet wird. Die Familie fällt auf durch Alkohol- und Drogenprobleme, die in der Eltern- und Großelterngeneration auftreten.

Bezüglich der Kategorie der Religiosität ist darauf hinzuweisen, dass der Vater Jascha Schwarz einer mennonitischen Familie entstammt. Zwar werden auch in Jaschas Einstellungen Einflüsse der religiösen Erziehung während seiner Kindheit sichtbar, doch gehört er selbst keiner religiösen Gruppierung an. Da Jascha das einzige religiös geprägte Familienmitglied ist und für sich selbst auch keine religiöse Ausrichtung beschreibt, ist die Familie insgesamt als nicht religiös zu bezeichnen.

6.1.4.1 Sozialdaten

Lydia Schwarz, geborene Mejder, ist 32 Jahre alt und wurde in einer Großstadt in Kasachstan geboren. Als 16-Jährige ist sie gemeinsam mit ihren Eltern im Jahr 1987 nach Deutschland gekommen, wo sie einen erweiterten Realschulabschluss machte. Danach absolvierte sie eine Ausbildung zur Kinderpflegerin, befindet sich zur Zeit aber in einer Umschulungsmaßnahme, um Altenpflegerin zu werden. Die Familien ihrer Eltern hatten sich beide im Odessagebiet in der Ukraine angesiedelt.

Lydias Vater, Mischa Mejder, der später eine Ausbildung zum Maschinenschlosser absolvierte, wurde auch dort geboren, wobei die Mutter, Rita Mejder, nach der Vertreibung ihrer Familie nach Sibirien bereits in Nowosibirsk geboren wurde. Rita arbeitete in der ehemaligen Sowjetunion als Verkäuferin, hier in der Bundesrepublik Deutschland hat sie eine Anstellung als Küchenarbeiterin angenommen. Lydia wird als erste von zwei Töchtern geboren, ihre Schwester Anna ist Bürokauffrau. Die gesamte Familie ist römisch-katholisch. Die Problematik, mit der sich Lydias Herkunftsfamilie seit jeher auseinandersetzen musste, ist die Alkoholabhängigkeit des Vaters Mischa. Auch nach der Einreise nach Deutschland und trotz der nun wirtschaftlich wesentlich besseren Lebensbedingungen änderte sich an der Sucht des Vaters nichts.

Wenige Jahre nach der Einreise von Lydia nach Deutschland lernte sie ihren heutigen Ehemann Jascha Schwarz kennen. Dieser wurde vor 35 Jahren in Dschambul als erstes von insgesamt vier Kindern geboren. Nachdem er acht Schulklassen beendet hatte, machte Jascha eine Ausbildung zum Tischler. Hier in Deutschland arbeitete er über zehn Jahre als Fabrikarbeiter, bevor er vor wenigen Wochen diese Anstellung verlor. Zur Zeit ist Jascha arbeitslos und möchte in naher Zukunft auch nichts an diesem Zustand ändern. Auch die Familien von Jaschas Eltern lebten in der Ukraine, sowohl sein Vater als auch seine Mutter wurden dort geboren. Der Vater von Jascha arbeitete als Eisenbahnschlosser, seine Mutter war Hausfrau. Nun sind beide Rentner. Jaschas gesamte Herkunftsfamilie ist überzeugt mennonitisch, lediglich Jascha übt diese Religion und die dazugehörigen Verhaltensregeln nicht aus und gilt somit als das schwarze Schaf der Familie.

Lydia und Jascha heirateten im Jahr 1991, kurz nachdem sich die beiden kennen gelernt hatten. Im selben Jahr wurde ihr erster Sohn Daniel geboren, der heute 12 Jahre alt ist und die Realschule besucht, der zweite Sohn Andi kam eineinhalb Jahre später auf die Welt und besucht nun die Hauptschule. Vor einigen Jahren haben sich Lydia und Jascha für den Bau eines eigenen Hauses entschieden. Sie wählten einen Bauplatz in einem kleinen Dorf aus, das sehr abgelegen ist. Fast ausschließlich in Eigenleistung stellte die Familie ihr Haus samt dazugehöriger Sauna fertig und stattete den Gartenbereich mit Swimming-Pool, Teich und Brunnen aus. Die Inneneinrichtung des Hauses wurde weitgehend von Lydia entworfen und von ihrem Ehemann entsprechend selbst gebaut. So entstand eine sehr farbenfrohe Kulisse.

Auch die Familie von Lydia und Jascha sieht sich mit einer Problematik konfrontiert, nämlich dem Drogenkonsum von Jascha. Erst nach der Heirat bemerkt Lydia den völligen Unwillen Jaschas, an der Situation etwas zu ändern. Regelmäßig raucht Jascha entweder mit Freunden oder auch allein Haschisch, zeitweise auch vor den Kindern. Lydia fordert von Jascha, diese Art von Drogenkonsum zu unterlassen, worauf Jascha jedoch keinerlei Reaktion zeigt. Zwischen Lydia und Jascha hat sich innerhalb der letzten Jahre eine ernsthafte Ehekrise entwickelt. Nach außen hin ist die Problematik der Familie jedoch nicht offensichtlich und kaum zu erkennen.[342]

6.1.4.2 Familienportrait

Bezüglich der Frage der ethnisch-kulturellen Selbstwahrnehmung zeichnet sich innerhalb der Familie Schwarz kein einheitliches Bild ab. Vielmehr definieren die einzelnen Familienmitglieder ihre ethnische Zugehörigkeit mit unterschiedlichen Schwerpunkten und differieren zum Teil in der subjektiven Ausgestaltung ihrer Kulturelemente. Diese teilweise unterschiedlichen Ansätze lassen sich als die Ursachen von gehäuft auftretenden innerfamiliären Konflikten herauskristallisieren, die bei den Interviews Fokussierungsmetaphern darstellen. Hierbei wird eine Polarisierung zwischen der Großmutter Rita und ihrer Tochter Lydia auf der einen und dem Vater Jascha auf der anderen Seite deutlich. Rita, Lydia und Jascha sind auch die Wortführer innerhalb der Familie, während sich der Großvater Mischa weitgehend zurückhält. Auch die Kinder Daniel und Andi greifen in das Familiengeschehen nicht richtungweisend ein.

Selbstdefinition als Deutsche in Russland

Während ihres Lebens in Russland nahm sich sowohl die Eltern- als auch die Großelterngeneration als deutsch wahr. Dieser von ihnen subjektiv als deutsch bezeichneten Kultur werden übereinstimmend konkrete Kulturelemente zugeordnet. So wird als charakteristisch für die in Russland lebende Minderheit der Deutschen die Einhaltung eines bestimmten Verhaltenscodexes beschrieben.

(Gruppendiskussion, Z.911-916)
J: Deutscher war besser als ein <u>Russe, ne,</u> als jeder andere. Wir waren so erzogen Deutscher is ein Deutscher und du musst als ein Deutscher dich <u>benehmen</u> so.
L: L Fromm, sauber.
J: Ja, fromm, sauber, und schön also immer korrekt sein.
R: <u>Das stimmt.</u> Die Deutsche sind immer vorne gewesen.

---

342 In den im Familienportrait der Familie Schwarz angeführten Interviewpassagen werden die einzelnen Personen wie folgt abgekürzt: Vater Jascha Schwarz (J), Mutter Lydia Schwarz (L), älterer Sohn Daniel Schwarz (D), jüngerer Sohn Andi Schwarz (A), Großvater mütterlicherseits Mischa Mejder (M), Großmutter mütterlicherseits Rita Mejder (R) und Interviewerin Svetlana Kiel (S).

Frömmigkeit, Sauberkeit, ein ehrenvolles und wohlanständiges Verhalten und Ehrgeiz stellen für die Familienmitglieder Elemente der deutschen Kultur in Russland dar. Mit dem Hinweis darauf, dass Deutsche im Vergleich zu ihren russischen Mitbürgern erfolgreicher waren, wird eine Abgrenzung zur russischen Kultur vorgenommen. Die Forderung nach der Schließung endogamer Ehebeziehungen kennzeichnet die Wichtigkeit der Segregation im privaten Bereich. Sowohl von Jascha als auch von Lydia wird die Wahl eines deutschen Ehepartners gefordert, ebenso wie von Rita und Mischa in deren Herkunftsfamilien. Innerhalb der Familie Mejder ist es Mischa, der die Notwendigkeit einer Segregation wiederholt betont.

Während dieser Definition des Deutschtums in Russland noch alle Familienmitglieder gleichermaßen zustimmen, werden im Weiteren Unterschiede deutlich. Hierbei treffen die Überzeugungen der städtisch geprägten Herkunftsfamilie von Lydia auf Jaschas Ansichten, der innerhalb von dörflichen Strukturen in einer mennonitischen Familie aufwuchs.

So wird der Wert der Frömmigkeit unterschiedlich stark betont. Für Familie Mejder beinhaltet die Ausgestaltung dieses Wertes keinerlei persönliche Religiosität, wohl aber von ihren Vorfahren überlieferte religiöse Traditionen, deren inhaltliche Bedeutung den Familienmitgliedern jedoch nicht bekannt war. Vielmehr wurde die Ausübung religiöser Traditionen als Möglichkeit genutzt, die deutsche Kultur zu pflegen, wobei die Inhalte lediglich eine untergeordnete Rolle spielten. Demgegenüber skizziert Jascha das Bild des „wahren Deutschen", der neben dem genannten Verhaltenscodex weitere Kriterien zu erfüllen hat.

(Gruppendiskussion, Z. 1201-1205)
J: (...) Ja, das sag ich ja irgendwo (?). Welcher lebt denn nach die Bibel und wirklich wie ein Deutscher? Weil äh **ein Deutscher,**
L: **L Ja, das is wirklich wie ein**
J: der muss nach der Bibel leben. **Für mich is es normal.**

Jascha beschreibt Religiosität, die eine Orientierung an der Bibel als moralischer Instanz beinhaltet, als ein wesentliches Merkmal der deutschen Kultur in Russland. Da die Bibel den Mann als Versorger der Familie beschreibt, kommt Jascha weiterhin zu der Ansicht, dass eine Berufstätigkeit von Frauen der russlanddeutschen Ausgestaltung der Frauenrolle nicht entspricht. Die Rolle der typisch russlanddeutschen Frau sieht Jascha darin, dass sie sich ihrem Mann unterordnet und ihm die wichtigen Entscheidungen überlässt. Diese Auffassung stößt bei Rita und Lydia auf Gegenwehr, die ihren Status als russlanddeutsche berufstätige Frauen betonen. Sie sind überzeugt, dass besonders für Russlanddeutsche, die in der Stadt lebten, die Berufstätigkeit von Frauen üblich war und nicht im Widerspruch zu deren ethnisch-kultureller Orientierung stand.

Unüberbrückbar driften die Meinungen bezüglich kultureller Anpassungsleistungen und eventueller Modifikationen von bestimmten Kulturelementen auseinander. Während ihres Lebens in Russland nahm Familie Mejder Anpassungsleistungen an die russische Gesellschaft vor, um mit dem dortigen Leben besonders im beruflichen Bereich besser zurecht zu kommen, und entwickelte dadurch eine Handlungsstrategie, die als notwendig empfundene Assimilierungen an andere Kulturen grundsätzlich zulässt. Hierbei nimmt der Großvater Mischa jedoch eine Sonderposition ein. Er macht deutlich, dass der Privatbereich der Familie von Anpassungsleistungen ausgeschlossen blieb, und betont vielmehr sein Bemühen, nach dem Vorbild seiner Herkunftsfamilie auch innerhalb seiner eigenen die deutsche Sprache und Kultur zu pflegen. Während die eine Integration begünstigenden Anpassungen für Familie Mejder im Allgemeinen keinerlei Widerspruch zu ihrer Zugehörigkeit zur russlanddeutschen Gruppe bedeuten, spricht der Vater Jascha den Angehörigen der Familie Mejder aufgrund dieser Anpassungen den Status als „wahre Deutsche" ab. Seiner Ansicht nach gab es in Russland neben den „wahren Deutschen", die trotz Repressionen uneingeschränkt an ihrer deutschen Kultur festhielten, auch solche, die sich wie Familie Mejder durch Anpassungsleistungen Vorteile erhofften.

(Gruppendiskussion, Z. 1160-1194)
J: (...) Ich weiß, ich weiß, dass mein Cousin, der auch sehr äh
M: (?)
J: toller Kopf, der kommt in n- etot Technajum nich rein, warum?
L: L Ja, weißt du warum? Weil der
 im Komsomol nich reingetreten ist.
J: L Ja, weil der sein Komsomol (?), weil der ein Deutscher is.
M: Ja
L: **Nein, nich weil er Deutscher is. Er durfte nich in im Komsomol reintreten**
R: L Nein
L: von dem Elternhaus her und deswegen hat er keine Chance gehabt, höhere
J: L Ja
L: Bildung zu nehmen. **Elvira,** die war in Komsomol reingetreten, deswegen
J: L Ja
L: durfte sie als Deutsche weiter studieren.
R: Ich bin auch Komsomol gewesen. **Tante Erika auch. Ich habe auch**
L: L Ja **Und deine Cousens**
 dürften nicht in Komsomol reintreten, weil der Glaube da im Weg
J: L Dann habt ihr euch
 auch gar nich geschämt? (1) Also könnt ihr euch nich beklagen.

L:		L Warum?
J:	<u>Ihr hattet da schönes Leben.</u>	
R:	Warum? War- Deutsche äh im Komsomol, ich, ich habe auch Technikum zu	
L:	L @2@	
R:	En-, ich habe auch beendigt. Im Tag gearbeitet, abends ich habe gelernt. (2) **Ich habe ge-, gearbeitet im Sonntag und Samstag.**	
L:		L Da @treffen zwei Welten aufeinander.@3@
J:	L Das is <u>ja,</u> das is, das is auch dasselbe. Also hier kann man auch (1) spalten, ne. Da sind auch Deutsche gespaltet gewesen, <u>eine Deutsche leben wie Deutsche, andere Deutsche leben wie Russen.</u> (1) <u>Die Deutsche, die leben wie Russen, die (1) haben sowieso mehr im Kopf wie die Russen und dann lebt man auch wie ein Russe, der hat es gut da.</u> (1) Ja, <u>sehr gut. Aber welche Deutsche lebt denn wirk- wie ein Deutscher, wie nach der Kirche, nach der Bibel oder so?</u> Die hattens <u>sehr schlimm da.</u>	

Jaschas Familie gehörte zu denjenigen Deutschen in Russland, die jegliche Anpassung verweigerten und eine klare Abgrenzung zu der Kultur der russischen Mitbürger vornahmen. Das vorrangige Ziel war es, trotz Repressionen die deutsche Zugehörigkeit zu wahren und die als deutsch empfundenen Kulturelemente zu pflegen und in klarer Abgrenzung zu anderen Kulturen zu erhalten. Die Bereitschaft zur Anpassung an die russische Gesellschaft wird von Jascha daher als Verrat des „wahren Deutschtums" verurteilt und als Russifizierung bewertet. Das Festhalten an und Bewahren von als deutsch empfundenen Kulturelementen stellt für Jascha ein zentrales Element bezüglich seiner Zugehörigkeit zur russlanddeutschen Gruppe dar, wohingegen die Bereitschaft zu Anpassungsleistungen und Modifikationen für ihn im Gegensatz zu Familie Mejder mit ihr unvereinbar ist. Dies wird für den Umgang mit dem veränderten Leben in der Bundesrepublik Deutschland von Bedeutung sein.

Während Jascha die verschiedenen Ansätze bezüglich der Frauenrolle und möglichen Anpassungsleistungen auf unterschiedliche ethnische Orientierungen zurückführt, begründen Rita und Lydia diese mit der Unterschiedlichkeit der Lebensbedingungen. In seinen Ausführungen setzt Jascha charakteristische Elemente und Strukturen eines dörflichen und religiösen Lebens mit russlanddeutschen Kulturelementen gleich, wohingegen Lydia und Rita die verschiedenen Lebensbedingungen innerhalb eines städtischen oder eines dörflichen und durch strenge Religionsausübung geprägten Milieus als solche anerkennen.

Selbstwahrnehmung als Russlanddeutsche in Deutschland

Durch die Konfrontation und Auseinandersetzung mit der bundesdeutschen Kultur tritt eine Verunsicherung und Veränderung bezüglich der ethnisch-kulturellen Selbstwahrnehmung bei allen Familienmitgliedern ein. Die subjektiv als deutsch empfundenen Kulturelemente stimmen mit den Elementen der bundesdeutschen Kultur weitgehend nicht überein, so dass zu der während des Lebens in Russland vorgenommenen Abgrenzung von der russischen Kultur nun eine solche gegenüber der einheimisch deutschen von den Familienmitgliedern vorgenommen wird. Ob und vor allem wie der dabei entstehende Status des „Zwischen-zwei-Kulturen-Stehens" ausgestaltet und an die dritte Generation tradiert wird und ob eine integrative Bereitschaft im kulturellen Bereich besteht, unterscheidet sich bei den einzelnen Personen stark.

In Abgrenzung zur einheimisch deutschen Kultur werden von den Familienmitgliedern übereinstimmend typisch russlanddeutsche Kulturelemente formuliert. So wird Russlanddeutschen generell eine höhere Leistungsfähigkeit zugeschrieben, wobei dies bei Männern die Fähigkeit, praktische Tätigkeiten zu vollziehen, und bei Frauen eine gute Haushaltsführung und gute Kochkünste beinhaltet. Bezüglich der Ausgestaltung einer geschlechtsspezifischen Rollenverteilung beschreiben die Familienmitglieder vor allem die Rolle der Frau im Gegensatz zur bundesdeutschen Lebensart als traditioneller. Besonders positiv betont wird die Ausgestaltung zwischenmenschlicher Beziehungen, die von Nähe, Verbindlichkeit und gegenseitigem Vertrauen gekennzeichnet sind. In diesem Zusammenhang wird ebenso der starke familiäre Zusammenhalt bei Russlanddeutschen und eine frühe Selbständigkeit, Heirat und Familiengründung im Gegensatz zu langen Ausbildungszeiten beschrieben. Die als russlanddeutsch empfundenen Werte, die genannt werden, beinhalten hauptsächlich Sekundärtugenden wie Sparsamkeit, Respekt vor Älteren, Hilfsbereitschaft, Bescheidenheit und Einfachheit, wobei ebenso die Wichtigkeit von Statussymbolen betont wird. Auch ein ausgeprägtes gastfreundliches Verhalten und der Wert eines selbst gebauten Eigenheimes werden ausgeführt. Das Verhalten von Russlanddeutschen beschreiben die Familienmitglieder ebenso als laut und impulsiv wie als mutig und abenteuerlustig.

In der Artikulation ihrer ethnisch-kulturellen Zugehörigkeit fällt eine Verunsicherung auf. Ausschließlich der Vater Jascha definiert sich explizit als russlanddeutsch, während die anderen Familienmitglieder diesen Tatbestand mit anderen Begriffen zu umschreiben versuchen. Die Großmutter Rita, die aufgrund ihres aktiven und von der Partizipation an der bundesdeutschen Gesellschaft gekennzeichneten Lebensstils von den anderen Familienmitgliedern als einheimisch bezeichnet wird, beschreibt sich selbst als „gemischt, mittel," wie sich auch Lydia als eine „feine Mischung" wahrnimmt. Von ihr wird eine Hinwendung zur bundesdeutschen Kultur betont, indem sie angibt, sich in einem Prozess der ethnischen Orientierung zu befinden, in dem sie sich zur Zeit mehr auf der bundesdeutschen Seite sieht. Ihrem Ehemann Mischa hingegen fällt es schwer, den Zwischenstatus im ethnischen Bereich anzuerkennen. Er beschreibt sich wie auch während seines Lebens in Russland als Deutscher, fügt dann jedoch in Abgrenzung zur einheimisch deutschen Kultur hinzu, dass er „russendeutsch" ist. Auch die bereits in Deutschland geborene Kindergeneration der Familie, Daniel und Andi, nehmen sich selbst nicht als Einheimische wahr, sondern betonen in Abgrenzung zu ihren einheimisch deutschen Freunden, dass sie „ein bisschen anders" sind.

So präzise, wie Jascha seine ethnisch-kulturelle Zugehörigkeit definiert, hat er diese für sich auch inhaltlich ausgestaltet. Klar grenzt er sich von einheimischen Deutschen und deren Kultur ab. Innerhalb der Familie ist er derjenige, der die von ihm wahrgenommenen bundesdeutschen Kulturelemente am stärksten kritisiert und im Gegensatz dazu das Leben in Russland lobt. Wie seine Familie in Russland Wert auf die Bewahrung ihrer deutschen Wurzeln und Kultur gelegt hat, ist es Jascha auch heute wichtig, diese Kultur zu bewahren, die er nun als russlanddeutsch bezeichnet. Zu Anpassungsleistungen und eventuellen Modifikationen ist Jascha demnach nicht bereit, auch wenn sein Verhalten bei seiner bundesdeutsch geprägten Umgebung Unverständnis hervorruft und teilweise zu Konflikten führt.

Hierbei begründet die in Russland erprobte Strategie des Festhaltens an den als deutsch wahrgenommenen Kulturelementen Jaschas aktuelle Verweigerung von Anpassungsleistungen an die bundesdeutsche Kultur. Dies gibt Anlass zu der Annahme, dass diejenigen Deutschen in Russland, die aufgrund ihrer deutschen Herkunft eine starke kulturelle Segregation vorgenommen und großen Wert auf die Bewahrung der als deutsch empfundenen Kulturelemente gelegt haben, sich nun in ihrem Leben in der Bundesrepublik ebenso bewusst von der bundesdeutschen Kultur abgrenzen und bezüglich einer kulturellen und identifikatorischen Integration größere Schwierigkeiten aufweisen als die Deutschen, die die Pflege ihres Kulturguts nicht derart konsequent betrieben haben.

Auch innerhalb der Familie stellt Jaschas striktes Festhalten an russlanddeutschen Kulturelementen und seine enge Verbindung zur russlanddeutschen Gruppe Konfliktpotenzial dar, wodurch besonders seine Beziehung zu seiner Ehefrau Lydia in Mitleidenschaft gezogen wird. Hierbei bildet Jaschas Drogenkonsum den größten Streitpunkt. Diesen führt Lydia auf Jaschas Verwurzelung in der Gruppe der Russlanddeutschen zurück, Jascha selbst jedoch bewertet das Rauchen von Haschisch aufgrund der gleichgültig machenden Wirkung als Konfliktlösungsstrategie. Trotz der auftretenden Konflikte kann sich Jascha bezüglich seiner ethnischen

Selbstwahrnehmung subjektiv zufriedenstellend als Russlanddeutscher verorten. So betont er seinen Stolz auf seine Zugehörigkeit und beschreibt die während seines Lebens in Russland gemachten Erfahrungen als Bereicherung.

(Gruppendiskussion, Z. 1517-1520)
J: (...) Ich bin zum Beispiel stolz, auch wenn sie zu mir Russe sagen, ich bin immer noch stolz darauf, dass ich in Russland aufgewachsen bin. Dafür kann ich äh viel mehr als jeder Deutsche zum Beispiel. Da lernst du was. (1)

Daher ist es Jaschas ausgesprochenes Ziel, diese ethnisch-kulturelle Selbstdefinition und die von ihm als russlanddeutsch beschrieben Elemente, die er auch konkret benennen kann, an seine Söhne zu tradieren. Hierbei ist ihm unter anderem der Wert des praktischen Geschicks und der handwerklichen Fähigkeiten wichtig. Seiner eigenen religiösen Erziehung zufolge legt er ebenso Wert darauf, seine Kinder dahingehend zu fördern, gut und böse unterscheiden zu können, und gibt die Bibel als moralische Instanz an. Bei der familiären Erziehungspraxis nimmt Jascha vorrangig den Bereich der Freizeitgestaltung ein, indem er mit seinen Söhnen zahlreiche abenteuerlustige und teilweise auch risikoreiche Aktivitäten unternimmt, was diese als typisch russlanddeutsch werten und ihre Einschätzung der russlanddeutschen Kultur prägt.

Negativ bewertet Jascha aber die Außenwahrnehmung der Russlanddeutschen und betont, dass diese nicht mit seiner Selbstdefinition übereinstimmt. Während er in Russland als Deutscher galt, wird er in Deutschland nun als Russe bezeichnet.

(Gruppendiskussion, Z. 1468-1472)
J: (...) Ich fühl mich als Russlandsdeutscher. Ich war da drüber ein Deutscher, hier bin ich ein Russe geworden.
M: ⌊ Ja, das haben sie Faschisten gesagt und hier sagen sie Russen.
J: Das bleibt schätz ich mal sogar noch für meine Kinder.

Es verärgert ihn, dass die von ihm als falsch beurteilte Außenwahrnehmung der ethnischen Zugehörigkeit auch auf seine Kinder übertragen wird, die wie er als Russen bezeichnet werden. Jascha befürchtet an dieser Stelle eine Tradierung der Zuweisung einer mit der Selbstdefinition nicht übereinstimmenden ethnischen Zugehörigkeit durch die Außenwelt.

Ganz im Gegensatz zu Jaschas Position bewertet die Großmutter Rita das Leben in Deutschland und die bundesdeutsche Kultur ausschließlich positiv. Sie bildet damit innerhalb der Familie einen Gegenpol zu Jaschas Rückbesinnung auf das Leben in Russland, welches sie heftig kritisiert. Zwar beschreibt sich Rita – wenn auch nicht explizit – wie Jascha als Russlanddeutsche, gestaltet diese Zugehörigkeit für sich jedoch anders aus. Grundsätzlich ist Rita offen für die bundesdeutsche Lebensart und Kultur, hat sich an die Rahmenbedingungen des Lebens in Deutschland angepasst und nutzt aktiv die sich ihr bietenden neuen Möglichkeiten. Sie lobt die materiellen Gegebenheiten, die ihr im Gegensatz zu Russland das Leben erleichtern. Besonders die Rolle als Frau sagt ihr in Deutschland eher zu, da sie eine größere Freiheit verspürt, diese individuell für sich auszugestalten. Ausdrücklich beschreibt Rita eine Werteverschiebung dahingehend, dass statt der innerhalb der russlanddeutschen Kultur wichtigen, möglichst perfekten Ausstattung und Außendarstellung des Besitzes für sie nun regelmäßig verbrachte Urlaubszeiten an Bedeutung gewonnen haben.

Wie Jascha hat seine Schwiegermutter Rita für sich eine subjektiv zufriedenstellende inhaltliche Ausgestaltung ihrer russlanddeutschen Zugehörigkeit gefunden, auch wenn sich diese von Jaschas unterscheidet. Im Umgang mit der bundesdeutschen Kultur greift auch Rita auf ihre in Russland erprobte Handlungsstrategie zurück, die eine grundsätzliche Bereitschaft zu notwendigen Anpassungsleistungen und Modifikationen einschließt. Sie war in Russland diejenige, die die Ausreisepläne der Familie vorantrieb und den Kindern Handlungsanweisungen für das neue Leben in Deutschland gab. So forderte sie ihre Töchter auf dem Weg nach Deutschland zu einer generellen Anpassungsbereitschaft als Vorraussetzung für jegliche Integration auf.

(Gruppendiskussion, Z. 1863-1867)
R: Aber wann wir sind nach Deutschland gekommen Flugzeug, ich habe Kinder gesagt, Kinder hier mir mussen leben, mir mussen anpassen mit die-, zu diesem Leben. Wir haben so lang gewartet auf diese Leben. (2) Hier wir mussen sterben, ihre Kinder mussen hier leben, so ich habe meinen Kindern gesagt.

Eine vermittelnde Position zwischen den entgegengesetzten Polen, die von Rita und Jascha gebildet werden, nimmt innerhalb der Gesamtfamilie die Mutter Lydia ein. Zwar teilt sie inhaltlich in den meisten Punkten Ritas Meinung, versucht jedoch auch Jaschas Positionen zu verstehen und ihm die bundesdeutsche Lebensart zu erklären und näher zu bringen. In der Kernfamilie jedoch kommt es zwischen Jascha und Lydia aufgrund ihrer unterschiedlichen Ansätze gehäuft zu ernsten Konflikten. Im Gegensatz zu Jascha fühlt Lydia sich zu einheimisch Deutschen hingezogen und versucht, eine Distanz zur russlanddeutschen Kultur zu gewinnen, da sie in dieser und der daraus resultierenden Lebensweise oftmals die Ursache ihrer Probleme sieht. So beschreibt sie als eine mögliche Ursache ihrer Eheprobleme den vorgeformten russlanddeutschen Biographieverlauf einer viel zu frühen Heirat und Familiengründung und sieht den Grund der Drogenproblematik von Jascha in seiner Zugehörigkeit zur russlanddeutschen Gruppe. Trotzdem umschreibt Lydia sich selbst als russlanddeutsch, wenn auch mit einer angestrebten Hinwendung zur bundesdeutschen Kultur.

Wie ihrer Mutter fällt es Lydia leicht, Anpassungsleistungen an die bundesdeutsche Kultur vorzunehmen, da die innerhalb der Familie in Russland erprobte und von Rita an sie tradierte Handlungsstrategie im Umgang mit anderen Kulturen solche beinhaltet. Explizit beschreibt Lydia die Modifikation russlanddeutscher Werte, wie die des Wertes der Gastfreundschaft, um eine Vereinbarkeit mit in Deutschland bestehenden Strukturen zu schaffen. Auffallend ist, dass Lydia über den Status der Russlanddeutschen allgemein ein diffuses Bild hat. Zum einen ist sie wie ihr Ehemann Jascha verärgert darüber, dass Russlanddeutsche meist nicht als Deutsche wahrgenommen werden, zum anderen beschreibt sie sich selbst als „nicht richtig deutsch". In Lydias Wahrnehmung sind Russlanddeutsche weder „richtige Russen" noch „richtige Deutsche". Im Gegensatz zu Jascha und ihrer Mutter Rita bleibt bei Lydia eine positive Ausgestaltung des Selbstbildes als Russlanddeutsche aus, wodurch ein generelles Gefühl der Ablehnung entsteht. Aus dieser allgemeinen Verunsicherung resultiert bei Lydia eine ständig präsente Angst vor Stigmatisierung durch Außenstehende aufgrund ihrer Zugehörigkeit zur Gruppe der Russlanddeutschen. Diese Angst führt Lydia zu dem Bedürfnis, ein möglichst perfektes Bild ihrer Familie und ihres Besitzes nach außen zu präsentieren.

(Interview Mutter, Z. 837-844)
L: Und (2), es is ja noch so geblieben so bisschen drin, ne, ich sag, vielleicht die Leute gucken uns doch mit anderen Augen an, ne, weil wir ja doch aus Russland kommen, ne, und ich meine, wenn mein Garten nicht aufgeräumt ist, dann würde es vielleicht sofort wieder heißen, vielleicht kommt auch dieser falscher Perfektionismus bei mir, ne, es muss alles immer top sein, ne. Weil die Leute, wenn bei den anderen der Garten nicht fertig, ja guck mal, hier wohnen Russlandsdeutsche, hier ist es schmutzig, ne. Das darf bei mir nicht passieren.

Lydias dringender Wunsch besteht darin, nun endlich einen Schlussstrich der Tradierung einer negativen ethnisch-kulturellen Selbstdefinition innerhalb der Generationenfolge zu ziehen.

(Interview Mutter), Z. 359-362)
L: Aber ich möchte auch irgendwo einen Schlussstrich schaffen, das zieht sich über so viele Generationen hin, ne, dass man nirgends wo hingehört, nicht da, nicht da, nicht da (...).

Aufgrund dessen ist ihr im Gegensatz zu Jascha eine Erziehung der eigenen Söhne zu „richtigen Deutschen" besonders wichtig. Bei ihrer erzieherischen Praxis und der angestrebten Tradierung bestimmter Werte zeigt sich jedoch Lydias generelle

Verunsicherung. So formuliert sie den Wunsch, den Kindern Elemente der bundesdeutschen Kultur weiterzugeben, kann solche aber kaum benennen. Den Wert eines schulischen und beruflichen Ehrgeizes bezeichnet Lydia als bundesdeutsch und möchte ihre Söhne in ihrer schulischen Laufbahn unterstützen und sie dahingehend fördern. Gleichzeitig beschreibt sie explizit ihr Ziel, ihre Kinder zu ehrlichen, einfachen und vernünftigen Menschen zu erziehen. Dies beinhaltet, dass Lydia eine berufliche Karriere für ihre Söhne nicht als wichtig erachtet, sondern die Ergreifung eines einfachen Arbeiterberufes ebenso ihre Zustimmung finden wird. Der Widerspruch hierbei scheint ihr nicht bewusst zu sein.

So versucht Lydia zur Zeit eine Art Spagat zwischen dem Leben in einer russlanddeutschen Familie und der von ihr angestrebten Annäherung an einheimisch Deutsche zu machen. Da dabei jedoch zahlreiche Konflikte entstehen, beschreibt Lydia die Situation als unzufriedenstellend. Sie hat im Umfeld ihrer Familie für sich demnach bisher keine ethnisch-kulturelle Verortung ausgemacht, mit der sie erfolgreich leben kann.

Ganz im Gegensatz zu seiner Frau Rita und seiner Tochter Lydia nimmt der Großvater Mischa für seine ethnische Zugehörigkeit keinerlei Orientierung an der bundesdeutschen Kultur vor. Ähnlich wie auch Jascha kritisiert er diese und zieht als Gegenhorizont immer wieder Erzählungen über das Leben in Russland heran. Allerdings richtet er seinen Blick dabei verstärkt auf das vergangene Leben der deutschen Minderheit in Russland. So nimmt Mischa innerhalb der Familie die Position desjenigen ein, der die gemeinsame Familienerinnerung über das Schicksal seines aufgrund der deutschen Zugehörigkeit deportierten und inhaftierten Vaters erzählt, die für die Familienmitglieder ein identitätsstiftendes Element bezüglich der ethnisch-kulturellen Zugehörigkeit darzustellen scheint. Mischas Vater gehörte zu denjenigen Deutschen, die in der Ukraine lebten und während des Zweiten Weltkrieges unter deutsche Herrschaft geraten waren. So wurde Mischas Vater als Fünfundzwanzigjähriger als Soldat in der deutschen Armee eingesetzt, nach dem Ende des Krieges aber in die Sowjetunion zurückgebracht und dort zu einer langen Haftstrafe verurteilt.[343]

(Gruppendiskussion, Z. 798-812)
M: Er hat fünfundzwanzig Jahre war er (1) bei Deutsche. (2) Bei deutsche Armee hat er gedient. Mein Vater. (1) Dann ist er zurückgekommen, sagt ich hab zwei Kinder und meine Frau (1) der hätt ja könne <u>hier</u> bleiben. So sind ja viele hier geblieben.
J: Na klar, steht ja Frau und macht (?)

---

343 Siehe zu den historischen Hintergründen auch die Ausführungen zur Geschichte der Russlanddeutschen in Kapitel 2.1 dieser Arbeit.

M: Ja. Und der nein, ich fahr zurück auf Russland, ich hab zwei Kinder und ne Frau, ich bleib hier nich. Ja, ist er grad nach (?) gekommen, da hat dann schon die (?) gestanden. (2) Haben sie ihn gleich raus, fünfundzwanzig Jahre. Das war (?) Zwölf Jahre ist er abgesessen (2) im Wald in (?) is auch Sibirien, da sind ja alle in die Gefängnisse die deutsche Soldate, alles, was (?) Und dann ist er zurückgekommen, bin ich nur, ich hab ihn ja nich gekannt. Ich nich

D: L Ich bin auch satt.

M: und mein Bruder. Die haben keinen kennt, die sind durch gegangen. Ja, auf einmal ist dann so ein schwarzer Mann gekommen (1) Mir kennen ihn gar nich (2) dann sagt die Mutter, das is euer Vater.

In Abgrenzung zur einheimisch deutschen Kultur beschreibt sich Mischa zwar als „russendeutsch", verharrt letztendlich aber innerhalb seines bisherigen Zugehörigkeitsgefühls zur deutschen Minderheit in Russland und nimmt im Gegensatz zu Rita und Lydia keinerlei Veränderung bei dessen Ausgestaltung vor. So artikuliert er für sich einen russlanddeutschen Status, kann dieser neuen Begrifflichkeit jedoch keine neuen Inhalte geben. Auch Jascha fühlt sich weiterhin der Kultur der deutschen Minderheit aus Russland zugehörig, bezeichnet diese in Konfrontation mit der einheimisch deutschen Kultur aber bewusst als russlanddeutsch und wertet die während seines Lebens in Russland gemachten Erfahrungen ausdrücklich als Bereicherung. So beurteilt er den Aspekt des vergangenen Lebens in Russland positiv und bezieht diesen in sein Selbstbild mit ein. Mischa hingegen definierte sich in Russland als deutsch, was die Erwartung und Ausrichtung einschloss, ein Leben in der eigentlichen Heimat Deutschland führen zu können. Ein Leben in Russland entsprach diesem Selbstbild nicht.

Da Mischa sich nach der Einreise nach Deutschland nicht mehr undifferenziert als Deutscher bezeichnen kann und er weder eine Annäherung an die bundesdeutsche Kultur vornimmt noch das vergangene Leben in Russland positiv und als Bereicherung in sein Selbstbild aufnimmt, bleibt eine mit neuen Inhalten gefüllte, positive ethnisch-kulturelle Selbstdefinition aus. Mischa verharrt demnach in dem Zustand, sich zwar weiterhin undifferenziert als Deutscher zu verstehen und zu fühlen, in Konfrontation mit der bundesdeutschen Kultur aber zu erkennen, dass er „nicht richtig deutsch" ist.

Obwohl Anpassungsleistungen und Modifikationen in der Familie Mejder üblich sind, vollzieht Mischa keine. Da Anpassungen vornehmlich von den Frauen vollzogen werden, verdeutlicht sich hier eine geschlechtsspezifische Differenz. So war es bereits während des Lebens in Russland weniger Mischa als vielmehr seine Ehefrau Rita, die bewusste Anpassungsleistungen vornahm. Auch bezüglich seines Handelns in Konfrontation mit der einheimisch deutschen Kultur stellt Mischa eine

Ausnahme innerhalb der Familie Mejder dar. Der Aspekt einer Segregation im Privatbereich wird von Mischa auch nach der Einreise nach Deutschland aufrecht erhalten und macht den Wunsch nach einer die Zeit in Russland überdauernden Tradierung eines spezifischen Zugehörigkeitsgefühls zur (russland)deutschen Gruppe deutlich. Ebenso wie eine Heirat seiner Töchter mit russischen Partnern hätte Mischa auch eine Eheschließung mit einheimisch Deutschen nicht gutgeheißen. Auch bezüglich der Gruppe der russlanddeutschen Aussiedler grenzt sich Mischa deutlich von denjenigen ab, die keinerlei Kenntnisse der deutschen Sprache mehr haben oder in gemischten Ehen leben.

Bezüglich ihrer ethnisch-kulturellen Selbstwahrnehmung und der Ausgestaltung einer von ihnen als russlanddeutsch empfundenen Kultur sind die Kinder Daniel und Andi sehr von ihrem Vater Jascha geprägt. So formulieren sie wiederholt den Wunsch, die russische Sprache zu erlernen, obwohl sowohl Lydia als auch deren Eltern dies als überflüssig empfinden. Lydia betont ihren Söhnen gegenüber vielmehr die Wichtigkeit, eine Orientierung an der deutschen Sprache vorzunehmen. Lediglich Jascha bewertet den Wunsch der Kinder positiv, unterstützt dies doch sein Ziel, seinen Söhnen eine Zugehörigkeit zur russlanddeutschen Gruppe zu tradieren.

Generell sehen sich Andi und Daniel bezüglich der eigenen Zugehörigkeit den konträren Ansätzen ihrer Eltern gegenüber. Während Jascha die Zugehörigkeit zur russlanddeutschen Gruppe konkret als Bereicherung benennt und dieses kulturelle Erbe demnach an seine Söhne vermitteln möchte, ist es Lydias ausgesprochenes Anliegen, die Tradierung des Russlanddeutschtums zu unterbrechen. Hierbei scheinen sich die Kinder an ihrem Vater zu orientieren. Auch sie grenzen sich von der einheimisch deutschen Kultur ab und gestalten die von ihnen als russlanddeutsch wahrgenommenen Kulturelemente mit konkreten, positiv besetzten Inhalten aus. Aufgrund dessen, was Jascha ihnen besonders durch die gemeinsam verbrachten Freizeitaktivitäten vermittelt, empfinden sie Russlanddeutsche allgemein und sich selbst im Spezifischen als risikobereiter, spontaner und mutiger als einheimisch Deutsche. Diese Abenteuerlust definieren sie als ein Element russlanddeutscher Kultur. Aufgrund des jungen Alters der Kinder kann dies allerdings nur als eine Tendenz gewertet werden.

(Gruppendiskussion, Z. 1708-1719)
J: (...) Ja, der Gedanke vielleicht oder (?) die gehen noch im Schnee baden, ne, die sind eben anders.
A: L Ja, genau
L: Spontaner oder risikobereit
J: Ja risikobereit
D: L Ja, genau

A: Wir haben, wir können mehr Action vertragen.
S: Cooler, ne?
@2@
A: Nein, das liegt mehr (1) an der Action. Wir mögen halt ein bisschen mehr
D: L Ja zum Beispiel
A: Action als ein normaler Deutscher.

Auch die Kinder als dritte in Deutschland lebende Generation beschreiben sich demnach als russlanddeutsch und gelangen zu einer positiven Selbstwahrnehmung im ethnischen Bereich. Die Ausgestaltung kulturspezifischer Elemente findet natürlicherweise lediglich im Rahmen ihrer kindlichen Wahrnehmung statt. Hierbei ziehen sie das Verhalten einheimischer Kinder als Gegenhorizont heran, um formulieren zu können, was sie unter russlanddeutschen Elementen verstehen.

Wie die ethnische Ausrichtung differieren die elterlichen Handlungsstrategien im Umgang mit anderen Kulturen. Lydia lebt ihren Kindern eine grundlegende Bereitschaft zu Modifikationen und Anpassungsleistungen vor, die sie in ihrem Leben erfolgreich umsetzt. Demgegenüber verweigert Jascha im Alltagsleben jegliche Anpassungen, ungeachtet der Irritationen, die dies bei seiner Umwelt hervorruft. In Anbetracht des Alters der Kinder lässt sich zu diesem Zeitpunkt noch keine endgültige Ausrichtung und Handlungsstrategie im Umgang mit anderen Kulturen festmachen. Auffallend ist jedoch ihre konfrontative Art, Streitigkeiten mit Gleichaltrigen zu lösen. Andi und Daniel betonen gleichermaßen, dass sie Konflikte lieber „mit Fäusten als mit Worten" lösen. Eine derart gewaltbereite Konfliktlösungsstrategie wirkt im Rahmen der bundesdeutschen Kultur befremdlich und lässt im übertragenen Sinn nicht auf eine grundsätzliche Kompromissbereitschaft schließen. So wird im Allgemeinen bereits heute eine Orientierung der Kinder an den Verhaltensmodi und Handlungsstrategien ihres Vaters Jascha deutlich.

6.1.5 Familie Hahn

Im Folgenden sind die Interpretationsergebnisse von Familie Hahn aufgeführt. Sie wird im Sample den Kategorien „russlanddeutsch/russisch", „mit Bildungszertifikaten" und „nicht religiös" zugeordnet.

6.1.5.1 Sozialdaten

Nelli Hahn ist 36 Jahre alt und wurde in einer sibirischen Großstadt geboren. Dort erlangte sie die Allgemeine Hochschulreife, studierte im Anschluss daran Mathematik und promovierte. Nach der Einreise nach Deutschland versuchte sie, in einem ihrer Ausbildung adäquaten Bereich zu arbeiten, was ihr, wenn auch nur in teilzeitigen oder zeitlich befristeten Stellen, bisher größtenteils gelungen ist. Ihr

Ehemann, Iwan Prochnik, ist russischer Abstammung und nahm vor der Ausreise in die Bundesrepublik den deutschen Familiennamen seiner Frau an. Iwan beendete in Russland ein Studium in Geisteswissenschaften, konnte sich in Deutschland jedoch nicht entsprechend seiner Ausbildung beruflich orientieren, was nicht zuletzt auf seine mangelnden Kenntnisse der deutschen Sprache zum Zeitpunkt der Einreise nach Deutschland zurückzuführen ist. Er machte einen LKW-Führerschein, um seine Chancen auf dem Arbeitsmarkt zu verbessern, und versucht zur Zeit, sich im handwerklichen Bereich beruflich zu etablieren. Auch Iwans Vater war LKW-Fahrer, seine Mutter Künstlerin. Gemeinsam mit Iwan lebten sie in Sibirien.

Auch Nelli wuchs in Sibirien auf. Ihre Mutter Selma ist Russin. Nellis Vater Viktor ist deutsch und lebte mit seiner Familie in der Autonomen deutschen Wolgarepublik. In seiner Herkunftsfamilie wurde die deutsche Sprache gesprochen und auch das als deutsch empfundene Kulturgut gepflegt. Dieses Leben wurde jäh unterbrochen, als Viktor und seine Familie während des Zweiten Weltkrieges nach Sibirien deportiert wurden, wo Viktor selbst einige Jahre in einer Sondersiedlung verbringen musste. Seine Eltern, die ebenfalls in der Wolgarepublik geboren wurden und dort aufwuchsen, hatten beide einen Abschluss in Ökonomie. Viktor studierte nach der Umsiedlung nach Sibirien Agrarwissenschaften und wurde Ingenieur für Landwirtschaft. Nach der Erlangung der Allgemeinen Hochschulreife nahm auch Selma ein Studium an einer technischen Fachhochschule auf und arbeitete später in einer leitenden Position im technischen Bereich. Heute sind beide Rentner. Neben Nelli haben Selma und Viktor noch eine weitere Tochter, die mit ihrer Familie ebenfalls in Deutschland lebt.

Einige Jahre nach der Heirat von Nelli und Iwan bekommen sie ihr bis heute einziges Kind, Ala. Seit 1999 befindet sich Familie Hahn in Deutschland. Die nun elfjährige Ala besucht ein Gymnasium, wo sie sich durch gute Leistungen auszeichnet. Die Familie lebt in einer kleinen Mietswohnung in einem Mehrfamilienhaus."[344]

6.1.5.2 Familienportrait

Familie Hahn weist die Besonderheit auf, dass innerhalb der Familie mehrere Kulturen aufeinander treffen. Viktor ist in der Familie derjenige, der zu der Minderheit der Deutschen in Russland gehörte und zumindest während seiner Kindheit innerhalb der als deutsch empfundenen Kultur aufwuchs und durch diese geprägt wurde,

---

[344] In den im Familienportrait der Familie Hahn angeführten Interviewpassagen werden die einzelnen Personen wie folgt abgekürzt: Vater Iwan Hahn (I), Mutter Nelli Hahn (N), Tochter Ala Hahn (A), Großvater mütterlicherseits Viktor Hahn (V), Großmutter mütterlicherseits Selma Hahn (Se) und Interviewerin Svetlana Kiel (S).

auch wenn er sich nach der Deportation weitgehend der sowjetischen Kultur anpasste. Seine Frau Selma ist Russin und Nelli als ihre gemeinsame Tochter folglich der Abstammung nach sowohl russlanddeutsch als auch russisch. Auch Nelli wählte mit Iwan einen russischen Ehepartner, so dass neben der Großeltern- nun auch die Elterngeneration aus einer gemischten Ehe besteht. Familie Hahn trifft nicht nur durch die sie umgebende Gesellschaft auf kulturelle Unterschiede, sondern muss sich mit solchen innerhalb der Familie auseinandersetzen und Handlungsstrategien für den Umgang damit entwickeln.

Bezüglich ihrer kulturellen Selbstwahrnehmung im ethnischen Bereich zeichnen die Familienmitglieder trotz des Aufeinandertreffens verschiedener Kulturen ein relativ einheitliches Bild. Obwohl aufgrund der unterschiedlichen Prägung auch die inhaltliche Ausgestaltung der ethnisch-kulturellen Identität in einigen Bereichen differiert, nimmt die Familie eine gemeinsame Verortung vor. Bei näherer Betrachtung wird allerdings deutlich, dass Viktor innerhalb der Familie in Bezug auf die Definition seiner ethnischen Zugehörigkeit eine Sonderrolle einnimmt.

Die familiale Gesprächskultur ist gekennzeichnet von einer großen Selbstläufigkeit. Die Familienmitglieder beteiligen sich gleichermaßen an der Erörterung bestimmter Sachverhalte, wobei allgemein ein hohes Maß an Selbstreflexion deutlich wird. Es ist anzunehmen, dass sich die Familie mit der Thematik der ethnisch-kulturellen Identität bereits zuvor auseinandergesetzt hat, da Standpunkte und Definitionen präzise und differenziert dargestellt werden können. Eine auffallend hohe metaphorische Dichte weist die Passage auf, in der indirekt der kulturelle Sonderstatus von Viktor thematisiert und erörtert wird, so dass diese Passage als Fokussierungsmetapher eingeordnet wird.

Bei ihren Ausführungen nimmt Familie Hahn auch eine inhaltliche Ausgestaltung spezifischer Kulturelemente vor. Hierbei werden vorrangig als typisch empfundene Elemente der russischen Kultur beschrieben und als Gegenhorizonte die bundesdeutsche Kultur und die Kultur der deutschen Minderheit in Russland hinzugezogen. An dieser Stelle fällt jedoch eine Unsicherheit in der Bestimmung der Begrifflichkeiten auf, da bezüglich des Lebens in Russland sowohl von russischer als auch von sowjetischer Kultur und in Abgrenzung zur bundesdeutschen ebenso von russischer als auch von russlanddeutscher Kultur gesprochen wird.

Familie Hahn zufolge beinhaltet die Kultur der Deutschen in Russland vornehmlich Sekundärtugenden. Im Gegensatz zu der sie umgebenden russischen Gesellschaft legten Deutsche Wert auf Sauberkeit, ein gepflegtes Erscheinungsbild ihres Besitzes und ihrer Person und auf Religiosität. Sie zeichneten sich aus durch Fleiß, die Fähigkeit, hart zu arbeiten, den Drang nach Perfektionismus und eine gewisse Härte oder Sturheit. Demgegenüber stellt Emotionalität und die Betonung des Gefühls ein Element der russischen Kultur dar. Vom äußeren Erscheinungsbild her werden deutsche Frauen als auffallend schön beschrieben, deutschen Männern wird zugute gehalten, keinen Alkohol konsumiert zu haben. An dieser Stelle sieht Familie Hahn eine Veränderung dahingehend, dass russlanddeutsche Männer in Deutschland nun oftmals durch einen hohen Alkoholkonsum auffallen.

Typische Elemente der bundesdeutschen und der russischen oder russlanddeutschen Kultur definiert Familie Hahn, indem sie Abgrenzungen anhand von wahrgenommenen Unterschieden bezüglich der beiden Kulturbereiche vornimmt. So wird innerhalb der bundesdeutschen Kultur eine weniger starke Bindung einzelner Familienmitglieder zueinander wahrgenommen, was innerfamiliäre Hilfeleistungen aber nicht auszuschließen scheint. Im Gegensatz dazu beinhaltet die russische oder russlanddeutsche Kultur einen weit stärkeren Familienzusammenhalt, der sich durch enge Beziehungen unter den Familienmitgliedern auszeichnet.

Als einen weiteren Bereich unterschiedlicher Kulturelemente werden Essens- und Bewirtungstraditionen beschrieben. So ist es in der russlanddeutschen oder russischen Kultur üblich, Gäste auch ohne vorherige Anmeldung aufzunehmen und großzügig zu bewirten, was neben einem üppigen Essen auch das Anbieten von Alkohol beinhaltet. Demgegenüber besteht in Deutschland die Tradition, Gäste vorrangig zu dem Verzehr von Kaffee und Kuchen einzuladen, und auf nicht angemeldete Besucher scheint kaum jemand eingestellt zu sein. Ebenso unterscheidet sich die Festkultur. Während Russen oder Russlanddeutsche große Feste mit zahlreichen Gästen veranstalten, die sich durch eine ausgelassene und laute Stimmung auszeichnen, feiern Bundesdeutsche in kleinerem Rahmen und bieten statt Tanz Gespräche und Unterhaltungen an. Einen weiteren Unterschied sieht Familie Hahn in der Werteordnung. Als russischer oder russlanddeutscher Wert wird die Wichtigkeit von Statussymbolen beschrieben, die bei der Einteilung des zur Verfügung stehenden Kapitals Priorität haben. Hierzu gehören teure Autos, Markenkleidung oder das Bauen eines Eigenheims. Bundesdeutsche legen im Gegensatz dazu Wert auf Erholungsurlaub und Bildungsreisen, wofür sie auch ihr Geld einsetzen.

Gänzlich unterscheidet sich die russlanddeutsche oder russische Kultur von der bundesdeutschen in ihrer Definition der Beziehung des Individuums zur Gesellschaft. So empfinden sich Familie Hahn zufolge Russen oder Russlanddeutsche immer zuerst als ein Teil der Gesellschaft und erst zweitrangig als Individuum. Bundesdeutsche hingegen definieren sich primär als Einzelne. Hierin sieht Familie Hahn als einen großen Nachteil die daraus resultierende Unfähigkeit russischer oder russlanddeutscher Menschen, sich selbst zu präsentieren und darzustellen, und das im Vergleich zu Bundesdeutschen geringere Selbstbewusstsein des Einzelnen.

„Sowjetische Leute" in Russland

Während ihres Lebens in Russland definierten sich sowohl die Großeltern- als auch die Elterngeneration weitgehend als Sowjetbürger. Lediglich Viktor gehörte in seiner Kindheit der Minderheit der Deutschen in Russland an und wurde während dieser Zeit mit der deutschen Sprache und der als deutsch empfundenen Kultur konfrontiert, bis er aufgrund dieser deutschen Zugehörigkeit nach Sibirien deportiert wurde. Da er infolge der Umsiedlung weitestgehend auf sich allein gestellt leben musste und kaum Kontakt zu seinen deutschen Verwandten pflegen konnte, passte er sich zunehmend der sowjetischen Gesellschaft an, auch wenn sich die Integration in die ihn umgebende russische Kultur für ihn zu Beginn nicht leicht gestaltet hat.

(Interview Großeltern, Z. 223-230)
V: Ja, das war sehr schwer, aber wir müssen integrieren. Integrieren ham mir uns, mussten, äh die konnten noch nich russisch sprechen. Alle Deutsche, die wo kamen, die ham immer gewohnt so in Kolonien. In Ukraine war das, ich weiß die Geschichte, nu aber in Deutsch- in Republik dort an der Wolga auch. Hier deutsche war Schule, dann war verboten, grad vor dem Krieg. Hatten sie alles zugemacht, nur auf russisch alles. Und dann verschleppt nach Russland, und das war die Schwierigkeit, die Leute kamen hin, konnten äh nichts sprechen, nichts fragen.

Mit der Wahl einer russischen Ehefrau machte Viktor deutlich, dass ihm eine endogame Eheschließung nicht wichtig war. Nach außen präsentierte sich Viktor als engagierter Sowjetbürger und versteckte seine Zugehörigkeit zur deutschen Minderheit.

(Interview Großeltern, Z. 238-240)
V: **Ah bei mir die letzt Zeit,** ich hab doch zu lernen angefangen. Wer weiß, dass ich Russe oder Deutsche bin. Ich hab russisch schnell gelernt, ich war klein und kein wusst nit.

Da Viktor im Umgang mit der russischen Kultur und Gesellschaft als Handlungsstrategie eine intensive Anpassung an diese wählte, legte er auch in seiner eigenen Familie kaum Wert auf die Pflege des als deutsch empfundenen Kulturgutes. Einzig seine Mutter versuchte, Nelli, die während ihrer Kindheit kurzzeitig bei ihr wohnte, die deutsche Sprache und Kultur näher zu bringen. Im Allgemeinen war aber die Thematik der ethnisch-kulturellen Zugehörigkeit der Eltern oder der Ausgestaltung verschiedener Kulturelemente bei Familie Hahn nicht relevant.

(Interview Großeltern, Z. 397-401)
Se: Unsere Anna können nicht, dass es, mein Vater ist Deutscher <u>nein. Das ist kennen nicht. Für uns egal war.</u> (2) Für <u>uns, für mich,</u> für für für (?) russisch oder deutsch <u>egal. Wir waren sowjetische Leute.</u>
V: War schon alles gemischt.
Se: Für unsere Kinder egal war.

Als den verschiedenen Herkunftskulturen übergeordnete Einheit wurde von den Familienmitgliedern die sowjetische Kultur empfunden, der sie sich zugehörig fühlten. Dieses Zugehörigkeitsgefühl wurde durch großes Engagement in der Kommunistischen Partei unterstrichen. Sowohl Viktor als auch Selma waren Parteimitglieder, Nelli war aufgrund ihres Alters Mitglied im Komsomol. Wie genau eine sowjetische Kultur Familie Hahn zufolge inhaltlich auszugestalten ist, versucht Nelli zu beschreiben.

(Interview Eltern, Z. 1015-1019)
N: Ich bin ein sowjetischer Mensch (2) und äh ja, ich würde <u>nie verteidigen,</u> ja russische oder deutsche Traditionen, ich würde sagen dann, dass <u>ich bringe mit</u> zwei Kulturen. Diese sowjetische Kultur, die besteht <u>für mich</u> aus mehreren Traditionen, teilweise aus russischen und deutschen Traditionen.

Nelli beschreibt für sich eine Prägung sowohl durch deutsche als auch durch russische Kulturelemente, die sie subsummiert unter einer sowjetischen Kultur, quasi als einer Art „Sammelkultur". Zwar formuliert sie für sich persönlich eine Prägung durch Werte sowohl der Kultur der deutschen Minderheit in Russland wie Sauberkeit, Perfektionismus und Willensstärke als auch der russischen Kultur wie Emotionalität und Gastfreundschaft, doch macht sie deutlich, dass die deutsche Herkunftskultur ihres Vaters innerhalb der Familie schwächer zum Vorschein kommt.

(Gruppendiskussion, Z. 379-391)
N: Ich denke, dass wir doch äh wir keine richtige Deutsch. Wir sind einfach sowjetische Leute. (2) Deswegen
Se: L Ja
N: <u>unserer Stolz,</u> außer mein Vater als er klein war und als er junger Mann war <u>und danach sein Stolz</u> als Mensch, als Person wurde <u>nie betroffen, (2)</u> weil er Deutscher war. So stark wie äh wahrscheinlich bei andere Leute, ich weiß nicht. Oder es liegt daran, dass er eine russische Frau heiratete und keine Zusammenleben in deutscher Gemeinschaft. Wir lebten einfach unter anderen Leuten und hatten keine äh praktisch so diese rote Linie gestrichen, Deutsche, Russen, wir sind normale, einfach @sowjetische Leute@.

Se: ⌊ Wahrscheinlich unsere Familie, das ist nicht so große Tragödie, nicht so traurig, ja, aber wahrscheinlich andere Familien.

Der für viele Russlanddeutsche identitätsstiftende Faktor der Rolle des Opfers ist Nelli und Selma zufolge in ihrer eigenen Familie nicht stark genug ausgeprägt, so dass bei ihnen nicht von „richtigem Deutschtum" gesprochen werden kann. Auch Nelli erlebte, dass ihr deutscher Familienname ihr weit mehr Vor- als Nachteile einbrachte, besonders in beruflicher Hinsicht. Da die Familie aber aufgrund der Herkunft von Viktor ebenfalls nicht ausschließlich als russisch bezeichnet werden konnte, wählte Familie Hahn mit der Zuwendung zur sowjetischen Kultur eine übergeordnete Ebene, die die verschiedenen Kulturelemente vereinte.

Auch ihre eigene Familie, die Nelli mit Iwan gründete, bezeichnet sie als sowjetisch. Die Pflege deutschen Kulturgutes oder der deutschen Sprache fand auch hier keine Bedeutung. Da sowohl Nelli als auch Iwan eine akademische Ausbildung absolvierten und sich als Intellektuelle definierten, legten sie innerhalb ihres sozialen Umfeldes mehr Wert auf den Bildungsstand als auf den ethnischen-kulturellen Hintergrund ihrer Freunde. Auch der Wunsch zu einer Ausreise nach Deutschland war nicht kulturell motiviert.

(Gruppendiskussion, Z. 297-302)
N: Und für uns, das war sogar nicht finanzielle Frage, sondern wie hat meine Mutter gesagt Qualität des Lebens. Lebensqualität. Wir wollten mit Iwan irgendwie mal ganz anderes Leben und wir haben auch mit unseren Eltern und mit Anna überlegt, meine Güte, ein Mal im Leben ständig warmes Wasser haben, kein Stromausfall, kein Heizungsausfall.

Sowohl für die Eltern- als auch für die Großelterngeneration spielten innerhalb der Überlegungen bezüglich einer Ausreise nach Deutschland vorrangig wirtschaftliche Gründe eine Rolle, die zum einen die existentielle Grundlage und zum anderen die Lebensqualität der Familie betrafen. In Nellis Familie war es sogar ihr russischer Ehemann Iwan, der die Ausreise nach Deutschland forcierte.

(Interview Eltern, Z. 1096-1110)
N: **Nein, nein, Iwan sag doch Wahrheit** einmal im Leben, @sag doch Wahrheit@2@. Nu sag mal. Das war deine Idee. Du hast als erste gesagt, komm fahren wir nach Deutschland. (2) **Iwan, sag mal** (1) laut.
I: Nu ja, ich sage, ich habe gesagt (2) fahren nach Deutschland. Was willst du noch?
N: Nee, wirklich, das ist nur ein Witz, aber in der Wirklichkeit war so. Hat Iwan mich überzeugt und überredet.

I: 　　　　　L Ich hab schon als Student äh Tschechei gewesen, in der ehemaligen DDR, (...) und wenn es vergleichen mit unserer sowjetischen Provinz, wow, wow, Katastrophe. Wo wohnen wir? Das so weit von (1) Europa oder von (1) Lebenszentrum oder ich weiß nicht wie ich sagen soll, (...) ich suche irgendwelche Weg aus diesem Loch raus gehen.

Für Iwan bietet die teilweise deutsche Herkunft seiner Frau die Möglichkeit, das Leben in der sibirischen Provinz aufzugeben, um woanders ein neues Leben beginnen zu können, von dem er hofft, dass es ein besseres sein wird.

Mehrkulturalität in Deutschland

Besonders erleichternd empfindet Familie Hahn, dass sie durch die in der Bundesrepublik Deutschland bestehende finanzielle Absicherung nun keine ernsthaften Existenzängste mehr auszustehen hat. Im Gegensatz zu dem Leben in Russland wird nun jedoch mehr Eigenverantwortung des Einzelnen gefordert, so dass sich die zu bewältigenden Herausforderungen des Lebens verändert haben. Für die Großeltern Selma und Viktor bildeten das Erlernen und Beherrschen der deutschen Sprache und der Umgang mit den zahlreichen Anträgen und Dokumenten kurz nach der Einreise die größten Herausforderungen. Von Anfang an verfolgten sie das Ziel, sich in Deutschland so gut wie möglich zu integrieren.

(Gruppendiskussion, Z. 424-428)
Se:　Wir bleiben hier in Deutschland, ja wir bleiben. Was sollen wir dort? Wir sollen lernen, deutsche lernen, ja, die Sprache. Wir suchen arbeiten, ja. Oder Prüfung machen oder weiter, weiter, ja. Wir suchen, wir, wir muss lernen, hier in Deutschland wir mussen machen.　　　　　Hauptsache,
V:　　　　　　　　　　　　　　　　　　　　　L Und nach vorne gucken. @1@

Die Sprache zu erlernen, eine Arbeitsstelle zu finden und die Bereitschaft, sich weiterzubilden, stellen für die Großelterngeneration Faktoren einer Integration dar. Die grundsätzliche Bereitschaft zu Anpassungsleistungen und das ausgesprochene Ziel der Integration im Umgang mit einer fremden Kultur bildeten bereits während seines Lebens in Russland für Viktor wichtige Elemente seiner Handlungsweise. In Konfrontation mit der bundesdeutschen Gesellschaft handeln Hahns demnach nach der von Viktor bereits erprobten und innerhalb der Familie gelebten Lösungsstrategie. In ihrem Freundeskreis überwiegen die Kontakte zu russischsprachigen Bekannten, doch betonen Viktor und Selma ihre Bemühungen, freundschaftliche Beziehungen auch zu einheimisch Deutschen aufzubauen. Hierzu nehmen sie an verschiedenen Veranstaltungen teil, die das Zusammentreffen mit Einheimischen möglich machen. Dies zeigt, dass Viktor und Selma neben einer strukturellen demnach auch eine soziale Integration anstreben.

(Interview Großeltern, Z. 540-543)
Se: Sprechcafé. Das sind deutsche Leute und viele russische, wir sprechen auf deutsch, sie lernen zusammen. Und Elli Beispiel oder andere, richtige deutsche Familie oder ein deutscher Herr wir viele Jahre zusammen. Und dann sie haben gesagt <u>oh kommen zu Besuch und dann</u> sehr freundlich.

Bezüglich ihrer ethnischen Zugehörigkeit hat sich für Selma durch die Einreise nach Deutschland wenig verändert. Zwar definierte sie sich während ihres Lebens in Russland als sowjetisch und bezeichnet sich nun als russisch, aber beide Beschreibungen werden mit denselben Inhalten ausgestaltet. Doch bezieht Selma nun die Tatsache, dass sie innerhalb der bundesdeutschen Gesellschaft lebt, in die Definition ihrer ethnisch-kulturellen Identität mit ein.

(Interview Großeltern, Z. 589-590)
Se: (...) **Aber jetzt ich sage ich Russin aus Deutschland @2@.**

So verdeutlicht Selma, dass sie sich nicht mehr als ausschließlich der russischen Kultur zugehörig wahrnimmt, sondern ebenso Einflüsse der bundesdeutschen Gesellschaft und Kultur innerhalb ihres Lebens entdeckt. Dass es ihr gelingt, diese verschiedenen Kulturelemente zu vereinbaren, zeigt Selma durch die Spezifizierung der Definition ihrer ethnischen Zugehörigkeit. Ihre Verbundenheit mit Deutschland drückt Selma dadurch aus, dass sie es als ihr Zuhause beschreibt.

(Gruppendiskussion, Z. 453-454)
Se: Das ist mein Zuhause, mein Zuhause. Ich bin Zuhause, aber äh Heimat noch nicht, noch nicht.

Russland stellt aber nach wie vor ihre Heimat dar, in der sie ihre kulturellen Wurzeln sieht. Insgesamt hat Selma nach der Einreise nach Deutschland und in Konfrontation mit der bundesdeutschen Kultur eine für sie persönlich zufriedenstellende Definition ihrer eigenen ethnisch-kulturellen Zugehörigkeit gefunden. Anders ist dies bei Viktor, der in der Familie Hahn als Sonderfall zu bezeichnen ist. Wie bereits während des Umgangs mit der für ihn zu Beginn fremden russischen Kultur, nimmt Viktor auch in Konfrontation mit der bundesdeutschen Gesellschaft Integrationsmaßnahmen vor. Bezüglich seines ethnischen Zugehörigkeitsgefühls wird jedoch eine Verunsicherung deutlich.

(Interview Großeltern, Z. 586-593)
V: Ich denk, ich weiß überhaupt nit, wer ich bin @4@. Kann gut sein @kein Russ und kein Deutscher@, wie kann ich das sagen? <u>Drüben</u> konnt ich nit

sagen, dass ich <u>Russe bin,</u> weil deutsch war geschrieben im Pass, nu gut. (...) Jetzt kann auch in Deutschland nit sagen, nu deutsch ist geschrieben, (...) ja äh ganz deutsch <u>bin ich doch nit.</u>

In Russland konnte sich Viktor aufgrund seiner Zugehörigkeit zur deutschen Minderheit nicht als Russe definieren. Zwar war seine Verwurzelung in der Kultur der deutschen Minderheit in Russland so schwach, dass er sich im Laufe der Zeit der russischen Kultur so weit anpasste, dass äußerlich keinerlei Anzeichen seiner deutschen Zugehörigkeit mehr sichtbar waren. Doch wird nun deutlich, dass eine identifikatorische Integration in Russland nicht stattgefunden hat. In Konfrontation mit der bundesdeutschen Kultur zeigt sich, dass Viktor sich dieser ebenso wenig vollständig zugehörig fühlt, obwohl er von rechtlicher Seite aufgrund seiner Abstammung als deutsch bezeichnet wird. So ist es Viktor auch nicht möglich, zu definieren, wo er seine Heimat sieht.

(Gruppendiskussion, Z. 500-501)
S: Und wo ist denn Ihre Heimat?
V: (4) Ja ich weiß es selber nit @2@.

Im Gegensatz zu seinen Vorfahren stellen auch die ehemaligen deutschen Siedlungsgebiete an der Wolga für Viktor nicht die Heimat dar.

(Gruppendiskussion, Z. 505-508)
Se: Unsere Tante hat gesagt und meine Schwiegermutter auch so, ah, sie hat gesagt, <u>sie haben beide sagen, unsere Heimat ist Wolgadeutsche Republik.</u>
N: ⌊ Ja, das ist für Oma und das habe ich schon auch mehrmals gehört von <u>alte Leute.</u>

Einerseits fehlte Viktor durch die Deportation nach Sibirien im Kindesalter die biographische Verbindung zu der Republik der Wolgadeutschen und zum anderen nahm er bewusst eine Russifizierung vor, was ein Loslösen von der Gruppe der Deutschen in Russland und deren Kultur zwangsläufig mit sich brachte. Während seines Lebens in Russland fand Viktor aber in der Definition als Sowjetbürger für sich eine zufriedenstellende Möglichkeit, mit seinem ethnisch-kulturellen Zwischenstatus zu leben. Die sowjetische Kultur bildete für ihn eine die unterschiedlichen Kulturen vereinende übergeordnete Ebene, so dass Viktor keine Negatividentifikation, also „nicht richtig russisch zu sein", wählen musste, sondern sich als sowjetisch definieren konnte. Eine weitere Auseinandersetzung mit seiner eigenen Zugehörigkeit wurde somit überflüssig.

In Deutschland allerdings fehlt diese übergeordnete Ebene, so dass Viktor nun verstärkt den ethnisch-kulturellen Zwischenstatus, in dem er sich befindet, wahrnimmt und zu einer negativen Selbstidentifikation kommt, indem er sich als nicht russisch und nicht richtig deutsch definiert. Anders als bei vielen Russlanddeutschen besteht die Verunsicherung bezüglich der kulturellen Selbstwahrnehmung im ethnischen Bereich für Viktor nicht in der durch die Konfrontation mit der bundesdeutschen Gesellschaft entstandenen Erkenntnis, dass das in Russland gelebte Deutschtum sich von der bundesdeutschen Kultur unterscheidet, sondern in dem Wegfall einer den verschiedenen Kulturen übergeordneten Ebene, die eine tiefere Auseinandersetzung mit der eigenen, eventuell schwer zu definierenden ethnisch-kulturellen Identität unnötig macht.

Auffallend ist, dass nach der Einreise nach Deutschland bei Viktor eine Art Rückbesinnung auf seine Zugehörigkeit zu der Gruppe der Deutschen in Russland stattfindet. Deutlich und wiederholt beschreibt er deren Schicksal und betont viel stärker als zur Zeit seines Lebens in Russland auch seinen eigenen Opferstatus.

(Interview Großeltern, Z. 20-29)
V: Vier Jahre, ich, wo wir verschleppt waren. Haben sie den Vater und die Mutter (...) gleich weggenomme (2) und ham sie geschickt nu, wie hier die Jude und (2) Konzlager oder wie man nennt und haben sie vernicht achtzig Prozent, das weiß ich. Ich weiß die Geschichte auch. (2) Haben sie vernicht all, weil in de schwere Arbeit haben sie verhungert lassen. Alle mussten von fünfzehn Jahr bis sechzig mussten weg. Die Männer erst und dann zwei drei Monat ich hab noch so im Sinn und dann mussten auch die Frauen. Und die Frauen mussten auch weg, auch wenn ein <u>Kinder hatten, zwei drei oder große alle.</u>

Die Besinnung darauf, aufgrund der deutschen Herkunft Verfolgung und Deportation ausgesetzt gewesen zu sein, stärkt für Viktor die innere Verbindung zu der Gruppe der Deutschen in Russland und wirkt identitätsstiftend. Es ist anzunehmen, dass Viktor durch diese Rückbesinnung auf seine Zugehörigkeit zur russlanddeutschen Gruppe der nach der Einreise nach Deutschland entstandenen Verunsicherung bezüglich seiner ethnisch-kulturellen Identität begegnen will.

Die Elterngeneration hat bezüglich ihrer kulturellen Zugehörigkeit, ähnlich wie auch Selma, einen für sie zufriedenstellenden Weg gefunden, mit den Herausforderungen des Lebens in Deutschland umzugehen. Grundsätzlich stehen sie vor der Aufgabe, innerhalb der bundesdeutschen Gesellschaft einen Platz zu finden und neu zu definieren. Während ihres Lebens in Russland gehörten die Eltern Iwan und Nelli eigenen Angaben zufolge als Akademiker zur Mittelschicht der Gesellschaft, in Deutschland müssen sie nun sowohl beruflich als auch persönlich von vorne anfangen.

(Interview Eltern, Z. 97-118)
N: Als wir nach Deutschland kamen, dann äh fast gleich haben wir verstanden, Iwan sagte schon <u>wir sind nichts (2) jetzt,</u> wir können vergessen, was wir da gemacht haben nur wir müssen uns die Frage stellen, <u>warum und wozu sind wir dann nach Deutschland gekommen?</u> Und äh wir müssen damals auch äh eine Sache begreifen, dass <u>wir fangen an jetzt, ab jetzt</u>. Was war bis jetzt war unser Gepäck (2) praktisch intellektuelle Gepäck äh Wissensgepäck wir haben mitgebracht und jetzt müssen wir auf diese Basis praktisch etwas Neues bauen, aufbauen und weiter gehen. (...) Und äh beruflich, dann waren wir auch schon bereit, dass wir <u>da arbeiten</u> werden und hatten bestimmte Positionen und hier werden wir eventuell was anderes machen, was anderes lernen, aber wir werden auch was aus uns auch etwas, wir werden einfach nicht uns verstecken in unsere Wohnung. (...) Und es war eine schwere Entscheidung für uns, aber wir haben ganz am Anfang gesagt, <u>was war damals,</u> wir sollen als Erinnerungen behalten und <u>kein Sehnsucht</u> oder kein Jammer entwickeln.

Die bewusste Reflexion der eigenen Situation bildet die Basis für die von Iwan und Nelli entwickelte Handlungsstrategie im Umgang mit den durch den Beginn des Lebens in Deutschland entstehenden Veränderungen. So versuchen sie, ihr Leben in Russland einschließlich der gesellschaftlichen und beruflichen Position, die sie dort erreicht hatten, zwar als Erinnerung zu bewahren, es jedoch bewusst hinter sich zu lassen. Statt in einer wehmütigen Rückwärtsgewandtheit zu leben, wollen Nelli und Iwan auch in der bundesdeutschen Gesellschaft ihren Platz finden. Dies beinhaltet, auf der Basis ihrer Bildung und ihres Intellekts sich sowohl beruflich zu etablieren als auch offensiv den Kontakt zu einheimisch Deutschen zu suchen. Die Kraft für das Umsetzen ihrer Handlungsstrategie schöpfen sie aus ihrer Einheit als Familie.

(Interview Eltern, Z. 74-78)
N: Ja und als wir nach Deutschland kamen äh welche Veränderungen natürlich im Familienleben mehr als in Russland äh haben wir begreifen oder begriffen, begriffen haben wir begriffen oder können wir das begreifen, dass <u>wir</u> äh <u>nur</u> als starke Familie äh diese Schwierigkeiten und Veränderungen überleben können.

In Konfrontation mit einer fremden Kultur und der Herausforderung des Umgangs mit veränderten Lebensbedingungen entdecken Hahns ihre Familie als Stabilitätsfaktor. Die Familie stellt nun (wie zuvor die sowjetische Kultur während ihres Lebens in Russland) eine den Familienmitgliedern übergeordnete Einheit dar, aus der die Einzelnen Unterstützung, Rückhalt und letztendlich die inneren Ressourcen für die Bewältigung der sie umgebenden Herausforderungen beziehen.

Praktisch umgesetzt bedeutet dies für Iwan und Nelli, dass sie sich seit Beginn ihres Lebens in Deutschland darum bemühen, eine Arbeitsstelle zu besetzen, die bezüglich der beruflichen Anforderungen so weit wie möglich an ihren eigenen Bildungsstand heranreicht. Hierbei konnten sie bis heute nur zeitlich befristete und auch nur teilzeitige Arbeitsverhältnisse finden, so dass sie gezwungen waren, ihre Beschäftigungsverhältnisse schon mehrfach zu wechseln. Bezüglich der Auswahl ihrer Freunde beschreiben Iwan und Nelli einen Wandel. Während sie zu Beginn ihres Lebens in Deutschland vorrangig Kontakte zu russischsprachigen Bekannten und Freunden unterhielten, besteht ihr Freundeskreis heute fast ausschließlich aus einheimisch Deutschen und darunter vornehmlich aus Akademikern. Lediglich zu ihren russischsprachigen Verwandten pflegen Nelli und Iwan regelmäßig den Kontakt, wobei sie diesen als für sie persönlich wenig anregend empfinden. Es wird deutlich, dass bei der Elterngeneration der Familie Hahn sowohl von einer strukturellen als auch von einer sozialen Integration gesprochen werden kann. Auch bezüglich ihrer kulturellen Ausrichtung nehmen Nelli und Iwan Anpassungsleistungen vor. Da sie sich als diejenigen definieren, die durch die Einreise in die Bundesrepublik Deutschland in der bundesdeutschen Gesellschaft neu hinzugekommen sind, betonen sie die Wichtigkeit, sich im Umgang mit der sie nun umgebenden Gesellschaft dieser auch in einem gewissen Maße anzupassen und ihnen bekannte Verhaltensmodi, wie Elemente der russischen oder russlanddeutschen Essenskultur, zu modifizieren.

(Interview Eltern, Z. 307-314)
N: Und gleichzeitig wie wir dachten, dass zuerst das war für uns einfach Schock, weil wir dachten, ja, was sollen dann wir machen und dann äh haben wir gut überlegt, dass wir unsere Kultur auch präsentieren können. Wenn wir irgendwohin gehen, dann machen wir nach in Anführungszeichen nach einheimischer Art. Wenn jemand <u>zu uns kommt,</u> dann erklären wir einfach. <u>Wir wohnen so und so, wir machen so und so.</u> Und äh, wenn die Leute möchten, dann können sie natürlich akzeptieren und was <u>wir</u> neu gebracht haben.

Die Anpassungsbereitschaft schließt jedoch keine Aufgabe der eigenen Kulturelemente ein, sondern ist situationsabhängig. Im Umgang mit einheimischen Freunden und Bekannten halten Nelli und Iwan es für wichtig, sich der bundesdeutschen Kultur entsprechend verhalten zu können, empfinden ihre eigene Kultur aber ebenso als Bereicherung. So versuchen sie, ihren bundesdeutschen Bekannten Elemente der russischen oder russlanddeutschen Kultur zu präsentieren. Eine identifikatorische Integration, die das Aufgeben der eigenen Kultur und kulturellen Identität beinhaltet, nehmen Nelli und Iwan demnach nicht vor. Stattdessen bewahren sie eigene Kulturelemente und lernen, sich ebenso in der sie umgebenden Kultur zu bewegen.

(Interview Eltern, Z. 451-453)
N: Wir wollten dann was anderes sehen. Was anderes erleben, eben und neue Kultur und dann irgendwie diese beiden Kulturen äh verbinden und zusammenbringen. (3) Miteinander so.

Die Elterngeneration steht der neuen bundesdeutschen Kultur offen gegenüber und bewertet ebenso ihre eigene russische oder russlanddeutsche Kultur als bewahrenswert. Für ihren persönlichen Umgang mit beiden Kulturen entscheiden sich Nelli und Iwan dafür, die verschiedenen Kulturelemente zu verbinden. Hierbei wählen sie mit der Mischung verschiedener Kulturen die Lösungsstrategie, die von Nelli bereits während ihres Lebens in Russland erprobt worden ist. Dort definierte sie sich zur sowjetischen Kultur zugehörig, die sie als eine verschiedene Kulturen beinhaltende „Sammelkultur" beschrieb. Auch im Umgang mit der bundesdeutschen Kultur leben Hahns nun nach dem Prinzip des Mischens von Kulturelementen. Auf die Definition ihrer ethnisch-kulturellen Identität und Zugehörigkeit wirkt sich dies dahingehend aus, dass sie Deutschland bereits als ihr Zuhause erleben, Russland jedoch ihre Heimat bleibt.

(Gruppendiskussion, Z. 474-483)
N: Wir sagten mit Iwan damals auch immer so, das ist noch nicht unsere Heimat, aber es ist unser Zuhause. Und das passiert irgendwie praktisch unbewusst. Wenn wir jetzt schon Fernseher gucken (2) wir gucken immer parallel, was in Russland und was in Deutschland passiert. (...) Das ist für uns jetzt schon wirklich unser Zuhause. (...) Das ist einfach so, das kommt.

Durch das zufriedenstellende Leben von Nelli und Iwan sowohl mit der deutschen als auch mit der russischen Kultur lässt sich bezüglich der Elterngeneration von einem angestrebten bikulturellen Status sprechen. Auch ihrer Tochter Ala möchten Nelli und Iwan die Möglichkeit bieten, sowohl die bundesdeutsche als auch die russische oder russlanddeutsche Kultur kennen zu lernen. Es ist ihnen wichtig, dass Ala ihre Herkunft nicht vergisst.

(Gruppendiskussion, Z. 714-722)
N: Wir äh möchten nur, dass sie nicht vergisst, nicht russische Sprache vergisst und dass sie weiß und kennt aus welchem Land sie kommt (1) und stammt, und ihr Herkunftsland oder wo sie geboren wurde und danach (2), und natürlich wir erzählen Ala, sie fragt jetzt nach vielen Sachen, die in Russland passieren und sie kennt sich gut aus mit der Karte und, wo was liegt, und Landschaften und Städte in Russland und so. Solches Wissen dann bringen wir

bei. Aber die Traditionen, ja und dann natürlich die Kultur, die Schriftsteller oder ich erzähle immer Ala was von Bücher oder was anderes.

Die Elterngeneration legt Wert darauf, sowohl die russische Sprache als auch Kenntnisse der Geschehnisse in Russland und Elemente der russischen Kultur an ihre Tochter zu tradieren, so dass ihr wie ihnen selbst ein Leben mit mehreren Kulturen möglich ist. Nelli und Iwan streben demnach für ihre Tochter wie für sich selbst eine bikulturelle Prägung an und bewerten das russische Erbe für sie als Bereicherung. Allerdings zeichnet sich bezüglich der ethnischen Komponente der kulturellen Zugehörigkeit bereits ein Wandel ab. Während die Elterngeneration Russland als ihre Heimat beschreibt, bezeichnet Ala Russland als ihr Herkunftsland.

(Gruppendiskussion, Z. 483- 490)
N: Für Ala das ist, ich weiß nicht, Ala meint, dass äh, wir haben Ala auch gefragt und sie meint, dass ja, meine Heimat, ich weiß nicht. Sie sagt immer, Russland ist das Land, wo ich geboren bin. (...) Wir sagen mit Iwan Heimat. Und sie sagt Herkunftsland. Wo ich geboren bin und ich denke, dann sagt sie später, nein, Deutschland ist meine Heimat.

Ihre Heimat sieht sie bereits jetzt in Deutschland.

(Interview Kind, Z. 373-374)
S: Wo würdest du denn sagen ist deine Heimat?
A: @1@ Jetzt würd ich sagen Deutschland. Mir gefällts hier einfach besser.

Auch Ala empfindet ihre bikulturelle Prägung als Bereicherung, besonders, da sie im Vergleich zu ihren Mitschülern eine zusätzliche Sprache spricht.

(Interview Kind, Z. 61-65)
A: (...) Man möchte das einfach nicht vergessen. (2) Weil es ist natürlich ein Vorteil, wenn man zwei Sprachen kann. (2) Ja, also jetzt in meiner Klasse lernen die Kinder erst mal ihre zweite Sprache, mit Englisch lern ich meine dritte. Und das ist eigentlich ganz schön von Vorteil.

Allen Familienmitgliedern gemeinsam ist eine klare Abgrenzung von der Gruppe der Russlanddeutschen in Deutschland und von der als typisch russlanddeutsch empfundenen Werteordnung.

(Interview Eltern, Z. 560-565)
N: Weil äh sie äh halten uns auch für verrückte Leute. Wir streben nicht nach äh Luxus, sondern machen was anderes, obwohl äh fahren jedes Jahr in Urlaub und äh machen was anderes. Gehen ins Theater zum Beispiel; als ich äh an eine Freunde von uns gefragt habe, was ist mit dem Theater und wie ist und

was kann man hier sehn. Dann meinten sie, sie wissen noch nicht einmal, wo Theater ist, und ungefähr. @Das ist doch@2@.

Im Gegensatz zu anderen Russlanddeutschen, die ihr gesamtes Kapital für den Bau eines Eigenheims verwenden, legen Hahns Wert auf Urlaubsreisen und kulturelle Aktivitäten, was durch die intellektuelle Ausrichtung der Familie unterstützt wird. Durch das Verfolgen anderer Ziele unterscheidet sich Familie Hahn derart offensichtlich von ihren russlanddeutschen Bekannten, dass ihr innerhalb der russlanddeutschen oder russischsprachigen Gruppe eine Sonderrolle zugewiesen wird. Eine derartige Andersartigkeit beschreibt Selma auch für ihr Leben in Russland als charakteristisch für ihre Familie und das Durchführen von Bildungsreisen als innerfamiliäre Tradition.

(Gruppendiskussion, Z. 763-785)
Se: Anderes äh (3), andere, andere Werte. Das ist **Beispiel Ala, Ala äh** zu Besuch war Spanien (2). Beispiel, zu Besuch äh Italien, zu Besuch Beispiel weiß nicht, was noch. (...) das ist andere (...) andere Augenblick, ja. Andere Augenblick (...) auf die Welt. (2) Auf die Welt. Und dann in Sibirien, (...) Meine unsere Tochter habe gefahrt in Pionierlager und dann haben besuchen viele, viele Staaten in UdSSR und anderes Republik. Und wir, wir auch haben besuchen. Unsere Familie war andere in Identität. Andere Familien so, lernen bis zehn Klasse, nichts sehen andere Stadt, nichts sehen andere, andere Welt. Und hier ist das (...) Aber drinne, drinne in Familie, ich denke, das ist Tradition. @2@
N: Ja, ja, ich denke auch, das ist eine Tradition. Wir jetzt mit Iwan (...) dass nach einem Jahr, als wir nur zwei Monate gearbeitet haben und meine Eltern haben uns geholfen und wir machten erste Reise nach Spanien, das war, Ala war überrascht und es war einfach für mich, ich wollte, dass Ala erlebt genauso wie wir.

Allgemein wird deutlich, dass Familie Hahn im Umgang mit der bundesdeutschen Kultur das während ihres Lebens in Russland erprobte Prinzip des Vereinbarens und des Mischens von verschiedenen Kulturen anwendet. Alle Generationen der Familie zeichnen sich durch eine grundsätzliche Integrationsbereitschaft aus und bewerten ihre Mehrkulturalität als Bereicherung. Lediglich Viktor nimmt hierbei eine Sonderrolle ein, da er bezüglich seiner ethnisch-kulturellen Identität eine Verunsicherung ausdrückt. Damit ist bezüglich der unterschiedlichen Generationen eine Veränderung in der Gewichtung der verschiedenen Kulturelemente zu beobachten. So beschreibt die Großelterngeneration, dass Nelli und Iwan innerhalb der bundesdeutschen Kultur bereits verwurzelter sind als sie selbst.

(Gruppendiskussion, Z. 538-540)
Se: Das ist Nelli, Nelli mit Iwan und Ala, das ist <u>andere Generation, andere Familie, das ist bisschen echtiger Deutsche äh</u>.

Für Ala wiederum als Vertreterin der Kindergeneration nimmt die sie umgebende bundesdeutsche Gesellschaft eine derart wichtige Rolle ein, dass sie im Gegensatz zu ihren Eltern die Bundesrepublik Deutschland als ihre Heimat bezeichnet. Trotzdem beschreibt auch sie zusätzlich eine Verwurzelung in der russischen Kultur, so dass die von Nelli und Iwan angestrebte Tradierung einer Mehrkulturalität gelungen zu sein scheint.

6.2 Die komparative Analyse und Typenbildung

Durch die komparative Analyse konnte eine Typenbildung sowohl auf sinngenetischer als auch auf soziogenetischer Ebene durchgeführt werden. So werden im Folgenden im Bereich der sinngenetischen Interpretation durch die Abstraktion der Typen verschiedene Orientierungen beschrieben, die innerhalb des Reflexionsprozesses der ethnischen Komponente kultureller Identität der Befragten auftauchen. Durch einen Vergleich der Kulturelemente werden im Anschluss daran die von den Probanden definierte inhaltliche Ausgestaltung ihrer Kultur in Abgrenzung zu anderen Kulturen dargestellt. Die soziogenetische Interpretation beinhaltet eine Analyse der herausgearbeiteten Typen vor dem Hintergrund der spezifischen Erfahrungsräume der Probanden, wodurch sowohl Spezifitäten im Generationenverlauf als auch Unterschiede bezüglich des Status der Familien deutlich gemacht werden können. Abgeschlossen wird die komparative Analysearbeit durch einen Vergleich der in den Familien tradierten Opferberichte, wobei sich das Opferbewusstsein als Familienerinnerung von handlungsrelevanter Bedeutung herausstellt.[345]

6.2.1 Abstraktion der Typen

Die komparative Analyse der Familienportraits zeigt, dass sowohl Gemeinsamkeiten als auch Unterschiede bezüglich der Reflexion des ethnischen Aspektes der kulturellen Identität bestehen. Insgesamt werden fünf verschiedene Orientierungen und Handlungsweisen deutlich, die als Typen bezeichnet werden können.

---

345 Eine kurze Zusammenfassung der in diesem Kapitel dargestellten Interpretationsergebnisse findet sich in Kiel 2007, S. 55-65.

6.2.1.1 „Nicht richtige Deutsche"

Die diesem Typus zuzurechnenden Personen weisen eine starke Verwurzelung in der Kultur der deutschen Minderheit in Russland auf. Ihr Leben in Russland war geprägt von dem Bemühen, die als deutsch empfundene Kultur und Identität zu bewahren und an die nächste Generation zu tradieren. Um dies gewährleisten zu können, wurde eine klare Abgrenzung von der sie umgebenden russischen Majorität angestrebt und im Privatbereich eine Segregation vollzogen. Die Selbstwahrnehmung als Deutsche in Russland war durch eigene traumatische Vertreibungserlebnisse eng verknüpft mit dem Empfinden eines Opferstatus, was als ein identitätsstiftendes Element zu werten ist.

Die Konfrontation mit der bundesdeutschen Gesellschaft und Kultur nach der Einreise in die Bundesrepublik führt zu einer starken Erschütterung und Reflexion der eigenen ethnisch-kulturellen Orientierung, da nun deutlich wird, dass die von ihnen als deutsch beschriebene Kultur große Unterschiede zu der bundesdeutschen Lebensart aufweist. Wie bereits während ihres Lebens in Russland wird auch in Deutschland eine klare kulturelle Abgrenzung vorgenommen, wobei als Gegenhorizont zur bundesdeutschen die Kultur der deutschen Minderheit in Russland herangezogen wird. Eine Rückbesinnung auf eine eventuelle Prägung durch die russische Kultur findet nicht statt. Die Diskrepanz zwischen der eigentlichen Überzeugung, deutsch zu sein, und der Erkenntnis, dass die eigene Kultur der einheimisch deutschen nicht entspricht, lässt die Mitglieder dieses Typus zu der Folgerung kommen, im Gegensatz zu einheimisch Deutschen „nicht richtig deutsch" zu sein. Diese negative Selbstdefinition geht erneut mit der Wahrnehmung eines Status als Opfer einher, wobei nun eine Ablehnung und Stigmatisierung von Seiten der bundesdeutschen Gesellschaft empfunden wird. Das identitätsstiftende Element der Wahrnehmung einer Opferrolle überdauert die Migration und bleibt auch in der Bundesrepublik Deutschland dominant.

Dies führt in den meisten Fällen dazu, dass zwar eine strukturelle Integration vollzogen wird, im Privatbereich jedoch weiterhin eine Abgrenzung besteht. Eine soziale Integration findet nicht statt, da fast ausschließlich Freundschaften zu Russlanddeutschen unterhalten werden. Der Rückzug in die Eigengruppe wird aber nur teilweise selbst gewählt. Vorrangig kommt er zustande durch die aus der Negativ-Identifikation resultierende generelle Handlungsunsicherheit und wird von den Mitgliedern dieses Typus bedauert.

6.2.1.2 Deutsche mit Makel

Auch die Mitglieder dieses Typus definierten sich während ihres Lebens in Russland uneingeschränkt als deutsch und versuchten, in ihren Familien das als deutsch empfundene Kulturgut zu pflegen und zu tradieren. Mit der Zugehörigkeit zur deutschen Kulturgruppe ging die Wahrnehmung eines Opferstatus und einer Ausgrenzung als ein wesentliches Element einher.

Durch die Konfrontation mit der bundesdeutschen Kultur nach der Einreise nach Deutschland wird klar, dass die als deutsch empfundene Kultur in großen Teilen den bundesdeutschen Kulturelementen nicht entspricht, was zu einer Erschütterung der eigenen ethnisch-kulturellen Orientierung führt und einen Reflexionsprozess in Gang setzt. Dieser führt bei den diesem Typus zuzurechnenden Personen zu einer Rückbesinnung auf die Prägung durch die russische Kultur, die als Gegenhorizont zur Abgrenzung von der bundesdeutschen Lebensart dient. Die Unterschiede zur einheimisch deutschen Kultur werden nunmehr begründet mit dem Vorhandensein russischer Kulturelemente im eigenen Habitus. Diese werden als kulturelle Zusatzkomponente in das Selbstbild aufgenommen. Die Bewertung der zusätzlichen kulturellen Komponente fällt jedoch negativ aus, da sie nicht vorrangig als Bereicherung, sondern als Ursache für eine erneute Ausgrenzung empfunden wird. Das Element der Wahrnehmung einer Opferrolle tritt auch während des Lebens in Deutschland dominant auf und geht bei den Mitgliedern dieses Typus einher mit einer negativen ethnisch-kulturellen Selbstverortung. Diese Gruppe definiert sich zwar als deutsch, aber aufgrund ihrer durch die kulturelle Zusatzkomponente entstehende Andersartigkeit als „Deutsche mit Makel".

Auf die Integrationsbereitschaft wirkt sich diese negative Verortung bei wenigen Personen dieses Typus dahingehend aus, dass zusätzlich zu einer strukturellen Integration eine bewusste Hinwendung zur bundesdeutschen Kultur und zur einheimisch deutschen Gesellschaft vollzogen wird mit dem Ziel, den anhaftenden Makel auszumerzen. Bei den meisten Personen dieses Typus werden aber neben einer strukturellen Integration keine weiteren integrativen Leistungen angestrebt und ein Rückzug in die Eigengruppe gelebt. Besonders von den diesem Typus zuzurechnenden jüngeren Generationen wird eine neue Minderheitenposition eingenommen und nach außen bewusst verkörpert, so dass das Element der Ausgrenzung auch hier als identitätsstiftend bezeichnet werden kann.

6.2.1.3 Deutsche mit „russischem Glanz"

Wie alle anderen Russlanddeutschen des Samples nahmen sich auch die Angehörigen dieses Typus während ihres Lebens in Russland als deutsch wahr und strebten die Pflege und Tradierung ihres als deutsch empfundenen Kulturgutes an. Die Wahrnehmung einer Opferrolle tauchte für die Mitglieder dieses Typus nur als ein untergeordnetes Element auf. Neben der Identifikation als Deutsche stellte auch der eigene Bildungsstand ein identitätsstiftendes Element dar.

Die Konfrontation mit der bundesdeutschen Kultur nach der Einreise in die BRD verdeutlicht, dass die von ihnen als deutsch empfundene Kultur in großen Teilen mit bundesdeutschen Kulturelementen nicht übereinstimmt, und führt zu einem Reflexionsprozess der eigenen ethnisch-kulturellen Orientierung und Zugehörigkeit. Im Rahmen dieser Reflexion findet eine Rückbesinnung auf die während ihres Lebens in Russland erfolgte Prägung durch die russische Kultur statt. Als russisch beschriebene Kulturelemente werden nun im eigenen Habitus entdeckt und als kulturelle Zusatzkomponente in das Selbstbild mit einbezogen. Diese Andersartigkeit im kulturellen Bereich wird ausdrücklich als Bereicherung empfunden, so dass sich die Mitglieder dieses Typus im Vergleich zu einheimisch Deutschen aufgrund ihrer zusätzlichen kulturellen Komponente als interessanter und vielseitiger wahrnehmen. Sie kommen dadurch zu einer positiven ethnisch-kulturellen Selbstverortung und definieren sich als „Deutsche mit russischem Glanz". Das Element der Wahrnehmung einer Opferrolle taucht zwar auch während des Lebens in Deutschland auf, allerdings lediglich am Rande. Vielmehr ist die Zugehörigkeit zum akademischen Milieu als ein die Migration überdauerndes zentrales Element zu benennen.

Die integrative Bereitschaft ist umfassend und bezieht sich neben der Sprache und dem Beruf auch auf den Privatbereich, was dazu führt, dass Freundschaften zu einheimisch Deutschen angestrebt und teilweise unterhalten werden. Es findet somit sowohl eine strukturelle als auch eine soziale Integration statt. Im kulturellen Bereich wird der Bewahrung des eigenen Kulturgutes eine große Bedeutung zugesprochen, was aber keine kulturelle Segregation zur Folge hat. Vielmehr lebt vor allem die jüngere Generation der diesem Typus zuzurechnenden Personen in einer generellen Offenheit gegenüber der bundesdeutschen Gesellschaft und strebt eine Integration in das intellektuelle Milieu der Bundesdeutschen an.

6.2.1.4 Die „wahren Deutschen"

Die Mitglieder dieses Typus wiesen während ihres Lebens in Russland neben einer Verwurzelung in der deutschen Kultur auch eine starke Zugehörigkeit zur religiösen Minderheit auf, wobei die Grenzen zwischen dem ethnischen und religiösen Bereich verwischten. Grundsätzlich lebten sie in einer klaren Abgrenzung zu der sie umgebenden russischen Majorität, legten großen Wert auf die Bewahrung und Tradierung sowohl des deutschen Kulturgutes als auch der religiösen Ausrichtung und vollzogen eine Segregation im Privatbereich. Die Zugehörigkeit zur deutschen Kulturgruppe war eng verknüpft mit der Definition als Christen und aus beiden Bereichen resultierte die Wahrnehmung eines Status als Opfer. Das Element des Empfindens einer Opferrolle war demnach für die Personen des Typus dominant.

Durch die Konfrontation mit der bundesdeutschen Kultur nach der Einreise nach Deutschland zeigt sich, dass sich die von ihnen als deutsch empfundene Kultur von der bundesdeutschen Lebensart maßgeblich unterscheidet. Dies führt zu einem Prozess der Reflexion der ethnisch-kulturellen Orientierung und Zugehörigkeit. Da sich die Mitglieder dieses Typus grundsätzlich als deutsch definieren, jedoch gleichzeitig eine klare Abgrenzung zur bundesdeutschen Kultureinheit vornehmen, entsteht eine Diskrepanz, die es zu lösen gilt. Hierin kommen sie zu der Überzeugung, aufgrund ihrer stärkeren Verwurzelung in der deutschen Kultur und ihres ausgeprägteren Patriotismus im Gegensatz zu einheimisch Deutschen die eigentlich „wahren Deutschen" zu sein, und gelangen somit zu einer positiven ethnisch-kulturellen Selbstverortung. Diese wird mitbegründet durch die die Migration überdauernde religiöse Ausrichtung, die ein dogmatisches Gruppenverständnis mit sich bringt.[346] Das Element der Wahrnehmung eines Status als Opfer und Ausgegrenzte bleibt auch in Deutschland dominant.

Dies führt dazu, dass zwar eine strukturelle Integration vollzogen, abgesehen davon aber eine kulturelle Segregation angestrebt wird. So verfolgen die Mitglieder dieses Typus im Privatbereich einen Rückzug in die Eigengruppe, die aus ausschließlich russlanddeutschen religiösen Personen besteht, und bilden damit eine neue Minderheitenposition, die nach außen hin beispielsweise durch eine einheitliche Kleiderordnung auffällig ausgedrückt wird. Eine soziale oder kulturelle Integration in die bundesdeutsche Gesellschaft ist nicht beabsichtigt.

---

346 Ein dogmatisches Gruppenverständnis wird als ein Charakteristikum russlanddeutscher Religiosität bezeichnet und beinhaltet die Überzeugung eines entscheidenden Unterschiedes von „mir" als „gut" und „die anderen" als „schlecht" (vgl. Theis 2006, S. 136).

6.2.1.5 Die „sowjetischen Leute"

Die Mitglieder dieses Typus gehören vorrangig der russischen Kultur an oder sind der Abstammung nach sowohl russlanddeutsch als auch russisch. Anders als die russlanddeutschen Personen des Samples definierten sie sich während ihres Lebens in Russland als Angehörige der sowjetischen Kultur. Diese wurde als eine Art „Sammelkultur" verstanden, die als übergeordnete Einheit Elemente aus verschiedenen Kulturen beinhaltete. Dadurch wurde es möglich, anderen Kulturen gegenüber generell offen zu sein und unterschiedliche Kulturelemente zu mischen, ohne die eigene ethnische Komponente der kulturellen Zugehörigkeit und Identität hinterfragen zu müssen. Ein wichtiges Element neben dem ethnisch-kulturellen Bereich stellt die Definition als Angehörige des akademischen Milieus dar.

Die Einreise nach Deutschland und die darauffolgende Konfrontation mit der bundesdeutschen Kultur bringt demnach für die diesem Typus zuzurechnenden Personen keine Irritation der eigenen ethnisch-kulturellen Orientierung mit. Vielmehr behalten sie auch in Deutschland ihre ethnisch-kulturelle Identität bei und handeln nach dem in Russland erprobten Prinzip des Mischens von Kulturen. So werden in den Habitus und das kulturelle Selbstbild auch bundesdeutsche Kulturelemente einbezogen, und es wird im Allgemeinen eine Mehrkulturalität angestrebt.

Diese grundsätzliche Offenheit auch der bundesdeutschen Kultur gegenüber führt zu einer umfassenden Integrationsbereitschaft. Neben einer strukturellen Integration findet eine Hinwendung zur bundesdeutschen Gesellschaft und Kultur statt, so dass sowohl von einer sozialen als auch von einer kulturellen Integration ausgegangen werden kann. Aufgrund der am Bildungsstand orientierten Ausrichtung der Mitglieder dieses Typus werden Freundschaften vorrangig zum akademischen bundesdeutschen Milieu unterhalten. Da die ethnisch-kulturelle Identität aber beibehalten wird, findet keine identifikatorische Integration statt.

6.2.2 Ein Vergleich der genannten Kulturelemente

Durch die komparative Analyse der Familienportraits lassen sich die von den Familien beschriebenen Kulturelemente auf Gemeinsamkeiten und Unterschiede untersuchen. Hierbei ist neben der inhaltlichen Ausgestaltung der von den Familien als russlanddeutsch definierten Kultur auch interessant, wie die Wahrnehmung und Definition von unterschiedlichen Kulturelementen konstruiert wird. Auffallend ist eine fallübergreifende Übereinstimmung sowohl in der inhaltlichen Ausgestaltung als auch in dem Prozess der Wahrnehmung und Definition einer typisch russlanddeutschen Kultur. Um eine russlanddeutsche Kultur zu beschreiben, nehmen alle Familien eine Unterscheidung zwischen ihrer ethnisch-kulturellen Zugehörigkeit während ihres Lebens in Russland und dem in der Bundesrepublik Deutschland vor. Als typisch eingeordnete Elemente ihrer Orientierung werden von den Familien stets in Abgrenzung zu anderen Kulturen wahrgenommen, die als Vergleichspunkte dienen und einen Gegenhorizont darstellen. Für die Zeit in Russland wird zur Konstruktion der Kultur der Deutschen die russische Kultur herangezogen, für die inhaltliche Ausgestaltung der ethnisch-kulturellen Zugehörigkeit in Deutschland die bundesdeutsche Kultur. So kommen fast alle Familien zum einen zu einer Beschreibung ihrer subjektiv als deutsch wahrgenommenen Kultur für die Zeit in Russland, die als Kultur der deutschen Minderheit in Russland definiert wird. Zum anderen werden in Abgrenzung zur bundesdeutschen Kultur typische Kulturelemente beschrieben, die nun als russlanddeutsch bezeichnet werden.

Eine Ausnahme bildet dabei die in ihrer nationalen Abstammung gemischte Familie Hahn, die sich selbst für die Zeit in Russland vorrangig der russischen Kultur zuordnet. Die Definition von typischen Kulturelementen vollzieht sich aber auch hier in Abgrenzung zu einer anderen Kultur, nämlich der Kultur der Deutschen in Russland, die als Vergleichspunkt dient. Für ihr Leben in Deutschland wird hinsichtlich der Ausgestaltung der eigenen ethnischen Zugehörigkeit – wie bei den anderen Familien auch – die bundesdeutsche Kultur als Gegenhorizont hinzugezogen. Bei der Beschreibung der eigenen Kultur fällt dabei eine Verunsicherung in der Definition auf, da sowohl von russischer als auch von russlanddeutscher Kultur gesprochen wird.

Die von den Familien vorgenommene Unterscheidung in der Definition der eigenen Zugehörigkeit, nämlich für die Zeit in Russland die Selbstbeschreibung als Angehörige der deutschen Minderheit (oder bei Familie Hahn als Angehörige der russischen Kultur) und für das Leben in der Bundesrepublik Deutschland die Definition als Russlanddeutsche, geschieht nicht nur auf einer begrifflichen Ebene. Auch die für die jeweilige ethnisch-kulturelle Definition typischen Kulturelemente unterscheiden sich, so dass die inhaltlichen Ausgestaltungen der eigenen Kultur für die Zeit in Russland und für die in Deutschland gesondert betrachtet werden müssen. Im Anschluss daran ist zu untersuchen, ob und inwieweit eine Veränderung des eigenen Selbstbildes im kulturellen Bereich zu verzeichnen ist. Da die Angaben der Familien in weiten Teilen identisch sind, dient zur Veranschaulichung eine zusammenfassende Abstraktion der von allen Familien genannten Kulturelemente.[347]

Einheitlich werden als typische Elemente der Kultur der Deutschen in Russland vorrangig Sekundärtugenden und ökonomische Werte beschrieben, auch gelten ein

---

347 Zur Abstraktion dient ein Schaubild, das auf der übernächsten Seite aufgeführt ist. Wenn dabei bestimmte Kulturelemente nur von einzelnen Familien genannt wurden, ist dies gekennzeichnet. Das Schaubild siehe auch in Kiel 2007, S. 58.

endogames Heiratsverhalten und die Zugehörigkeit zur christlichen Religion als Charakteristika. In Bezug auf die russlanddeutschen Familien der Untersuchung lassen die angeführten Kulturelemente Rückschlüsse auf ihr Selbstbild als Zugehörige zur deutschen Minderheit in Russland zu. Die genannten Werte werden stets in Abgrenzung zur russischen Kultur definiert, wobei dieser die Gegensätze zu den als typisch deutsch eingeordneten Elementen zugeschrieben werden. Allgemein bewerten die russlanddeutschen Familien die als russisch definierten Kulturelemente ausschließlich negativ, wohingegen die Charakteristika der als deutsch empfundenen Kultur von allen Familien des Samples positiv bewertet werden, einschließlich der russischen Personen.

Russen	Deutsche in Russland	Russlanddeutsche	Bundesdeutsche
Sekundärtugenden:		soziale Werte:	
- faul - schmutzig	- Fleiß - Sauberkeit - Wohlanständigkeit - Bescheidenheit - arbeitsam	- enge zwischen- menschliche Beziehungen - starker familiärer Zusammenhalt - Respekt vor älteren Menschen - Gastfreundschaft - gegenseitige Hilfsbereitschaft	- Distanz in zwischen- menschlichen Beziehungen - kein Respekt vor älteren Menschen - Besuche nur mit Terminabsprache und keine üppige Bewirtung von Gästen
ökonomische Werte:		ökonomische Werte:	
- wirtschaftlich weniger erfolgreich	- wirtschaftlich erfolgreich - hohe Leistungs- fähigkeit mit ge- schlechtsspezifischer Arbeitsteilung: Männer: gut in praktischer Arbeit Frauen: gute Hausfrauen - gepflegter Besitz - gepflegtes Erschei- nungsbild der Person - Ehrgeiz	- Wichtigkeit von Statussymbolen - hohe Leistungs- fähigkeit mit geschlechts- spezifischer Arbeitsteilung: Männer: gut in praktischer Arbeit, können Eigenheim selbst bauen Frauen: gute Hausfrauen	- Wichtigkeit von Urlaub (nur Fam. Schwarz) und Bildungs- reisen (nur Fam. Hahn) - weniger gut in praktischer Arbeit
weitere Werte:		weitere Werte:	
- Emotionalität (nur Fam. Hahn)	- Endogamie - Religiosität	- ausgelassene Festkultur - typischer Biographieverlauf mit früher Heirat und Familiengründung (nur Fam. Schwarz und Wondel) - fehlendes Selbstbewusstsein und Durchsetzungs- vermögen, negativ bewertet (nur Fam. Wendler und Hahn)	- weniger ausge- lassene Festkultur - typischer Biographieverlauf mit langen Ausbildungszeiten und späterer Familiengründung (nur Fam. Schwarz und Wondel)

Es zeigt sich, dass das innere Bild der Deutschen von ihrer ethnisch-kulturellen Zugehörigkeit und deren inhaltlichen Ausgestaltung elitäre Züge aufweist. Die Familien ordnen ihrer Kultur nicht nur ausschließlich positive Elemente zu, sondern nehmen die eigene Kultureinheit darüber hinaus im Vergleich zur russischen Kultur in verschiedenen Bereichen als überlegen wahr. Die positive Bewertung von als deutsch empfundenen Kulturelementen durch die russischen Personen des Samples kann darauf schließen lassen, dass die Außenansicht der Deutschen von Seiten der russischen Gesellschaft ähnlich positiv war und die der deutschen Minderheit entgegengebrachte Diskriminierung nicht aus einer negativen Bewertung der ihnen zugeschriebenen Kulturelemente resultierte, sondern vorrangig politisch motiviert war. Allgemein ist zu verzeichnen, dass die Familien mit ihrem Selbstverständnis als Zugehörige zur Gruppe der Deutschen in Russland zufrieden waren, da die Definition als Deutsche ausschließlich mit positiven Inhalten besetzt war. So spielte neben dem bereits erwähnten Element der Wahrnehmung eines Status als Opfer bezüglich der ethnisch-kulturellen Zugehörigkeit für die Zeit in Russland auch eine gewisse elitäre Selbstwahrnehmung und -darstellung eine Rolle.

Für die Zeit in Deutschland werden nun in Abgrenzung zur bundesdeutschen Kultur Elemente einer als russlanddeutsch und vereinzelt von der Elterngeneration als russisch definierten Kultur beschrieben. Hierbei werden im Vergleich zur Ausgestaltung der Kultur der Deutschen in Russland einige Unterschiede hinsichtlich der Inhalte deutlich.

Statt der Betonung von Pflicht- und Akzeptanzwerten werden nun vorrangig soziale Werte beschrieben. Diese Werte tauchen erstmals während des Lebens in Deutschland auf, was dadurch zu erklären ist, dass die gegenseitige Stärkung und der Rückhalt des Einzelnen in der eigenen Familie in einer zuerst fremden Umgebung nötig wird. Außerdem fällt der in Russland errungene ökonomische Status der Familien zu Beginn des Lebens in der Bundesrepublik weg, wodurch ökonomische Werte zwar noch genannt werden, aber nicht mehr dominierend auftreten. Ein zentrales Element stellt nach wie vor der Wert der Arbeit dar. Drei der untersuchten Familien beschreiben die Bereitschaft zu harter Arbeit und die Fähigkeit, praktische Arbeiten selbst zu leisten, als eine Art Lösungsstrategie, sich auch in der Bundesrepublik Deutschland sowohl in wirtschaftlicher als auch gesellschaftlicher Hinsicht etwas aufbauen zu können.

Die von den Familien definierten Kulturelemente werden in Abgrenzung zur bundesdeutschen Kultur beschrieben, wobei die Bewertung der unterschiedlichen kulturellen Elemente nicht mehr derart statisch verläuft wie bei der Darstellung der Kultur der Deutschen in Russland. Zwar werden im Bereich der sozialen Werte vorrangig die negativen Gegensätze als bundesdeutsche Charakteristika genannt, erstmals werden jedoch auch Elemente der eigenen Kultur kritisch betrachtet. So ordnen die Familien den Russlanddeutschen allgemein im Gegensatz zu Bundesdeutschen ein schwaches Selbstbewusstsein und fehlendes Durchsetzungsvermögen zu. Auch wird der als typisch russlanddeutsch beschriebene Biographieverlauf mit einer früheren Heirat und Familiengründung kritisch hinterfragt.

Die Ausführungen bezüglich der Kultur der Russlanddeutschen in der Bundesrepublik Deutschland verdeutlichen ein verändertes Selbstbild der Familien. Allgemein gesehen wird rückblickend die russische Kultur positiver wahrgenommen, was dadurch deutlich wird, dass die beschriebene russlanddeutsche Kultur teilweise als russisch definiert wird. Auch werden erstmals einige der von den Familien der eigenen Kultur zugeschriebenen Elemente kritisch beleuchtet und teilweise negativ bewertet.

Das innere Bild bezüglich der eigenen ethnisch-kulturellen Zugehörigkeit und deren inhaltlicher Ausgestaltung weist demnach keine elitären Züge mehr auf, da die Definition als Russlanddeutsche nicht mehr ausschließlich mit positiven Inhalten besetzt ist. Der Status und die Position der eigenen Kulturgruppe im Kontext der sie umgebenden Majorität hat sich für die russlanddeutschen Familien dahingehend verändert, dass sie ihre eigene ethnisch-kulturelle Zugehörigkeit und deren Ausgestaltung im Vergleich zur bundesdeutschen Kultur nicht mehr als überlegen empfinden.

Die wahrgenommene veränderte Position im kulturellen Kontext wird auch dadurch deutlich, dass die Zuordnungen bestimmter Kulturelemente nun anders vorgenommen werden, was die unten aufgeführte Tabelle verdeutlicht. Angaben diesbezüglich werden vorrangig von den akademischen Familien gemacht.

Russen	Deutsche in Russland	Russlanddeutsche	Bundesdeutsche
hoher Alkoholkonsum der Männer	geringer Alkoholkonsum der Männer	hoher Alkoholkonsum der Männer	geringer Alkoholkonsum der Männer
laut, emotional	„typisch deutsche" Disziplin und Ordnung	spontan, aktiv, laut, emotional	„typisch deutsche" Disziplin und Ordnung

Während bestimmte Elemente der Kultur der Deutschen in Russland zugeschrieben und die (negativen) Gegensätze als Charakteristikum für die russische Kultur eingeordnet wurden, werden diese Zuordnungen für die Kultur der Russlanddeutschen in Abgrenzung zur bundesdeutschen Kultureinheit nun verändert wahrgenommen. So zeichneten sich die Angehörigen der deutschen Minderheit im Gegensatz zu ihren russischen Nachbarn durch einen geringen Alkoholkonsum aus, wobei der übermäßige Alkoholgenuss russischer Männer als negativ betrachtet wurde. In Abgrenzung zur bundesdeutschen Kultur wird nun der Gruppe der Russlanddeutschen ein überhöhter Alkoholgenuss zugeordnet. Hierbei wird die eigene Kulturgruppe im Gegensatz zu der sie umgebenden bundesdeutschen Majorität negativ beschrieben. Auch das Element einer „typisch deutschen" Disziplin und Ordnung, das im Vergleich zur emotionaleren und lauteren russischen Gesellschaft charakteristisch für die Deutschen in Russland war, wird nunmehr als bundesdeutsches Kulturelement beschrieben. Im Gegensatz dazu nehmen die Russlanddeutschen sich selbst als emotionaler, lauter und aktiver wahr. In einigen Bereichen wird die vormals positive und teilweise elitäre Position der Kulturgruppe der Deutschen in Russland von den Familien nun nicht mehr für sich selbst, sondern für die bundesdeutsche Majorität wahrgenommen, die im Selbstverständnis der Russlanddeutschen nun die Position in der kulturellen Landschaft einnimmt, die vormals ihnen zustand.

Es wird deutlich, dass das Selbstverständnis der russlanddeutschen Familien von sich als Zugehörige zur Kulturgruppe der Deutschen in Russland im Vergleich zur russischen Majorität als selbstbewusster und subjektiv positiver zu werten ist als das innere Bild, das sie in der Bundesrepublik Deutschland von der Position ihrer Kulturgruppe im Vergleich zur bundesdeutschen Gesellschaft haben, obwohl – oder gerade weil – sie als Deutsche in Russland einer Verfolgung und weit stärkeren Diskriminierung ausgesetzt waren als sie es in Deutschland sind. Die schlechteren Rahmenbedingungen des Lebens in Russland haben sich demnach nicht negativ auf das Selbstverständnis der Deutschen ausgewirkt. Wahrscheinlicher ist, dass das Element der Wahrnehmung eines aus ihrer Zugehörigkeit resultierenden Status als Opfer und Ausgegrenzte sich in einer Kultureinheit, von der sie sich bewusst abgrenzten, stärkend auf ihr positives ethnisch-kulturelles Selbstverständnis auswirkte und als identitätsstiftend zu bezeichnen ist.

6.2.3 Spezifitäten im Generationenverlauf

Bei einer vergleichenden fallübergreifenden Analyse der Generationen miteinander werden trotz der Spezifika der einzelnen Familientypen weitgehend übereinstimmende Unterschiede im Generationenverlauf deutlich. Auffallend ist, dass die Ansätze bezüglich der ethnischen Komponente der kulturellen Identität in der Großelterngeneration unabhängig vom jeweiligen Familientyp sehr ähnlich sind.[348] Diese Spezifitäten gelten jedoch ausschließlich für die russlanddeutschen Familien des Samples, nicht aber für die hinsichtlich ihrer Nationalität gemischten Familie Hahn.

---

348 Eine Ausnahme stellt hier der weibliche Teil der Großelterngeneration der Familie Schwarz dar, da Rita Mejder im Gegensatz zu den anderen Großeltern für sich selbst zu einer zufriedenstellenden Definition hinsichtlich der ethnischen Komponente ihre kulturellen Identität gelangt.

Während ihres Lebens in Russland definierten sich die Großeltern vorrangig als Zugehörige zur deutschen Minderheit und nahmen im kulturellen Bereich wenige bis keine Anpassungsleistungen an die sie umgebende russische Majorität vor. In der Zeit bis zur Deportation lebten sie in deutschen Siedlungsgebieten und legten Wert auf die Pflege und Bewahrung der deutschen Sprache und des von ihnen als deutsch empfundenen Kulturgutes, dessen Elemente in einer klaren Abgrenzung zur russischen Kultur beschrieben werden. Die mit Beginn des Zweiten Weltkrieges einsetzenden Deportationen in sibirische oder mittelasiatische Regionen stellten für die Angehörigen der Großelterngeneration traumatische Erfahrungen dar. Diese und die von ihnen in den darauffolgenden Jahren empfundenen Diskriminierungen und Repressionen von Seiten der russischen Gesellschaft führten zu einem starken Opferbewusstsein. In der Auseinandersetzung mit ihrer ethnisch-kulturellen Identität bildete die Wahrnehmung einer Opferrolle für die Großelterngeneration ein dominierendes Element. So wurden die Gründe für eine Ausreise nach Deutschland ausschließlich als kulturell motiviert beschrieben.

Um so größer ist die Erschütterung über die aus der Konfrontation mit der Lebensweise einheimischer Deutscher resultierende Erkenntnis, dass die bundesdeutsche Kultur und Gesellschaft mit den von ihnen als deutsch empfundenen Kulturelementen nicht vereinbar ist. Übereinstimmend grenzt sich die Großelterngeneration von der bundesrepublikanischen Kultur ab, indem sie als Gegenhorizont die Kultur der ehemaligen deutschen Minderheit in Russland heranzieht. Auf diesen Zustand, sich selbst zwar als deutsch zu definieren, aber eine Zugehörigkeit zur bundesdeutschen Kultureinheit auszuschließen, reagiert die Großelterngeneration unabhängig vom jeweiligen Familienhintergrund dahingehend, sich selbst als „nicht richtig deutsch" einzuordnen. Die Großeltern gelangen im Vergleich zu einheimisch Deutschen demnach zu einer Negatividentifikation, die in den meisten Fällen mit einer erneuten Wahrnehmung eines Opferstatus einhergeht. Wenn auch in einer abgeschwächteren Form, empfindet sich die Großelterngeneration auch in der Bundesrepublik Deutschland aufgrund ihrer ethnisch-kulturellen Zugehörigkeit ausgegrenzt, was verdeutlicht, dass das Element der Wahrnehmung einer Opferrolle die Migration überdauert hat und bezüglich des kulturellen Bereiches noch immer dominierend ist.

Eine Ausnahme stellt hierbei die Großelterngeneration der Familie mit einem starken religiösen Erlebnishintergrund dar. Diese gelangt aufgrund ihrer mit der ethnischen Komponente der kulturellen Identität zusammenhängenden religiösen Ausrichtung und des damit verbundenen theologischen Absolutheitsanspruchs im Vergleich zu einheimisch Deutschen zu der Überzeugung, zu den „wahren Deutschen" zu gehören. Die Religiosität stellt hier für die Großeltern einen derart stabilisierenden Faktor dar, dass die Zuordnung einer Negatividentifikation vermieden werden kann.

Die Elterngeneration definierte sich ebenso wie die Großelterngeneration während ihres Lebens in der ehemaligen Sowjetunion als deutsch und beschrieb von sich als deutsch wahrgenommene Kulturelemente in Abgrenzung zur russischen Kultur. Im Gegensatz zur Großelterngeneration kennen die Eltern das ehemalige Leben in deutschen Siedlungen aber ausschließlich aus Erzählungen, da sie selbst bereits in einem sowjetischen Umfeld aufwuchsen. Bezüglich der Lebensweise und Kultur der deutschen Minderheit müssen sie auf an sie tradiertes Wissen zurückgreifen, wobei in fast allen Familien auf die Pflege des als deutsch empfundenen Kulturgutes Wert gelegt wurde. Besonders die Wahrnehmung eines in der Zugehörigkeit zur deutschen Kulturgruppe begründeten Opferstatus ist als tradiertes und teilweise auch aus eigenen Erfahrungen resultierendes Element zu sehen, kommt es doch in jeder Elterngeneration vor, wenn auch in unterschiedlich stark ausgeprägter Form. Im Gegensatz zu der Generation der Großeltern durchlief die der Eltern jedoch das sowjetische Erziehungs- und Schulwesen und lebte allgemein in einer engeren Verknüpfung zur sie umgebenden russischen Gesellschaft.

Mit dem Beginn des Lebens in der bundesdeutschen Gesellschaft werden wie den Großeltern auch den Eltern die Unterschiede zwischen der eigenen als deutsch wahrgenommenen Kultur und der in der Bundesrepublik bestehenden kulturellen Realität bewusst. Es setzt ein Prozess der Reflexion der eigenen ethnisch-kulturellen Orientierung ein, der je nach familiärem Hintergrund zu unterschiedlichen Resultaten führt. Gemein ist der Elterngeneration jedoch, dass in Konfrontation mit einheimisch deutschen Kulturelementen eine Rückbesinnung auf die Prägung durch die russische Kultur während ihres Lebens in der ehemaligen Sowjetunion stattfindet, so dass zur Abgrenzung von der bundesdeutschen Kultur nicht wie bei der Großelterngeneration die Kultur der Deutschen in Russland, sondern die russische Kultur als Gegenhorizont herangezogen wird. Als russisch anzusehende Kulturelemente werden bewusst im eigenen Habitus wahrgenommen und als Begründung für die Unterschiedlichkeit zur bundesdeutschen Kultur herangezogen.

Dies steht im Gegensatz zur Wahrnehmung der Großelterngeneration, die die Unvereinbarkeit von ihrer eigenen als deutsch empfundenen Kultur und Zugehörigkeit und der bundesdeutschen Kultur ausschließlich damit begründen, selbst „nicht richtig deutsch" zu sein. Die Eltern beziehen aber die als russisch wahrgenommenen Elemente in ihre ethnisch-kulturelle Orientierung als Zusatzkomponente mit ein und gelangen dadurch nicht zwangsläufig zu einer negativen Selbstidentifikation. In der Bewertung dieser zusätzlichen kulturellen Komponente im Vergleich zur einheimisch deutschen Gesellschaft kommen die Eltern jedoch zu unterschiedlichen Positionen, die von den schichtspezifischen Rahmenbedingungen der einzelnen Familien abhängig sind.

Obwohl das Element der Selbstwahrnehmung als Opfer bei der Elterngeneration unterschiedlich stark ausgeprägt ist, taucht es doch bei allen ihren Angehörigen auf. In der Auseinandersetzung mit der ethnisch-kulturellen Orientierung stellt der empfundene Opferstatus somit wie bei der Großelterngeneration auch bei den Eltern ein die Migration überdauerndes Element dar. In der Analyse der Elterngeneration wird deutlich, dass die Ausprägung der Wahrnehmung eines Opferstatus in engem Zusammenhang steht mit der Bewertung der durch die Erfahrungen des Lebens in Russland gebildeten kulturellen Zusatzkomponente. Bei den Familien, in denen die Wahrnehmung einer Opferrolle auch in Deutschland dominiert, ist eine negative Bewertung der russischen Kulturelemente zu verzeichnen. Im Gegensatz dazu wird eine positive Bewertung der kulturellen Zusatzkomponente tendenziell bei den Familien sichtbar, die den Opferstatus nur noch am Rande wahrnehmen.

Ausgenommen hiervon sind die Familien mit starkem religiösen Bezug, bei denen das Element der gesellschaftlichen Ausgrenzung und der Wahrnehmung einer Opferrolle neben der Bedeutung im ethnisch-kulturellen Bereich auch aus der Religiosität resultiert und hierin grundsätzlich positiv bewertet wird. So führt eine Dominanz der Empfindung eines Status als Ausgegrenzte bei religiös ausgerichteten Familien nicht zu einer negativen Bewertung der kulturellen Zusatzkomponente.

Wie die Großeltern- und die Elterngeneration definiert sich die Kindergeneration größtenteils als deutsch. Aufgrund der kurzen, in der ehemaligen Sowjetunion verbrachten Zeit müssen die Kinder bezüglich ihres Lebens in Russland auf an sie tradiertes Wissen zurückgreifen, wobei der Umfang der Kenntnisse des Lebens der Deutschen in Russland je nach Bildungsstand der Familien differiert. Bei allen Kindern wird jedoch das Element der Wahrnehmung eines Opferstatus deutlich, wenn auch im Vergleich zu den anderen Generationen in abgeschwächter und je nach Familie in unterschiedlich stark ausgeprägter Form. Es wird aber deutlich, dass das Empfinden einer Opferrolle im Generationenverlauf bis an die Kindergeneration tradiert wurde und in den Familien bezüglich der Auseinandersetzung mit der ethnischen Komponente der kulturellen Identität noch heute von Bedeutung ist.

Zur Abgrenzung von der bundesdeutschen Kultur ziehen die Kinder im Gegensatz zur Großeltern- und auch Elterngeneration eine von ihnen als russlanddeutsch definierte Kultur hinzu. Allerdings wird diese mit denselben Inhalten ausgestaltet wie die von den Eltern als russisch bezeichnete Kultur, was verdeutlicht, dass die Unterscheidung hier lediglich in der Wahl der Begrifflichkeit, nicht aber in der inhaltlichen Ausgestaltung besteht. Bezüglich ihrer eigenen ethnisch-kulturellen Verortung nehmen die Kinder allgemein die Position ihrer Eltern ein. Es zeigt sich aber im Generationenverlauf eine Tendenz dahingehend, dass die Auseinandersetzung mit der ethnischen Komponente der kulturellen Identität und Selbstwahrnehmung für die Kindergeneration im Vergleich zu ihren Eltern an Bedeutung verliert und andere die Familie umgebende Erlebnishorizonte im Gegensatz dazu wichtiger werden.

6.2.4 Unterschiede bezüglich des Status der Familien

Um bei einer fallübergreifenden komparativen Analyse mehrere Vergleichshorizonte mit einbeziehen zu können, wurden für die Studie nicht nur Familien mit mehreren Generationen, sondern auch mit unterschiedlichen Erlebnishintergründen ausgewählt. Diese die jeweilige Familie umgebenden Erfahrungsräume beziehen sich auf den Bildungsstand, die Religiosität und die nationale Herkunft. Eine komparative Analyse verdeutlicht, dass die kulturelle Selbstverortung hinsichtlich des ethnischen Bereiches der Familien mit dem jeweiligen familiären Erlebnishintergrund korreliert und Auswirkungen auf das Integrationsverhalten der einzelnen Familienmitglieder hat.

Die nationale Herkunft der Familien

Bezogen auf das Kriterium der nationalen Herkunft bildet eine gemischte Familie mit vorrangig russischen Familienmitgliedern und nur einem Russlanddeutschen einen Vergleichshorizont zu den russlanddeutschen Familien des Samples. Es zeigt sich, dass die russischen Familienmitglieder der Familie Hahn nach ihrer Einreise in die Bundesrepublik keinerlei tiefgreifenden Irritationen in ihrer ethnisch-kulturellen Zugehörigkeit ausgesetzt sind. Sie behalten grundsätzlich ihre Zuordnung zur sowjetischen Kultur bei – auch wenn diese jetzt als russisch oder russlanddeutsch bezeichnet wird – und sind durch eine bewusst gewählte Offenheit anderen Kulturen gegenüber in der Lage, bundesdeutsche Kulturelemente in ihre Handlungspraxis mit einzubeziehen. Hierbei wird auf das in Russland erprobte Prinzip des Mischens von Kulturen zurückgegriffen. So kommt zum Beispiel Familie Hahn generationenübergreifend zu einer bikulturellen Ausrichtung. Hieraus resultiert die grundsätzliche Bereitschaft zu Integrationsleistungen, die neben einer strukturellen bei Familie Hahn im Gegensatz zu den meisten russlanddeutschen Familien der Untersuchung auch eine soziale und kulturelle Integration beinhaltet. Bezüglich der Integrationsbereitschaft ist neben der nationalen Herkunft von Familie Hahn aber auch ihre Zugehörigkeit zum akademischen Milieu als Einflussfaktor zu beachten.

Wo die überwiegend ausländische Familie Hahn bezüglich ihrer ethnisch-kulturellen Identität durch den Beginn des Lebens in Deutschland keinerlei Irritationen erlebt, sehen sich die russlanddeutschen Familien des Samples in Konfrontation mit der bundesdeutschen Kultur einem tiefgreifenden Kulturkonflikt gegenüber. Durch die Erkenntnis der Unterschiedlichkeit zwischen der eigenen als deutsch empfundenen Kultur und bundesdeutschen Kulturelementen setzt fall- und generationenübergreifend ein Prozess der Reflexion der eigenen ethnisch-kulturellen Zugehörigkeit ein, bei der generationen- und fallspezifisch unterschiedliche Resultate erzielt werden. Zu einer bikulturellen Ausrichtung, wie sie bei Familie Hahn sichtbar wird, gelangt aber keine der russlanddeutschen Familien der Studie, was sich auf die Integrationsbereitschaft dahingehend auswirkt, dass bezüglich des kulturellen Bereichs keine Anpassungsleistungen vorgenommen werden und eine soziale Integration nur ansatzweise und auch nur bei wenigen Familien stattfindet. An dieser Stelle ist wie im Vorigen bei der Beschreibung der integrativen Leistungen von Familie Hahn auf die Mehrdimensionalität der Erlebnishintergründe der Familien hinzuweisen, so dass neben der ethnisch-kulturellen Herkunft weitere Faktoren die Integrationsbereitschaft beeinflussen. Auf diese wird noch eingegangen werden.

Auch wenn der nach der Einreise nach Deutschland entstehende Kulturkonflikt für den russlanddeutschen Großvater von Familie Hahn in seiner Ausgestaltung leicht von dem der anderen russlanddeutschen Familien differiert, erlebt auch er in Konfrontation mit der bundesdeutschen Kultur eine Erschütterung seiner eigenen ethnisch-kulturellen Zugehörigkeit und gelangt im Gegensatz zu den russischen Mitgliedern seiner Familie nicht zu einer zufriedenstellenden Verortung. Während seines Lebens in Russland definierte er sich als Angehöriger der sowjetischen Kultur, die als eine Art „Sammelkultur" fungierte und Elemente der unterschiedlichen Kulturen vereinte. Die Schwierigkeit besteht nach der Migration in die Bundesrepublik Deutschland für ihn nun nicht wie bei den russlanddeutschen Personen des Samples in der Erkenntnis der Unvereinbarkeit des in Russland gelebten Deutschtums und der bundesdeutschen Kultur, sondern in dem Wegfall einer übergeordneten Einheit, die eine Auseinandersetzung mit der eigenen ethnisch-kulturellen Identität unnötig macht.

Allgemein gesehen wird deutlich, dass Russlanddeutsche im Gegensatz zu Angehörigen anderer Kulturen nach ihrer Einreise in die Bundesrepublik Deutschland einem spezifischen und – wie in dieser Studie sichtbar wird – auch schwieriger zu bewältigenden Kulturkonflikt ausgesetzt sind. Dieser resultiert daraus, dass auf der einen Seite eine undifferenzierte Annahme der Zugehörigkeit zur deutschen Kultureinheit besteht, auf der anderen Seite aber die Erkenntnis der Unvereinbarkeit der eigenen als deutsch empfundenen Kultur mit bundesdeutschen Kulturelementen. Dies führt zu einer tiefen Erschütterung der eigenen Position. In dem daraufhin einsetzenden Reflexionsprozess muss nicht nur wie bei ausländischen Einwanderern eine Lösungsstrategie für den Umgang mit fremden Kulturelementen entwickelt, sondern ebenso die eigene ethnische Komponente der kulturellen Identität überdacht und letztendlich eine veränderte ethnisch-kulturelle Selbstverortung vorgenommen werden. Es wird deutlich, dass der Aspekt der ethnischen Zugehörigkeit aufgrund des spezifischen Kulturkonfliktes bei Russlanddeutschen im Rahmen der Migration eine besondere Bedeutung erfährt.

Der Bildungsstand der Familien

Wie bereits in der Beschreibung der Unterschiede im Generationenverlauf der Familien deutlich wurde, ist bei der Auseinandersetzung mit der ethnischen Komponente der kulturellen Identität eine Auswirkung der jeweiligen Erlebnishintergründe der Familien auf die Großelterngeneration kaum sichtbar geworden. Die Ausführungen bezüglich der Bedeutung des Bildungsstandes beziehen sich demnach vorrangig auf die Eltern- und Kindergeneration. Da die in ihrer nationalen Abstammung gemischte Familie wie zuvor erläutert größtenteils keine Irritationen hinsichtlich der ethnischen Komponente ihrer kulturellen Identität erlebt, beziehen sich die folgenden Ausführungen, die auf die Untersuchung der Relevanz des Bildungsstandes in Bezug auf die Ausgestaltung des ethnischen Bereiches kultureller Identität zielen, ausschließlich auf die russlanddeutschen Familien.

Die komparative Analyse deckt auf, dass sich das jeweils in den einzelnen Familien herrschende Bildungsniveau maßgeblich auf die Bewältigung des Kulturkonflikts auswirkt. Zur Erläuterung können hierzu zwei Familien des Samples als exemplarische Fälle angeführt werden, die bezüglich des Bildungsstandes unterschiedliche Ausgangspunkte haben. Familie Wondel repräsentiert an dieser Stelle die Familien mit einer akademischen Ausrichtung, Familie Kanz diejenigen, die einem nicht-akademischen Milieu angehören.

In den Familien werden bei dem in Konfrontation mit der bundesdeutschen Gesellschaft einsetzenden Reflexionsprozess bezüglich der ethnischen Komponente der kulturellen Orientierung ganz ähnliche Ansätze zur Bewältigung sichtbar, doch vollkommen unterschiedliche Resultate erlangt. Um die Unterschiedlichkeit zwischen der eigenen als deutsch empfundenen Kultur und der als einheimisch deutsch eingeordneten Lebensart begründen zu können, findet bei der Elterngeneration nach der Einreise in die Bundesrepublik Deutschland eine Rückbesinnung auf die Prägung durch die russische Kultur statt. Diese in die eigene Handlungspraxis übernommenen und als russisch empfundenen Elemente werden von den Familien innerhalb ihres ethnisch-kulturellen Selbstbildes als zusätzliche Komponente aufgenommen. So gelangen sie zu der Definition, grundsätzlich Deutsche zu sein, jedoch mit dem Zusatz, auch russische Kulturelemente verinnerlicht zu haben, wodurch sie sich von einheimisch Deutschen unterscheiden.

Während die Familien einheitlich diese Rückbesinnung vornehmen, unterscheiden sie sich gänzlich in der subjektiven Bewertung dieser kulturellen Zusatzkomponente. Die Eltern- und Kindergeneration der Familie Wondel nehmen ihre zusätzliche Prägung als Bereicherung und aufgrund dessen sich selbst im Vergleich zu einheimisch Deutschen als interessanter wahr. Die Familie gelangt hierbei bezüglich ihrer eigenen ethnisch-kulturellen Verortung selbstbewusst zu der Definition eines Exklusivstatus und beschreibt sich als „Deutsche mit russischem Glanz". Das bei den russlanddeutschen Familien fall- und generationenübergreifend auftauchende Element der Wahrnehmung eines Opferstatus ist auch bei Familie Wondel vorhanden, jedoch in einer stark abgeschwächten Form. Dies wirkt sich auf die Integrationsbereitschaft der Familie dahingehend aus, dass eine größere Offenheit der bundesdeutschen Gesellschaft gegenüber deutlich wird. Obwohl besonders die Elterngeneration Wert auf eine Bewahrung des als russlanddeutsch empfundenen Kulturgutes legt, lebt die Familie keinen Rückzug in die Eigengruppe. Neben einer strukturellen Integration wird besonders von der Kindergeneration zusätzlich eine soziale Integration angestrebt.

Hinsichtlich ihrer kulturellen Zusatzkomponente gelangt Familie Kanz demgegenüber zu einer negativen Bewertung. Die Prägung durch russische Kulturelemente wird nicht vorrangig als Bereicherung, sondern vielmehr als Ursache für eine erneute Ausgrenzung wahrgenommen, so dass die Familie letztendlich zu einer Definition als Deutsche mit Makel gelangt. Dementsprechend tritt das Element des Empfindens eines Opferstatus bei Familie Kanz dominierend auf und wird sowohl von der Eltern- als auch der Kindergeneration beschrieben. Diese im Gegensatz zu Familie Wondel weit weniger selbstbewusste Bewertung der eigenen ethnisch-kulturellen Position führt bezüglich der Integrationsbereitschaft der Familie dazu, dass zwar eine strukturelle Integration vollzogen, im Privatbereich jedoch besonders von der Kindergeneration bewusst ein Rückzug in die Eigengruppe gelebt wird.

Es ist davon auszugehen, dass die unterschiedliche Bewertung der von den Familien für sich selbst definierten kulturellen Zusatzkomponente im Zusammenhang mit dem jeweiligen Bildungsstand der Familien steht, da die akademisch ausgerichteten Familien zu einer positiven, dagegen die nicht-akademischen Familien zu einer negativen Einschätzung gelangen. Eine Auswirkung dieser unterschiedlichen Bewertung wird besonders in Bezug auf das Integrationsverhalten der Kindergeneration sichtbar. Hierbei strebt die Kindergeneration der ihre ethnisch-kulturelle Position positiv bewertenden akademischen Familien eine soziale Integration an und zeigt sich allgemein offener gegenüber der bundesdeutschen Gesellschaft. Im Gegensatz dazu vollzieht die Kindergeneration der nicht-akademischen Familien einen Rückzug in die Eigengruppe.

Es zeigt sich, dass der Bildungsstand einen die Migration überdauernden familiären Rahmen darstellt, während der ethnische Rahmen nach der Einreise in die

Bundesrepublik Veränderungsprozessen ausgesetzt ist. Für die akademisch ausgerichteten Familien stellt ihr Bildungsstand eine konstante Ressource dar, auf die sie in der Auseinandersetzung mit der ethnischen Komponente ihrer kulturellen Orientierung zurückgreifen können. Neben der ethnischen Zugehörigkeit wird auch die Zugehörigkeit zum akademischen Milieu als identitätsstiftendes Element wahrgenommen, so dass bei der Erschütterung des ethnisch-kulturellen Bereiches der Bildungsstand für die Familienmitglieder einen stabilisierenden Faktor darstellt. Bei den nicht-akademischen Familien fällt ein solcher die Familie zusätzlich umgebender Rahmen weg, so dass die Erschütterung des ethnischen Rahmens nicht durch das Zurückgreifen auf eine stabilisierende Zusatzkonstante abgemildert und zufriedenstellend bewältigt werden kann. Auffallend ist die nach der Einreise nach Deutschland auftretende Wahrnehmung einer Opferrolle, die bei den nicht-akademischen Familien als dominierendes Element auftritt und die Zugehörigkeit zu einer erneuten Minderheitenposition zu stärken scheint und somit – wenn auch einer Integration in die bundesdeutsche Gesellschaft zuwiderlaufend – als identitätsstiftend bezeichnet werden kann.

Im Generationenverlauf zeigt sich fallübergreifend eine Tradierung der kulturellen Selbstverortung im ethnischen Bereich, so dass die Kindergeneration zu einer ähnlichen Definition der ethnisch-kulturellen Identität gelangt wie auch die Elterngeneration. Deutlich wird aber, dass sich in Bezug auf die Bildung der kulturellen Identität tendenziell eine Veränderung in der Bedeutung der unterschiedlichen identitätsstiftenden Ressourcen vollzieht. Es fällt auf, dass das Zugehörigkeitsgefühl zu einer Minderheitenposition bei der Kindergeneration der nicht-akademischen Familien nach außen auffälliger präsentiert wird als bei der Elterngeneration. Durch den bewussten Rückzug in die Eigengruppe drücken die Kinder ihre Zugehörigkeit zu den Russlanddeutschen als eine in Deutschland lebende Minderheit deutlicher und für die sie umgebende bundesdeutsche Majorität stärker wahrnehmbar aus. Die Kindergeneration hat demnach das bei ihren Eltern auftretende Element der Wahrnehmung einer Opferrolle und Ausgrenzung aufgegriffen und es identitätsstiftend genutzt.

Auch im Generationenverlauf der akademischen Familien zeigt sich eine geringe Veränderung. So wird bei der Kindergeneration im Vergleich zu den Eltern eine leichte Verschiebung der die Familie umgebenden Rahmen deutlich. Während der ethnische Rahmen für die Elterngeneration aufgrund ihrer eigenen Erfahrungen noch dominierend ist, gewinnt für die Kindergeneration die Ressource der Zugehörigkeit zum akademischen Milieu an Bedeutung. Dies zeigt sich dadurch, dass sie bei der Beschreibung einer inhaltlichen Ausgestaltung ihrer kulturellen Orientierung stärker noch als ihre Eltern die Ausrichtung an bildungsspezifischen Werten betonen, die sie als Begründung für ihre teilweise vorgenommene Abgrenzung von anderen russlanddeutschen Jugendlichen angeben. Hierbei verwischen die Grenzen zwischen dem ethnischen Bereich und dem des Bildungsstandes, doch wird bezüglich der innerfamiliären Tradierung die Tendenz sichtbar, dass die ethnische Komponente des kulturellen Rahmens zugunsten der den Bildungsstand betreffenden Ressource an Bedeutung verliert. So kommt ein identitätsstiftendes Element zum Tragen, das im Gegensatz zu den nicht-akademischen Familien nicht auf die erneute Stärkung einer Minderheitenposition zielt, sondern eine Integration in die bundesdeutsche Gesellschaft möglich macht.

Die Religiosität innerhalb der Familien

Im Gegensatz zu dem dargestellten Zusammenhang zwischen der ethnischen Selbstverortung und dem Bildungsstand, der bei der Eltern- und Kindergeneration der jeweiligen Familien deutlich wird, ist eine Auswirkung der Religiosität bei allen Generationen sichtbar. Wie alle anderen russlanddeutschen Familien des Samples sehen sich auch die religiös ausgerichteten Familien in Konfrontation mit der bundesdeutschen Gesellschaft und der Erkenntnis der Unterschiedlichkeit zwischen der eigenen als deutsch empfundenen Kultur und bundesdeutschen Kulturelementen vor der Herausforderung, die ethnische Komponente ihrer kulturellen Orientierung und Zugehörigkeit zu überdenken. Der daraufhin einsetzende Reflexionsprozess führt für die religiösen Familien ähnlich wie für die akademischen Familien zu einem positiven und für die Familienmitglieder zufriedenstellenden Resultat.

Die Diskrepanz zwischen der eigenen als deutsch empfundenen Zugehörigkeit und der gleichzeitigen Abgrenzung von der bundesdeutschen Kultureinheit wird dahingehend überwunden, dass die Familien generationenübergreifend zu der Überzeugung gelangen, im Vergleich zu der einheimisch deutschen Majorität die „wahren Deutschen" zu sein. Um dem Ausdruck zu verleihen, wird von den Familien der fehlende Patriotismus der Bundesdeutschen kritisiert und im Gegenzug dazu ihre eigene Verwurzelung in der deutschen Kultur betont.

Ähnlich wie der Bildungsstand für die jeweiligen Familien eine im Rahmen der Migration konstante Ressource darstellt, wirkt auch die sich durch die Einreise in die Bundesrepublik nicht verändernde Religiosität stabilisierend auf die Familienmitglieder. Da sich die Familienmitglieder bewusst sowohl als Deutsche wie auch als Christen identifizieren, bleibt bei der Erschütterung der ethnischen Komponente der kulturellen Orientierung nach der Einreise nach Deutschland die Religiosität als identitätsstiftendes Element bestehen, so dass die Familien ausreichend Ressourcen für eine zufriedenstellende Bewältigung des Kulturkonflikts freisetzen können und zu einer positiven kulturellen Selbstverortung gelangen.

Bestehen bleibt das Element der Wahrnehmung einer Opferrolle, das auch während des Lebens in der bundesdeutschen Gesellschaft dominierend auftritt, wenn auch schwächer als zu der Zeit in der ehemaligen Sowjetunion. Im Fall der religiös ausgerichteten Familien geht das Empfinden einer Ausgrenzung jedoch im Gegensatz zu den nicht-akademischen Familien, die zu einer Negatividentifikation kommen, mit einer für die Familienmitglieder zufriedenstellenden ethnisch-kulturellen Selbstverortung einher. Dies ist dadurch zu begründen, dass das Element einer Ausgrenzung für die Familien nicht nur im ethnischen Bereich eine zentrale Bedeutung hat, sondern auch Bestandteil ihrer Religiosität ist. So beinhaltet die Zugehörigkeit zu einer religiösen Minderheit immer auch die Abgrenzung von der nicht religiösen Majorität, wobei aus theologischer Sicht ein Status des Ausgegrenzt-Seins sogar angestrebt und demnach positiv bewertet wird.[349] Die Bildung einer Minderheitenposition wird bei den religiösen Familien des Samples demnach sowohl durch ihren ethnischen als auch durch den religiösen Rahmen begünstigt.

So führt die positive ethnisch-kulturelle Selbstverortung der Familien aufgrund des angestrebten Status einer Ausgrenzung nicht zu einer großen Integrationsbereitschaft. Der ebenfalls religiös geprägte Jascha aus der Familie Schwarz betont demgegenüber sogar eine Verweigerung jeglicher Anpassungsleistungen im kulturellen Bereich. Obwohl von den religiösen Familien eine strukturelle Integration vorgenommen wird, streben sie alle durch einen bewussten Rückzug in die Eigengruppe eine kulturelle Segregation an, der sie unter anderem durch einen einheitlichen Kleidungsstil nach außen hin deutlich Ausdruck verleihen. Bei den religiös ausgerichteten Familien führt die positive Ausgestaltung der ethnischen Komponente der kulturellen Identität nicht zu einer äußerlich sichtbaren Integration.

Wie bei den akademischen Familien wird auch bei den religiösen Familien im Generationenverlauf hinsichtlich der Bildung der kulturellen Identität eine veränderte Bedeutung der die Familie umgebenden Rahmen deutlich. Für die Kindergeneration verliert der ethnische Rahmen an Bedeutung, wohingegen die persönliche Religiosität wichtiger wird, so dass von den Kindern primär eine Identifizierung als Christen gewählt wird. Bezüglich der innerfamiliären Tradierung zeigt sich die Tendenz, dass der religiöse Rahmen zu Lasten der Auseinandersetzung mit der ethnischen Zugehörigkeit an Bedeutung gewinnt. Das Element der Ausgrenzung tritt auch innerhalb der Kindergeneration dominierend auf, wobei die selbst gewählte

---

349 Da Biblizismus und dogmatisches Schriftverständnis typisch sind für die Religiosität Russlanddeutscher (vgl. Theis 2006, S. 138ff.), werden biblische Textstellen wörtlich verstanden. Aufgrund dessen beinhaltet das religiöse Verständnis russlanddeutscher Aussiedler beispielsweise die Überzeugung, Versen wie „Darum gehet aus von ihnen und sondert euch ab, spricht der Herr." aus 2. Korinther 6,17a (Übersetzung nach Martin Luther) Folge zu leisten.

Abgrenzung vorrangig mit religiösen Motiven begründet wird. Da die Religiosität aber ausschließlich in einem russlanddeutschen Umfeld gelebt wird und die Grenzen zwischen dem ethnischen und religiösen Bereich stark verwischen, kann auch bei der Kindergeneration von einer angestrebten Segregation gesprochen werden, die einer Integration in die bundesdeutsche Gesellschaft zuwider läuft.

6.2.5 Das Opferbewusstsein als Familienerinnerung

Die Wahrnehmung einer Opferrolle konnte im Rahmen der komparativen Analyse fallübergreifend als ein für die ethnische Komponente der kulturellen Orientierung identitätsstiftendes Element herausgearbeitet werden. Wenn auch die Dominanz der Identifizierung als Opfer je nach Generation und Familie variiert, so finden sich doch in jeder Familie Berichte und Erzählungen über die Geschehnisse, die der Wahrnehmung eines Opferstatus zugrunde liegen.

Eine Ausnahme stellt hierbei die in ihrer nationalen Herkunft gemischte Familie dar. Zwar findet bei dem russlanddeutschen Großvater der Familie nach der Migration nach Deutschland eine Rückbesinnung auf das Schicksal der deutschen Minderheit in Russland statt, so dass er seinen eigenen Opferstatus zu betonen beginnt und rückblickend von diskriminierenden Situationen erzählt. Doch stellt die Wahrnehmung eines Status als Opfer eigenen Angaben zufolge für die restlichen Mitglieder seiner Familie kein identitätsstiftendes Element dar. Die folgenden Ausführungen beziehen sich daher ausschließlich auf die russlanddeutschen Familien der Studie.

Grundsätzlich resultiert die Rolle als Opfer für die Familien des Samples aus der infolge des Zweiten Weltkrieges einsetzenden massenhaften Verfolgung und Deportation der Deutschen in Russland. Die dazu gehörenden Erzählungen werden deshalb in der Auswertung primär betrachtet. Da die Wahrnehmung einer Ausgrenzung aber generationenübergreifend auch nach der Deportation während des gesamten Lebens in der ehemaligen Sowjetunion für die Familien präsent bleibt und auch für das Leben in der Bundesrepublik Deutschland ein wesentliches Element darstellt, müssen auch die dies betreffenden Berichte Berücksichtigung finden.

Allen russlanddeutschen Familien gemein ist, dass die Erinnerung an die Verfolgung und Deportation der deutschen Minderheit in Russland innerfamiliär wach gehalten wird. Fallübergreifend übernimmt die Großelterngeneration diese Funktion, was darauf zurückzuführen ist, dass sie die Zeit persönlich miterlebt hat und somit über eigene Erfahrungen verfügt. Die vorwiegend narrativen Textpassagen bestehen dementsprechend aus Erzählungen über die persönlichen Vertreibungserlebnisse der Großeltern und ihrer damaligen Familien. Hierbei werden übergreifend traumatische Erfahrungen beschrieben, die sowohl den Tod von Familienmitgliedern als auch das Auseinanderreißen der Familien und die überaus schweren Lebensbedingungen in den Arbeitslagern betreffen. Auffallend ist eine Ähnlichkeit in der Erzählstruktur der Opferberichte, die alle über äußerst ausführliche und sehr detaillierte Beschreibungen verfügen. Daraus wird deutlich, dass sich die Großelterngeneration sehr genau an die Erlebnisse erinnert und bereitwillig davon erzählt. Das Erzählen der eigenen Vertreibungserlebnisse scheint der Großelterngeneration in allen Familien ein großes Bedürfnis zu sein.[350]

Neben dem selbst Erlebten enthalten die Opferberichte auch Beschreibungen des allgemeinen Schicksals der deutschen Minderheit in Russland. Hierbei wird unabhängig von den Erlebnissen der eigenen Familie von den Ausmaßen der Vertreibung und Deportation berichtet. Zahlen und Statistiken über die Opfer werden angeführt und über die Lebensbedingungen in den Arbeitslagern berichtet. Diese verallgemeinernden Beschreibungen weisen lediglich Unterschiede bezüglich der Geschehnisse in den Regionen auf, in denen die jeweiligen Familien zum Zeitpunkt der einsetzenden Vertreibung lebten. So flohen die in der Ukraine angesiedelten Familien während des Krieges oftmals nach Deutschland, wo sie von der russischen Front eingeholt und daraufhin in mittelasiatische Regionen deportiert wurden, während die Familien des Samples, die in der Wolgaregion lebten, auf direktem Wege deportiert wurden. Wenn die Großeltern auch primär über objektive Kenntnisse hinsichtlich des eigenen Vertreibungsweges verfügen, weisen sie in den meisten Fällen auch auf die Vertreibungssituation der Deutschen aus anderen Regionen Russlands hin.

Zusammenfassend lässt sich sagen, dass die Erinnerung an die Geschehnisse der Vertreibung und Deportation in allen Familien von der Großelterngeneration durch wiederholte Erzählungen wach gehalten wird. Die Opferberichte enthalten sowohl Beschreibungen der subjektiven Vertreibungserlebnisse der Großeltern und ihrer Familien als auch verallgemeinernde Berichte über die Gesamtsituation der deutschen Minderheit während ihrer Vertreibung, wobei die Struktur der Berichte übergreifend gekennzeichnet ist durch eine auffällig ausführliche und detaillierte Erzählweise. Die Opferberichte weisen fallübergreifend eine derart große Ähnlichkeit in Inhalt und Erzählstruktur auf, dass davon auszugehen ist, dass eine Art objektives Wissen über den Opferstatus der ehemaligen deutschen Minderheit in Russland besteht und die allgemeine Wahrnehmung der Einzelnen als Opfer durch die Volksgruppe der Russlanddeutschen mit konstituiert wird.

---

350 Auf die heilende Wirkung biographischen Erzählens weist Gabriele Rosenthal im Rahmen ihrer Forschungen über den Holocaust im Leben von drei Generationen hin. Nehmen Betroffene nämlich traumatische Erlebnisse als erzählbar wahr, bekommen sie dadurch die Möglichkeit, sich von diesen zu distanzieren. So kann das Vergangene von der Gegenwart als unterscheidbar erlebt werden (vgl. Rosenthal 1993, S. 167ff.).

Die Tatsache, dass auch die Elterngeneration und zum Teil die Kindergeneration die Erzählungen der Großeltern kennen und die Vertreibungserlebnisse ebenso beschreiben können, zeigt, dass eine innerfamiliäre Tradierung stattgefunden hat. Somit sind die Inhalte der Opferberichte fallübergreifend als eine gemeinsame Familienerinnerung zu bezeichnen.

Die in den Familien wachgehaltenen Opferberichte beziehen sich neben den direkten Erlebnissen der Vertreibung auch auf die jüngere Zeit des Lebens in Russland. Hierbei wird von einem anhaltenden Status der Ausgrenzung berichtet, wobei diesbezüglich vorrangig die Eltern als Erzählende auftreten. Auch diese Berichte sind in ihrem Inhalt austauschbar, enthalten sie doch übergreifend Beschreibungen von Diskriminierungen, denen die Familien aufgrund ihrer deutschen Zugehörigkeit ausgesetzt waren. Die Stigmatisierung der Deutschen von Seiten der sowjetischen Majorität als „Faschisten" taucht in beinahe jedem Opferbericht auf. Die Erzählweise gleicht den Berichten der Großeltern, da auch die Eltern erfahrene diskriminierende Begebenheiten sehr ausführlich und detailliert beschreiben. Wie die Opferberichte der Großeltern sind auch die der Eltern in der Familie bekannt und stellen eine gemeinsame, innerfamiliär tradierte Erinnerung dar. Bei den Opferberichten der Elterngeneration zeigen sich fallspezifische Unterschiede. So wird ein Status der Ausgrenzung von den Eltern der nicht-akademischen Familien stärker wahrgenommen als von der Elterngeneration der akademischen Familien. Dementsprechend tauchen ausführliche Opferberichte über die Zeit nach der Vertreibung in den nicht-akademischen Familien stärker auf.

Beschreibungen der Wahrnehmung einer Opferrolle tauchen in allen Familien auch bezüglich des Lebens in der Bundesrepublik Deutschland auf und werden von der Elterngeneration und der Kindergeneration getätigt, wobei die Berichte der Kinder weniger häufig und inhaltlich abgeschwächt auftauchen. Auch bestehen statusspezifische Unterschiede, so dass in den nicht-akademischen und religiösen Familien stärker von einer erneuten Wahrnehmung des Opferstatus erzählt wird als in den akademischen Familien.

Die vorliegenden Opferberichte sind inhaltlich sehr ähnlich. Übergreifend wird von einer negativen Außenansicht der Russlanddeutschen von Seiten der bundesdeutschen Gesellschaft berichtet, die die Eltern und Kinder in ihren Erzählungen zu widerlegen versuchen und auf eine falsche und übertrieben negative Berichterstattung über Russlanddeutsche in den Medien zurückführen. Als das am häufigsten an sie herangetragene Vorurteil wird die überdurchschnittlich hohe finanzielle Förderung russlanddeutscher Aussiedler genannt. In einigen Berichten wird die Bezeichnung von Russlanddeutschen als Russen für eine Diskriminierung und erneute Ausgrenzung gehalten.

Es zeigt sich, dass die Wahrnehmung einer Opferrolle für die Familien des Samples derart zentral ist, dass die dazu gehörenden Opferberichte innerhalb der Familien tradiert werden und als gemeinsame Familienerinnerung zu werten sind. Wie ein roter Faden zieht sich dabei generationenübergreifend die Wahrnehmung, Opfer zu sein, als ein wesentliches Element der Identitätsbildung durch die Familien. Jeder Generation scheint die Betonung dieses Opferstatus wichtig zu sein, da sie ihre je spezifische Opferrolle gerne und ausführlich beschreibt, was den identitätsstiftenden Charakter der Selbstwahrnehmung als Opfer deutlich werden lässt. Es ist davon auszugehen, dass der von den Großeltern erlebte Status als Opfer auch für die Eltern- und Kindergeneration noch derart stark präsent ist, dass dieses Erleben die aktuellen Wahrnehmungen beeinflusst. So wird im Generationenverlauf nicht nur der Opferstatus der Großeltern tradiert, sondern ebenso ein die Eltern- und in abgeschwächter Form auch die Kindergeneration betreffender Status als Opfer neu konstruiert.

7 Resümee: Wie deutsch sind Russlanddeutsche? Die innerfamiliale Auseinandersetzung mit der Frage nach der ethnisch-kulturellen Identität

Ziel der Untersuchung war es, die spezifische Kultursituation der Russlanddeutschen nach ihrer Migration in die Bundesrepublik Deutschland zum Forschungsgegenstand zu machen und gesondert zu betrachten. Der Prozess der Identitätsbildung wurde vor dem jeweiligen familiären Erlebnishintergrund der Einzelnen untersucht und eine Typisierung hinsichtlich der Verortungen im Bereich der ethnisch-kulturellen Zugehörigkeit vorgenommen. Von besonderem Interesse ist nun die eingehende Betrachtung der ethnischen Dimension von kultureller Identität und die Bedeutung dieses Bereiches im Kontext von anderen nicht-ethnischen Identitätsressourcen und Einflusskategorien.

Grundsätzlich kann aufgrund der Ergebnisse der Studie davon ausgegangen werden, dass die Auseinandersetzung mit der ethnischen Komponente als typisch für russlanddeutsche Familien zu werten ist.[351] Da der Reflexionsprozess der eigenen ethnisch-kulturellen Orientierung fallübergreifend bei Russlanddeutschen unterschiedlicher Generationenzugehörigkeit, unterschiedlichen Geschlechts und unterschiedlichen Milieus auftaucht, bildet er entsprechend der Typenbildung der dokumentarischen Methode nach Ralf Bohnsack[352] die Basistypik. Die im Rahmen dieses Prozesses je nach familiärem Hintergrund entwickelten Bearbeitungsstrategien und unterschiedlich vorgenommenen Verortungen stellen dabei verschiedene Modi des Umgangs mit derselben Problematik dar.[353]

7.1 Ethnizität als kollektive Identitätsstrategie

Bei der Bildung von kultureller Identität kommt der ethnischen Dimension im Zuge der Migration bei allen Russlanddeutschen des Samples zunächst eine dominierende Bedeutung zu. So stellt die Auseinandersetzung mit der eigenen ethnischen Zugehörigkeit in allen russlanddeutschen Familien eine zentrale Thematik dar.

Fall- und generationenübergreifend kommen darin die Familienmitglieder grundsätzlich zu der Überzeugung, in der Bundesrepublik Deutschland einer ethnisch-kulturellen Minderheit anzugehören – der Gruppe der russlanddeutschen

---

351 Dies gilt ausschließlich für die russlanddeutschen Familien des Samples, nicht aber für die ethnisch gemischten Familien, was im Folgenden noch näher erläutert wird.
352 Zur Methode der Typenbildung im Rahmen der dokumentarischen Methode siehe Kapitel 5 der vorliegenden Arbeit.
353 Vgl. Bohnsack 2004, S. 219-220.

Aussiedler. Obwohl sie mit der Erwartung nach Deutschland kamen, aufgrund ihres Deutsch-Seins eine Zugehörigkeit zur bundesrepublikanischen Kulturgemeinschaft zu besitzen, nehmen die Russlanddeutschen nun eine klare Abgrenzung zur Gruppe der einheimischen Deutschen vor und betonen ihren Minderheitenstatus. Es ist anzunehmen, dass die Stärkung ihrer Identität als einer separaten ethnischen Gruppe beeinflusst wird durch die Verunsicherung im eigenen ethnisch-kulturellen Bereich, die infolge des Kontaktes mit der bundesdeutschen Kultur und Gesellschaft entstanden ist. Mit Friedrich Heckmann kann hierbei davon ausgegangen werden, dass die durch Kulturkontakt entstandene ethnische Dissimilierung die Identität einer separaten ethnischen Existenz verstärkt.[354]

Die spezifische Kultursituation der Russlanddeutschen drückt sich im Alltagsleben also dadurch aus, dass sich der nach der Migration zu bewältigende Kulturkonflikt auf zwei Ebenen vollzieht und neben der Auseinandersetzung mit fremden Kulturelementen auch die eigene ethnisch-kulturelle Identität überdacht werden muss. Die Ergebnisse der Studie verdeutlichen, dass im Rahmen dieses Identitätsbildungsprozesses in allen russlanddeutschen Familien Ethnizität zu einer kollektiven Identitätsstrategie wird.

Im Gegensatz dazu sehen sich die ethnisch gemischten Familien nach ihrer Einreise in die Bundesrepublik Deutschland einem Kulturkonflikt gegenüber, der keinerlei Auseinandersetzung mit der eigenen ethnisch-kulturellen Orientierung fordert und sich somit nur eindimensional gestaltet. Da die russischen und russlanddeutsch-russischen Familienmitglieder nicht mit der Vorstellung nach Deutschland kamen, aufgrund ihres „Deutsch-Seins" einen Anspruch auf die Zugehörigkeit zur bundesdeutschen Gesellschaft und Kultur zu besitzen, kann die ursprüngliche Selbstdefinition als Angehörige einer sowjetischen Kultur beibehalten werden. Bestehen bleibt für sie die Herausforderung, eine Lösungsstrategie für den Umgang mit fremden Kulturelementen zu erarbeiten. Dabei greifen sie auf das während ihres Lebens in der ehemaligen Sowjetunion erprobte Prinzip des Mischens von Kulturen zurück, was das Einbeziehen von bundesdeutschen Kulturelementen in das eigene kulturelle Selbstbild ohne Probleme möglich macht.

Durch den Vergleich der russlanddeutschen Familien mit solchen, die ihrer ethnischen Herkunft nach gemischt sind, wird die Spezifität der Kultursituation der Russlanddeutschen deutlich. So weist die vorliegende Studie eindeutig nach, dass sich russlanddeutsche Aussiedler im Gegensatz zu Angehörigen anderer Migrantengruppen nach ihrer Einreise in die Bundesrepublik Deutschland in einem Kulturkonflikt befinden, der die Auseinandersetzung mit der eigenen ethnischen Zugehörigkeit einschließt und dessen Bewältigung sich aufgrund dieser Zweidimensio-

---

354 Vgl. Heckmann 1992, S. 171.

nalität als besonders schwierig erweist. Da also bei den gemischten Familien die ethnische Dimension der kulturellen Identität nach der Migration keinem Veränderungsprozess ausgesetzt ist, beziehen sich die weiteren Ausführungen ausschließlich auf die russlanddeutschen Familien des Samples.

7.2 „Opferstatus" als konstitutives Element russlanddeutscher Identität

Ein zentrales Element der ethnischen Dimension der kulturellen Identität der Russlanddeutschen stellt die Wahrnehmung eines Status als Opfer dar.[355] Ähnlich wie die Studien von Karsten Roesler[356] oder Manuela Westphal[357] verdeutlicht auch die vorliegende Untersuchung, dass die Betonung einer Opferrolle eng verbunden ist mit der Identifizierung als Deutsche. Besonders in der Zeit während und nach dem Zweiten Weltkrieg entwickelte sich bei den Angehörigen der deutschen Minderheit in der ehemaligen Sowjetunion aufgrund der kollektiven Maßnahmen gegen sie das Bewusstsein einer Schicksalsgemeinschaft. Unabhängig von der Herkunft aus den ursprünglichen, unterschiedlichen Siedlungsgebieten im Russischen Reich bildete sich eine kollektive Identität als Deutsche heraus, die aus dem gemeinsamen Erleben von Vertreibung und Deportation resultierte. Bezüglich dieser dem Opferstatus zugrundeliegenden Geschehnisse besteht unter den Russlanddeutschen des Samples eine Art objektives Wissen, so dass davon auszugehen ist, dass die Wahrnehmung der Einzelnen als Opfer durch die Volksgruppe der Russlanddeutschen mit konstituiert wird. Die ursprünglich von den Großeltern erlebte Opferrolle ist dabei auch für die Eltern- und Kindergeneration noch derart stark präsent, dass durch sie die aktuellen Wahrnehmungen beeinflusst werden. Mit Maurice Halbwachs kann hierbei davon ausgegangen werden, dass gemeinsame Familienerinnerungen einerseits zur Reproduktion der Vergangenheit dienen, gleichzeitig aber auch dazu beitragen, die familiäre Gegenwart zu definieren.[358] So wird innerhalb der russlanddeutschen Familien im Generationenverlauf nicht nur der Opferstatus der Großeltern tradiert, sondern ebenso ein die Eltern- und in abgeschwächter Form auch die Kindergeneration betreffender Status als Opfer neu konstruiert.

Diese Wahrnehmung einer Opferrolle taucht auch für die Zeit in der Bundesrepublik in jeder russlanddeutschen Familie bis in die Kindergeneration hinein auf, erfährt jedoch eine unterschiedlich starke Ausprägung. Wie sehr der empfundene Opferstatus im Bewusstsein der Einzelnen dominiert, hängt dabei wesentlich davon

---

355 Siehe zu den Ausführungen in diesem Kapitel auch Kiel 2007, S. 63-64.
356 Vgl. Roesler 2003, S. 273ff.
357 Vgl. Westphal 1997, S. 96.
358 Vgl. Halbwachs 1985, S. 120.

ab, welche Selbstverortung im Zuge der Auseinandersetzung mit der eigenen ethnisch-kulturellen Identität vorgenommen wird. So weisen diejenigen Russlanddeutschen, die zu einer negativen Selbstdefinition kommen, eine starke Ausprägung des Opferbewusstseins auf, während bei einer positiven Definition der ethnisch-kulturellen Zugehörigkeit die Wahrnehmung eines Status als Opfer lediglich eine untergeordnete Rolle einnimmt. Eine Ausnahme stellen hierbei die religiösen Familien dar, bei denen die Wahrnehmung einer Opferrolle trotz einer positiven kulturellen Selbstverortung dominiert.[359]

7.3 Heterogene Selbstbilder in der russlanddeutschen Gruppe

Die Studie verdeutlicht, dass im Prozess der Auseinandersetzung mit der eigenen Kultur neben der ethnischen Dimension auch zusätzliche nicht-ethnische Identitätsressourcen wichtig werden. Obgleich die ethnische Komponente im Identitätsbildungsprozess eine zentrale Funktion einnimmt, so stellt sie dennoch nicht, wie es etwa Rainer Strobl und Wolfgang Kühnel als ein Teilergebnis ihrer Untersuchung annehmen,[360] die einzige Ressource dar – zumindest nicht in allen Familien. Die nicht-ethnischen Bereiche ergeben sich aus den jeweiligen familiären Hintergründen der Einzelnen und führen dazu, dass innerhalb der Gesamtgruppe der Russlanddeutschen hinsichtlich der kulturellen Identität unterschiedliche Selbstbilder entstehen. Als relevante Einflusskategorien erweisen sich dabei analog zu den Annahmen von Klaus Boll[361] die Generationenzugehörigkeit, der Bildungsstand und die persönliche Religiosität. Im Rahmen der vorliegenden Studie wird zudem explizit herausgearbeitet, dass alle Faktoren maßgebliche Auswirkungen auf die ethnische Identifizierung der Einzelnen haben.

Generationenzugehörigkeit und ethnisch-kulturelle Identität –
Die anhaltende Entwurzelung der Großelterngeneration

Fallübergreifend erweist sich die Generationenzugehörigkeit als ein Faktor, der den Identitätsbildungsprozess nach der Migration in die Bundesrepublik Deutschland wesentlich beeinflusst und in direktem Zusammenhang mit der Ausgestaltung der ethnisch-kulturellen Identität der Einzelnen steht. So zeichnen sich unabhängig von der Familienzugehörigkeit Parallelen ab, die die Angehörigen der jeweiligen Generation miteinander verbinden.

---

359 Dies wird in Kapitel 7.3 der vorliegenden Arbeit näher beschrieben.
360 Vgl. Strobl/Kühnel 2000, S. 34-35.
361 Vgl. Boll 1993, S. 324ff.

Bei der Großelterngeneration wird deutlich, dass bereits während ihrer Zeit in der ehemaligen Sowjetunion im Rahmen der Identitätsbildung der ethnischen Komponente eine große Bedeutung zukam. Als Angehörige der deutschen Minderheit legten sie Wert auf die Tradierung ihrer als deutsch empfundenen Kultur und unterhielten kaum Kontakte zur russischen Gesellschaft. Aufgrund der Erlebnisse der Vertreibung und Deportation war die Wahrnehmung einer Rolle als Opfer stark ausgeprägt und blieb bis zur Ausreise nach Deutschland ein wesentliches Element ihrer ethnischen Identifizierung als Deutsche. Die mit dem Beginn des Lebens in der Bundesrepublik Deutschland einsetzende Auseinandersetzung mit der eigenen ethnisch-kulturellen Zugehörigkeit erweist sich für die Generation der Großeltern als besonders schwierig, da aufgrund ihrer oben beschriebenen Sozialisationsbedingungen neben der ethnischen Komponente kaum weitere Identitätsressourcen zum Tragen kommen.[362] Die Diskrepanz zwischen der eigentlichen Überzeugung, deutsch zu sein, und der Erkenntnis, dass die eigene Kultur der einheimisch deutschen nicht entspricht, führt bei der Großelterngeneration somit zu einer tiefen Erschütterung. Im daraufhin einsetzenden Identitätsbildungsprozess kommen die Großeltern aus Mangel an Alternativen nun beinahe zwangsläufig zu einer Negatividentifikation, indem sie sich im Vergleich zu der Gruppe der einheimischen Deutschen als „nicht richtig deutsch" definieren. Damit einher geht die erneute Wahrnehmung eines Status als Opfer, wobei nun eine Ablehnung und Stigmatisierung von Seiten der bundesdeutschen Gesellschaft wahrgenommen wird.

Auch bei der Generation der Eltern stellt die ethnische Ressource im Rahmen der Identitätsbildung ein zentrales Element dar, kann aber durch andere Identitätsressourcen abgeschwächt werden. Im Gegensatz zu den Großeltern weisen die Eltern aufgrund ihrer stärkeren Verwurzelung im sowjetischen Erziehungs- und Schulsystem die Überzeugung auf, hinsichtlich ihrer ethnischen Identität auch Elemente der sowjetischen Kultur im eigenen Habitus verankert zu haben. Die im Rahmen der Migration durch die Konfrontation mit der bundesdeutschen Gesellschaft zutage tretenden kulturellen Unterschiede können daher durch das Vorhandensein einer zusätzlichen kulturellen Komponente begründet werden und führen somit nicht zwangsläufig zu der Annahme, über ein „nicht richtiges Deutschtum" zu verfügen. Auf die Art der Bewertung dieser kulturellen Andersartigkeit wirken dabei zusätzliche nicht-ethnische Ressourcen wie Bildung und Religiosität ein, die im Folgenden beschrieben werden. Aufgrund ihrer Sozialisationsbedingungen besitzen die Eltern also grundsätzlich die Möglichkeit, zu einer ethnischen Identifizierung zu gelangen, die – anders als bei der Großelterngeneration – nicht ausschließlich eine negative Ausgestaltung besitzen muss. Mit Heike Pfister-Heckmann kann

---

362 Ausgenommen davon ist die Großelterngeneration der religiösen Familien.

also davon ausgegangen werden, dass die Verunsicherung bezüglich der eigenen ethnischen Zugehörigkeit zwar generationenübergreifend vorhanden ist, bei der Großelterngeneration jedoch die stärkste Ausprägung erfährt.[363]

Im Rahmen des Identitätsbildungsprozesses der Kindergeneration bleibt die ethnische Dimension als ein identitätsstiftendes Element bestehen, verliert jedoch zunehmend an Bedeutung – zumindest in den Familien, in denen nicht-ethnische Ressourcen vorhanden sind. Im Vergleich zur Generation der Eltern werden dabei bei den Kindern die jeweiligen nicht-ethnischen Bereiche wichtiger, so dass diesen hinsichtlich der Bildung von kultureller Identität eine dominierende Funktion zukommt. Auf die Ausgestaltung der ethnischen Identifizierung wirkt sich dies dahingehend aus, dass die Kindergeneration zu einer positiven Selbstdefinition kommt, da die Verunsicherung hinsichtlich der ethnisch-kulturellen Zugehörigkeit im Zuge der Migration innerhalb der eigenen Wahrnehmung nicht dominiert. Eine gegenläufige Entwicklung vollzieht sich dann, wenn der Kindergeneration keine zusätzlichen nicht-ethnischen Ressourcen zur Verfügung stehen. Hier wird im Prozess der Bildung von kultureller Identität der ethnische Bereich dominant und das damit eng verknüpfte Element der Wahrnehmung eines Opferstatus identitätsstiftend genutzt. Mehr noch als für die Elterngeneration gewinnt für die Kinder dadurch die Bildung einer Minderheitenposition und der bewusste Rückzug in die ethnische Eigengruppe an Wichtigkeit.

Bildungsstand und Religiosität als wichtige Identitätsressourcen –
Unterschiedliche Sozialisationsbedingungen zur ethnisch-kulturellen Andersartigkeit als Bereicherung oder anhaftendes Stigma

Auch ein hoher Bildungsstand und eine stark ausgeprägte Religiosität in den Familien stellen nicht-ethnische Ressourcen dar, die sich maßgeblich auf die Bildung von kultureller Identität auswirken und die ethnische Dimension beeinflussen. Hinsichtlich des Bildungsstandes gilt dies aufgrund der zuvor beschriebenen unterschiedlichen Sozialisationsbedingungen jedoch ausschließlich für die Eltern- und Kindergeneration, nicht aber für die Großeltern. Das Element der Religion wirkt sich demgegenüber auf alle Generation aus.

Durch die Konfrontation mit der bundesdeutschen Kultur und Gesellschaft wird die Erkenntnis erlangt, zwar grundsätzlich einer als deutsch definierten Kultur zugehörig zu sein, jedoch eine kulturelle Zusatzkomponente zu besitzen, die aus der Prägung durch sowjetische Kulturelemente resultiert. Bei der Auseinandersetzung mit dieser wahrgenommenen Andersartigkeit erweist sich für die akademischen Russlanddeutschen die eigene Bildung als eine zusätzliche Identitätsressource, die

---
363 Vgl. Pfister-Heckmann 1998, S. 284ff.

im Zuge der Migration eine stabilisierende Funktion einnimmt. Dies wirkt sich dahingehend aus, dass die zusätzliche kulturelle Komponente selbstbewusst als Bereicherung empfunden werden kann. In Abgrenzung zu Klaus Boll verdeutlicht diese Studie, dass russlanddeutsche Akademiker ihre ethnisch-kulturelle Herkunft keineswegs verdrängen,[364] sondern im Vergleich zur bundesdeutschen Majorität zu einer positiven Definition als „Deutsche mit russischem Glanz" gelangen. Der höhere Bildungsstand wird also bei dem nach der Migration einsetzenden Identitätsbildungsprozess als eine wichtige Ressource genutzt, so dass der ethnischen Dimension und der sich darin vollziehenden Irritation bei der Bildung von kultureller Identität keine dominierende Funktion zukommt.

Ähnlich wirkt sich auch die persönliche Religiosität der Einzelnen aus. Bereits während des Lebens in der ehemaligen Sowjetunion war für die Angehörigen der religiösen Familien ihre als deutsch empfundene Identität eng verbunden mit der Definition als gläubige Christen, so dass auch aus der Religion resultierende Elemente auf die Ausgestaltung des ethnischen Selbstbildes einwirkten. Diese Verknüpfung von Religiosität und ethnisch-kultureller Zugehörigkeit bleibt auch in der Bundesrepublik Deutschland bestehen. Die von den religiösen Russlanddeutschen im Zuge der Migration wahrgenommene Andersartigkeit hinsichtlich des eigenen „Deutschtums" führt bei ihnen nicht zu einer anhaltenden Irritation, da sie die empfundenen Unterschiede zur bundesdeutschen Kultur vorangig auf die in Deutschland schwach ausgeprägte Frömmigkeit zurückführen. Im Vergleich zu den einheimisch Deutschen wird daher in Bezug auf die eigene ethnisch-kulturelle Zugehörigkeit eine positive Definition erlangt. So verstehen sich die religiösen Russlanddeutschen als die eigentlich „wahren Deutschen".

Wie der Bildungsstand stellt also auch die Religion ein nicht-ethnisches Element dar, das im Zuge der Migration für die Einzelnen an handlungsrelevanter Bedeutung gewinnt und sich stabilisierend auf den ethnischen Bereich auswirkt. Die von Christian Eyselein[365] oder Stefanie Theis[366] angedeutete Funktion von Religion als einer die Einreise in die Bundesrepublik Deutschland überdauernden identitätsbildenden Kategorie wird also durch die vorliegende Arbeit bestätigt. Trotz dieser positiven ethnisch-kulturellen Selbstdefinition weisen die religiösen Russlanddeutschen im Gegensatz zu den akademischen eine ausgeprägte Wahrnehmung des Opferstatus auf. Zu begründen ist dies mit ihrem theologischen Verständnis, aufgrund dessen ein Status als Ausgegrenzte nicht negativ empfunden, sondern vielmehr angestrebt wird.

---

364 Vgl. Boll 1993, S. 326ff.
365 Vgl. Eyselein 2006.
366 Vgl. Theis 2006, S. 243ff.

Im Gegensatz dazu nimmt für die Russlanddeutschen, die weder einen höheren Bildungsstand noch eine persönliche Religiosität als nicht-ethnische Identitätsressource heranziehen können, die ethnische Dimension im Zuge der Migration eine dominierende Funktion ein. Die im Vergleich zu den Bundesdeutschen wahrgenommenen Unterschiede hinsichtlich des eigenen „Deutschtums", die aus der Prägung durch sowjetische Kulturelemente resultieren, werden im Gegensatz zu den akademischen und religiösen Familien negativ bewertet und als Ursache für eine erneute Ausgrenzung gesehen. Somit tritt das Element der Wahrnehmung eines Opferstatus bei diesen Russlanddeutschen auch während ihres Lebens in der Bundesrepublik Deutschland verstärkt auf. Aufgrund der nicht gewollten kulturellen Andersartigkeit definieren sie für sich einen Status als „Deutsche mit Makel" und gelangen dadurch zu einem defizitären Selbstbild.

Ausblick

Abschließend lässt sich sagen, dass im Rahmen des nach der Migration einsetzenden Identitätsbildungsprozesses bei allen Russlanddeutschen der ethnische Bereich eine zentrale Funktion einnimmt. Hierbei bildet generationenübergreifend die Wahrnehmung eines Status als Opfer ein wesentliches Element der russlanddeutschen Identität. Während bei der Großelterngeneration der ethnische Bereich und die sich darin vollziehende Irritation anhaltend dominierend bleibt, erfährt die ethnische Dimension bei der Eltern- und Kindergeneration unter bestimmten Bedingungen eine Abschwächung. So nimmt in den Familien, in denen nicht-ethnische Ressourcen wie ein hohes Bildungsniveau oder eine persönliche Religiosität vorhanden sind, der ethnische Bereich ab und verliert bei der Bildung von kultureller Identität seine dominierende Funktion. Durch das Zurückgreifen auf andere stabilisierende Faktoren gelangen die Russlanddeutschen trotz der Schwierigkeiten hinsichtlich der eigenen ethnischen Zugehörigkeit zu einer positiven Ausgestaltung ihrer ethnisch-kulturellen Identität. Es ist zu vermuten, dass innerhalb dieser Familien der ethnische Bereich stetig an Wichtigkeit einbüßen wird. Vollkommen gegenläufig dazu gewinnt die ethnische Dimension und die sich darin vollziehende Irritation bei den Russlanddeutschen ohne nicht-ethnische Ressourcen im Generationenverlauf an Bedeutung, was auch eine stärkere Ausprägung der Selbstwahrnehmung als Opfer und Ausgegrenzte mit sich bringt. In dem Prozess der Auseinandersetzung mit der eigenen ethnischen Zugehörigkeit gelangen sie zu einer negativen Definition. Da statistisch gesehen dem größten Anteil der Russlanddeutschen keine der im Vorigen genannten nicht-ethnischen Ressourcen zur Verfügung stehen,[367] ist davon auszugehen, dass auch zukünftig die Bewältigung der erschütterten ethnischen Zugehörigkeit eine große Herausforderung innerhalb der russlanddeutschen Gruppe bleiben wird, die nur wenige erfolgreich zu bewältigen vermögen.

7.4 Integration – aber wie? Die tradierte ethnisch-kulturelle Zugehörigkeit als Ausgangspunkt für integratives Verhalten

Wenn in Bezug auf russlanddeutsche Aussiedler von Integration gesprochen wird, muss der Heterogenität dieser Gruppe unbedingt Rechnung getragen werden. Im Rahmen dieser Studie stellt sich die Auseinandersetzung mit der eigenen ethnisch-kulturellen Zugehörigkeit als eine wesentliche Herausforderung im Leben der Russlanddeutschen heraus, wobei der Umgang mit der spezifischen Kultursituation maßgebliche Auswirkungen auf das Integrationsverhalten der Einzelnen hat. So vielfältig dabei die erarbeiteten Lösungsstrategien sind, so unterschiedlich gestaltet sich die Bereitschaft zu integrativen Leistungen.[368] Es wird zwar in allen Familien eine strukturelle Integration vorgenommen, die Bereitschaft zu einer sozialen oder kulturellen Integration besteht jedoch nur vereinzelt. Ähnlich wie bei Rainer Silbereisen u.a.[369] erweist sich auch hier die im Zuge der Auseinandersetzung mit der Kulturzugehörigkeit vorgenommene ethnisch-kulturelle Verortung als entscheidender Faktor für das Integrationsverhalten. Die vorliegende Studie präzisiert diese Erkenntnis dahingehend, dass die Bereitschaft zu integrativem Verhalten maßgeblich davon abhängig ist, ob die Russlanddeutschen hinsichtlich der ethnischen Zugehörigkeit zu einer positiven oder negativen Selbstdefinition gelangen.

So sind die Familien, die zu einer positiven Definition der ethnisch-kulturellen Zugehörigkeit kommen, generell gekennzeichnet von einer umfassenden Bereitschaft zur Integration, die auch die Bereiche einer sozialen und teilweise auch kulturellen Integration umfasst. Von den Familien mit negativer ethnisch-kultureller Selbstdefinition werden demgegenüber keinerlei integrative Leistungen vollzogen, die über die strukturelle Dimension hinausgehen. Hinzu kommt, dass die Familien ohne zufriedenstellende Positionierung im ethnischen Bereich auch hinsichtlich ihres Lebens in der Bundesrepublik Deutschland verstärkt einen Status als Opfer empfinden, was zur Folge hat, dass sie sich von der bundesdeutschen Gesellschaft ausgrenzen und in der kulturellen Eigengruppe eine neue Minderheitenposition su-

---

367 Siehe hierzu die Ausführungen über die statistischen Daten der Gruppe der russlanddeutschen Aussiedler in Kapitel 2.2.3 dieser Arbeit.
368 Siehe zu diesem Kapitel auch die Ausführungen in Kiel 2007, S. 64-65.
369 Vgl. Fuchs/Schwietring/Weiß 1999b, S. 358ff.

chen. Eine Ausnahme bilden dabei die religiösen Familien, die trotz einer positiven Selbstverortung aufgrund ihrer theologischen Ausrichtung einen Status als Ausgegrenzte anstreben. Dadurch werden außer einer Integration auf struktureller Ebene keine weiteren integrativen Leistungen erbracht. Wenn hierbei auch in Zustimmung zu Heike Pfister-Heckmann[370] nicht bestritten werden kann, dass sich die persönliche Religiosität stabilisierend auf den Identitätsbildungsprozess der einzelnen Russlanddeutschen auswirkt, so stellt die Zugehörigkeit zu einer religiösen Eigengruppe analog zu den Ausführungen von Waldemar Vogelgesang[371] hinsichtlich der Integration in die bundesdeutsche Gesellschaft jedoch nachweislich ein großes Hemmnis dar.

Letztendlich haben die Familien, die zu einer positiven und demnach zufriedenstellenden Verortung im ethnisch-kulturellen Bereich gekommen sind, den Reflexionsprozess der ethnischen Komponente ihrer kulturellen Identität erfolgreich gemeistert. Damit ist die Zweidimensionalität des Kulturkonfliktes für sie aufgelöst und es sind genügend Ressourcen vorhanden, um Lösungsstrategien für die Ebene des Umgangs mit einer fremden Kultur zu entwickeln. Demgegenüber können die Familien mit einer nicht zufriedenstellenden ethnisch-kulturellen Position die Reflexion der eigenen kulturellen Identität für sich (noch) nicht mit Erfolg bewältigen, was zu einer allgemeinen Handlungsunsicherheit führt. Integrative Leistungen können somit nicht oder nur im Ansatz erbracht werden. Da diese letztgenannte Gruppe Schwierigkeiten hinsichtlich der Integration aufweist und zudem – wie im Vorigen bereits erläutert – die zahlenmäßig stärkste Gruppierung darstellt, ist sie bei der Erarbeitung eines adäquaten Integrationsbegriffs von besonderer Relevanz.

Bei der Untersuchung des Integrationsproblems ist daher unbedingt die Zweidimensionalität des Kulturkonfliktes zu beachten. Bevor umfassende integrative Leistungen erwartet werden können, müssen die Russlanddeutschen zuerst bei der Bewältigung der Irritation hinsichtlich der eigenen ethnisch-kulturellen Identität unterstützt werden. Hierbei besteht die Problematik genau darin, dass von ihnen ausschließlich eine als deutsch empfundene Zugehörigkeit definiert wird, die jedoch mit der bundesdeutschen Kultur und Gesellschaft nicht kompatibel zu sein scheint.

Die Bemühungen im Bereich der Integration sollten meines Erachtens daher vorrangig darauf gerichtet sein, den Russlanddeutschen hier eine Kompatibilität zu ermöglichen. Dies könnte zum einen durch eine Anerkennung des „Deutschtums" der Russlanddeutschen von Seiten der bundesdeutschen Gesellschaft als einer zusätzlichen Form des „Deutsch-Seins" geschehen. Dadurch würde die Irritation,

---

370 Vgl. Pfister-Heckmann 1998, S. 285.
371 Vgl. Vogelgesang 2006, S. 165.

zwar deutsch, aber nicht bundesdeutsch zu sein, wegfallen. Zusätzlich erwiese es sich sicherlich als hilfreich, wenn Russlanddeutsche die Freiheit verspürten, die erfahrene Prägung durch die russische Kultur ohne Angst vor einer Stigmatisierung als bereichernd empfinden zu können. Es wird auch zukünftig erforderlich sein, dass ein solch gleichberechtigtes Zusammenleben von Bundesbürgern mit ganz unterschiedlichen kulturellen Hintergründen von politischer Seite vorangetrieben wird. Ohne Zweifel besteht an dieser Stelle ein weiterer Forschungsbedarf. Die innerhalb dieser Studie erlangten Erkenntnisse können bei der Erarbeitung von konkreten Modellen zur Integration russlanddeutscher Aussiedler als Grundlagenforschung dienen. Grundsätzlich gilt: Erst wenn die ethnisch-kulturelle Identifizierung der Einzelnen Berücksichtigung findet, können Integrationskonzepte fruchtbringend sein.

7 Literatur

Ackermann, Volker (1990): Integration: Begriff, Leitbilder, Probleme. In: Bade, Klaus J. (Hg.): Neue Heimat im Westen: Vertriebene, Flüchtlinge, Aussiedler. Münster: Westfälischer Heimatbund, S. 14-36.

Althammer, Walter/Kossolapow, Line (Hg.) (1992): Aussiedlerforschung. Interdisziplinäre Studien. Köln u.a.: Böhlau.

Amman, Klaus/Hirschauer, Stefan (1997): Die Befremdung der eigenen Kultur. Ein Programm. In: Ammann, Klaus/Hirschauer, Stefan (Hg.): Die Befremdung der eigenen Kultur. Zur ethnographischen Herausforderung soziologischer Empirie. Frankfurt am Main: Suhrkamp, S. 7-52.

Arnold, Wilhelm (Hg.) (1980): Die Aussiedler in der Bundesrepublik Deutschland. Forschungen der AWR Deutsche Sektion. 1. Ergebnisbericht. Herkunft, Ausreise, Aufnahme. Wien: Braumüller.

Baaden, Andreas (1997a): Konzepte und Modelle zur Integration von Aussiedlern. Berlin: Berlin Verlag A. Spitz.

Baaden, Andreas (1997b): Kulturarbeit mit Aussiedlern. Projekte – Erfahrungen – Handlungsbedarf. Ein Handbuch für die soziokulturelle Integrationsarbeit mit Migrantenminoritäten. Bonn: ARCult.

Bade, Klaus J. (1999): Vom Auswanderungsland zum Einwanderungsland: Deutschland im 19. und 20. Jahrhundert. In: Meiners, Uwe/Reinders-Düselder, Christoph (Hg.): Fremde in Deutschland – Deutsche in der Fremde. Schlaglichter von der Frühen Neuzeit bis in die Gegenwart. Cloppenburg: Museumsdorf Cloppenburg, S. 49-65.

Bade, Klaus J. (Hg.) (1997): Fremde im Land: Zuwanderung und Eingliederung im Raum Niedersachsen seit dem Zweiten Weltkrieg. Osnabrück: Univ.-Verl. Rasch.

Bade, Klaus J. (1997a): Einführung: Zuwanderung und Eingliederung in Deutschland seit dem Zweiten Weltkrieg. In: Bade, Klaus J. (Hg.): Fremde im Land: Zuwanderung und Eingliederung im Raum Niedersachsen seit dem Zweiten Weltkrieg. Osnabrück: Universitätsverlag Rasch, S. 9-44.

Bade, Klaus J. (Hg.) (1996): Die multikulturelle Herausforderung. Menschen über Grenzen – Grenzen über Menschen. München: Beck.

Bade, Klaus J. (Hg.) (1992): Deutsche im Ausland – Fremde in Deutschland. Migration in Geschichte und Gegenwart. München: Beck.

Bade, Klaus J. (1992a): Einführung: Das Eigene und das Fremde –Grenzerfahrungen in Geschichte und Gegenwart. In: Bade, Klaus J. (Hg.): Deutsche im Ausland – Fremde in Deutschland. Migration in Geschichte und Gegenwart. München: Beck, S. 15-25.

Bade, Klaus J. (1992b): Fremde Deutsche: „Republikflüchtige" – Übersiedler – Aussiedler. In: Bade, Klaus J. (Hg.): Deutsche im Ausland – Fremde in Deutschland. Migration in Geschichte und Gegenwart. München: Beck, S. 401-410.

Bade, Klaus J. (Hg.) (1990): Neue Heimat im Westen: Vertriebene, Flüchtlinge, Aussiedler. Münster: Westfälischer Heimatbund.

Bade, Klaus J./Münz, Rainer (Hg.) (2000): Migrationsreport 2000. Fakten – Analysen – Perspektiven. Frankfurt am Main, New York: Campus.

Bade, Klaus J./Oltmer, Jochen (Hg.) (1999): Aussiedler: deutsche Einwanderer aus Osteuropa. Osnabrück: Universitätsverlag Rasch.

Bade, Klaus J./Oltmer, Jochen (1999a): Einführung: Aussiedlerzuwanderung und Aussiedlerintegration. Historische Entwicklung und aktuelle Probleme. In: Bade, Klaus J./Oltmer, Jochen (Hg.): Aussiedler: deutsche Einwanderer aus Osteuropa. Osnabrück: Universitätsverlag Rasch, S. 9-51.

Baerwolf, Astrid (2006): Identitätsstrategien von jungen „Russen" in Berlin. Ein Vergleich zwischen russischen Deutschen und russischen Juden. In: Ipsen-Peitzmeier, Sabine/Kaiser, Markus (Hg.): Zuhause fremd – Russlanddeutsche zwischen Russland und Deutschland. Bielefeld: transcript Verlag, S. 173-196.

Barbasina, Elvira/Brandes, Detlef/Neutatz, Dietmar (Hg.) (1999): Die Rußlanddeutschen in Rußland und Deutschland. Selbstbilder, Fremdbilder, Aspekte der Wirklichkeit. Essen: Klartext Verlag.

Barth, Frederick (1969): Ethnic Groups and Boundaries. The Social Organization of Culture Differences. Bergen/London: Universitetsforlaget Allen & Unwin.

Baumann, Gerd (1998): Ethnische Identität als duale diskursive Konstruktion. Dominante und demotische Identitätsdiskurse in einer multiethnischen Vorstadt von London. In: Assmann, Aleida/Friese, Heidrun (Hg.): Identitäten. Erinnerung, Geschichte, Identität 3. Frankfurt am Main: Suhrkamp, S. 288-313.

Baumeister, Hans-Peter (Hg.) (1991): Integration von Aussiedlern. Eine Herausforderung für die Weiterbildung. Weinheim: Dt. Studien-Verlag.

Baur, Rupprecht S./Chlosta, Christoph/Krekeler, Christian/Wenderott, Claus (Hg.) (1999): Die unbekannten Deutschen. Ein Lese- und Arbeitsbuch zu Geschichte, Sprache und Integration rußlanddeutscher Aussiedler. Baltmannsweiler: Schneider-Verlag Hohengehren.

Bausinger, Hermann (1978): Identität. In: Bausinger, Hermann/Jeggle, Utz/Korff, Gottfried/Scharfe, Martin (Hg.): Grundzüge der Volkskunde. Darmstadt: Wissenschaftliche Buchgesellschaft, S. 204-263.

Bausinger, Hermann (1986): Kulturelle Identität – Schlagwort und Wirklichkeit. In: Bausinger, H. (Hg.): Ausländer – Inländer. Arbeitsmigration und kulturelle Identität. Tübingen: Tübinger Vereinigung für Volkskunde, S. 141-160.

Beger, Kai-Uwe (2000): Migration und Integration. Eine Einführung in das Wanderungsgeschehen und die Integration der Zugewanderten in Deutschland. Opladen: Leske + Budrich.

Blahusch, Friedrich (1992): Zuwanderer und Fremde. Eine Einführung für soziale Berufe. Freiburg im Breisgau: Lambertus.

Böhm, Winfried (2000): Wörterbuch der Pädagogik. Begründet von Wilhelm Hehlmann. Stuttgart: Kröner.

Bohmann, Alfred (1970): Menschen und Grenzen. Band 3. Strukturwandel der deutschen Bevölkerung im sowjetischen Staats- und Verwaltungsbereich. Köln: Verlag Wissenschaft und Politik.

Bohnsack, Ralf (2004): Die Dokumentarische Methode am Beispiel des Gruppendiskussionsverfahrens. In: Zeitschrift für Soziologie der Erziehung und Sozialisation, 24. Jahrgang, Heft 2, S. 210-222.

Bohnsack, Ralf (2003a): Rekonstruktive Sozialforschung. Einführung in qualitative Methoden. 5. Aufl., Opladen: Leske + Budrich.

Bohnsack, Ralf (2003b): Dokumentarische Methode und sozialwissenschaftliche Hermeneutik. In: Zeitschrift für Erziehungswissenschaft, 6. Jahrgang, Heft 4, S. 550-570.

Bohnsack, Ralf (2001): Typenbildung, Generalisierung und komparative Analyse. Grundprinzipien der dokumentarischen Methode. In: Bohnsack, Ralf/Nentwig-Gesemann, Iris/Nohl, Arnd-Michael (Hg.): Die dokumentarische Methode und ihre Forschungspraxis. Grundlagen qualitativer Sozialforschung. Opladen: Leske + Budrich, S. 225-252.

Bohnsack, Ralf (1997): „Orientierungsmuster": Ein Grundbegriff qualitativer Sozialforschung. In: Schmidt, Folker (Hg.): Methodische Probleme der empirischen Erziehungswissenschaft. Baltmannsweiler: Schneider-Verlag Hohengehren, S. 49-61.

Bohnsack, Ralf (1989): Generation, Milieu und Geschlecht. Ergebnisse aus Gruppendiskussionen mit Jugendlichen. Opladen: Leske + Budrich.

Bohnsack, Ralf/Gebhardt, Winfried/Kraul, Margret/Wulf, Christoph (2001): Erziehung und Tradition. Tradierungsprozesse in Familien. Koblenz, Berlin (unveröffentlichtes Manuskript).

Bohnsack, Ralf/Loos, Peter/Schäffer, Burkhard/Städtler, Klaus/Wild, Bodo (Hg.) (1995): Die Suche nach Gemeinsamkeit und die Gewalt der Gruppe. Hooligans, Musikgruppen und andere Jugendcliquen. Opladen: Leske + Budrich.

Bohnsack, Ralf/Nentwig-Gesemann, Iris/Nohl, Arnd-Michael (Hg.) (2001): Die dokumentarische Methode und ihre Forschungspraxis. Grundlagen qualitativer Sozialforschung. Opladen: Leske + Budrich.

Bohnsack, Ralf/Schäffer, Burkhard (2001): Exemplarische Textinterpretation: Diskursorganisation und dokumentarische Methode. In: Bohnsack, Ralf/Nentwig- Gesemann, Iris/Nohl, Arnd-Michael (Hg.): Die dokumentarische Methode und ihre Forschungspraxis. Grundlagen qualitativer Sozialforschung. Opladen: Leske + Budrich, S. 309-321.

Boll, Klaus (1993): Kulturwandel der Deutschen aus der Sowjetunion. Eine empirische Studie zur Lebenswelt russlanddeutscher Aussiedler in der Bundesrepublik. Marburg: Elwert.

Brandes, Detlef (1997a): Einwanderung und Entwicklung der Kolonien. In: Stricker, Gerd (Hg.): Deutsche Geschichte im Osten Europas. Rußland. Berlin: Siedler, S. 131-212.

Bommes, Michael (1996): Die Beobachtung von Kultur. Die Festschreibung von Ethnizität in der bundesdeutschen Migrationsforschung mit qualitativen Methoden. In: Klingemann, Carsten/Neumann, Michael/Rehberg, Karl-Siegbert/Srubar, Ilja/Stölting, Erhard (Hg.): Jahrbuch für Soziologiegeschichte 1994. Opladen: Leske + Budrich, S. 205-226.

Brah, Avtar (1996): Cartographies of Diaspora. Contesting Identities. London, New York: Routledge.

Brandes, Detlef (1997b): Von den Verfolgungen im Ersten Weltkrieg bis zur Deportation. In: Stricker, Gerd (Hg.): Deutsche Geschichte im Osten Europas. Rußland. Berlin: Siedler, S. 131-212.

Brandes, Detlef (1992a): Deutsche auf dem Dorf und in der Stadt von der Ansiedlung bis zur Aufhebung des Kolonialstatuts. In: Eisfeld, Alfred: Die Russland-Deutschen. Mit Beiträgen von Detlev Brandes und Wilhelm Kahle. München: Langen-Müller, S. 12-44.

Brandes, Detlef (1992b): Die Deutschen in Rußland und der Sowjetunion. In: Bade, Klaus J. (Hg.): Deutsche im Ausland – Fremde in Deutschland. Migration in Geschichte und Gegenwart. München: Beck, S. 85-134.

Brandes, Detlef (1992c): Wirtschaftliche Entwicklung und soziale Differenzierung in den deutschen Kolonien Neurusslands und Bessarabiens bis zur Aufhebung des Kolonialstatuts. In: Meissner, Boris/Neubauer, Helmut/Eisfeld, Alfred (Hg.): Die Russlanddeutschen. Gestern und heute. Köln: Markus-Verlag, S. 69-78.

Brandes, Detlef/Dönninghaus, Victor (Hg.) (1999): Bibliographie zur Geschichte und Kultur der Russlanddeutschen. Von 1917 bis 1998. München: Oldenbourg.

Branik, Emil (1982): Psychische Störungen und soziale Probleme von Kindern und Jugendlichen aus Spätaussiedlerfamilien. Ein Beitrag zur Psychiatrie der Migration. Weinheim, Basel: Beltz.

Breitenbach, Eva (2000): Mädchenfreundschaften in der Adoleszenz. Eine fallrekonstruktive Untersuchung von Gleichaltrigengruppen. Opladen: Leske + Budrich.

Buchsweiler, Meir (1995): Rußlanddeutsche im Sowjetsystem bis zum Zweiten Weltkrieg. Minderheitenpolitik, nationale Identität, Publizistik. Essen: Klartext-Verlag.

Bundesministerium des Innern (Hg.) (2005): Migrationsbericht des Bundesamtes für Migration und Flüchtlinge im Auftrag der Bundesregierung. Migrationsbericht 2005.

Busch, Margarete (1997): Brauchtum und Geselligkeit. In: Stricker, Gerd (Hg.): Deutsche Geschichte im Osten Europas. Rußland. Berlin: Siedler, S. 539-560.

Cammann, Alfred (Hg.) (1991): Märchen – Lieder – Leben. In Autobiographie und Briefen der Russlanddeutschen Ida Prieb. (Schriftenreihe der Kommission für ostdeutsche Volkskunde. Bd. 54). Marburg: Elwert.

Cammann, Alfred (1985): Heimat Wolhynien. (Schriftenreihe der Kommission für ostdeutsche Volkskunde. Bd. 33). Marburg: Elwert.

Chotinskaja, Galina (1992): Saratow – Metropole der Wolgadeutschen. In: Meissner, Boris/Neubauer, Helmut/Eisfeld, Alfred (Hg.): Die Russlanddeutschen. Gestern und heute. Köln: Markus-Verlag, S. 43-158.

Constable, Tamara (1999): Zwischen allen Stühlen ... Von der Schwierigkeit, in Rußland eine deutsche Identität zu definieren. In: Schmidt, Gerlind/Krüger-Portratz, Marianne (Hg.): Bildung und nationale Identität aus russischer und rußlanddeutscher Perspektive. Münster, New York, München, Berlin: Waxmann, S. 135-167.

Dannenbeck, Clemens/Esser, Felicitas/Lösch, Hans (1999): Herkunft (er)zählt. Befunde über Zugehörigkeiten Jugendlicher. Münster, New York, München, Berlin: Waxmann.

Dembon, Gerold/Hoffmeister, Dieter/Ingenhorst, Heinz (1994): Fremde Deutsche in deutscher Fremde. Integrationsprobleme von Aussiedlern im kommunalen Raum. Regensburg: Roderer.

Der Beauftragte der Bundesregierung für Aussiedlerfragen und nationale Minderheiten (Hg.): Info-Dienst Deutsche Aussiedler. Nr. 116, September 2003.

Dietz, Barbara (1999): Kinder in Aussiedlerfamilien: Lebenssituation und Sozialisation. In: Dietz, Barbara/Holzapfel, Renate (Hg.): Kinder aus Familien mit Migrationshintergrund: Kinder in Aussiedlerfamilien und Asylbewerberfamilien, alleinstehende Kinderflüchtlinge. München: Verlag Deutsches Jugendinstitut, S. 9-52.

Dietz, Barbara (1997): Jugendliche Aussiedler. Ausreise, Aufnahme, Integration. Berlin: Berlin-Verlag Spitz.

Dietz, Barbara (1995): Zwischen Anpassung und Autonomie: Russlanddeutsche in der vormaligen Sowjetunion und in der Bundesrepublik. Berlin: Duncker & Humblot.

Dietz, Barbara/Hilkes, Peter (1994): Integriert oder isoliert? Zur Situation russlanddeutscher Aussiedler in der Bundesrepublik Deutschland. München: Olzog.

Dietz, Barbara/Hilkes, Peter (1992): Rußlanddeutsche: Unbekannte im Osten. Geschichte, Situation, Zukunftsperspektiven. München: Olzog.

Dietz, Barbara/Roll, Heike (1998): Jugendliche Aussiedler – Portrait einer Zuwanderergeneration. Frankfurt am Main, New York: Campus.

Dreher, Michael/Dreher, Eva (1995): Gruppendiskussionsverfahren. In: Flick, Uwe (Hg.): Handbuch qualitative Sozialforschung. Grundlagen, Konzepte, Methoden und Anwendungen. 2. Aufl., Weinheim: Beltz, S. 186-188.

Eisfeld, Alfred (1992): Die Russland-Deutschen. Mit Beiträgen von Detlev Brandes und Wilhelm Kahle. München: Langen-Müller.

Eisfeld, Alfred (1992a): Entwicklung der Kolonien in den Jahren 1871-1917. In: Eisfeld, Alfred: Die Russland-Deutschen. Mit Beiträgen von Detlev Brandes und Wilhelm Kahle. München: Langen-Müller, S. 46-76.

Eisfeld, Alfred (1992b): Jahrzehnte des Umbruchs. Zwischenkriegszeit. In: Eisfeld, Alfred: Die Russland-Deutschen. Mit Beiträgen von Detlev Brandes und Wilhelm Kahle. München: Langen-Müller, S. 78-115.

Eisfeld, Alfred (1992c): Zweiter Weltkrieg und dessen Folgen für die Deutschen in der Sowjetunion. In: Eisfeld, Alfred: Die Russland-Deutschen. Mit Beiträgen von Detlev Brandes und Wilhelm Kahle. München: Langen-Müller, S. 118-166.

Eisfeld, Alfred (1987): Autonome Sozialistische Sowjetrepublik der Wolgadeutschen – Chance oder Gefahrenherd? In: Kappeler, Andreas/Meissner, Boris/Simon, Gerhard (Hg.): Die Deutschen im russischen Reich und im Sowjetstaat. Köln: Markus-Verlag, S. 49-67.

Endruweit, Günter/Trommsdorf, Gisela (Hg.) (1989): Wörterbuch der Soziologie. Band 2, Stuttgart: Enke.

Epp, George K. (1990): Zur ethnisch-sozialen Interaktion der südrussischen Mennoniten. In: Fleischhauer, Ingeborg/Jedig, Hugo H. (Hg.): Die Deutschen in der UdSSR in Geschichte und Gegenwart. Ein internationaler Beitrag zur deutsch-sowjetischen Verständigung. Baden-Baden: Nomos Verlagsgesellschaft, S. 97-116.

Epstein, Arnold Leonard (1978): Ethos and identitiy. Three studies in ethnicity. London: Tavistock.

Eriksen, Thomas Hylland (1991): The Cultural Contexts of Ethnic Differences. In: Man Vol. 26 (1991), S. 217-144.

Esser, Hartmut (1996): Die Mobilisierung ethnischer Konflikte. In: Bade, Klaus J. (Hg.): Migration – Ethnizität – Konflikt: Systemfragen und Fallstudien. Osnabrück: Universitätsverlag Rasch, S. 63-87.

Esser, Hartmut (1980): Aspekte der Wanderungssoziologie. Assimilation und Integration von Wanderern, ethnischen Gruppen und Minderheiten. Eine handlungstheoretische Analyse. Darmstadt, Neuwied: Luchterhand.

Eyselein, Christian (2006): Russlanddeutsche Aussiedler verstehen. Praktisch-theologische Zugänge. Leipzig: Evangelische Verlagsanstalt.

Ferstl, Lothar/Hetzel, Harald (1990): „Wir sind immer die Fremden." Aussiedler in Deutschland. Bonn: Dietz.

Flechsig, Karl-Heinz (2000): Kulturelle Orientierungen. URL: http://www.ikkconsult.de/ internearbeitspapiere/Kulturelle_Orientierungen.pdf [Stand: 09. Oktober 2007].

Fleischhauer, Ingeborg (1990): Die Deutschen in der russischen Revolution. In: Fleischhauer, Ingeborg/Jedig, Hugo H. (Hg.): Die Deutschen in der UdSSR in Geschichte und Gegenwart. Ein internationaler Beitrag zur deutsch-sowjetischen Verständigung. Baden-Baden: Nomos Verlagsgesellschaft, S. 155-190.

Fleischhauer, Ingeborg/Jedig, Hugo H. (Hg.) (1990): Die Deutschen in der UdSSR in Geschichte und Gegenwart. Ein internationaler Beitrag zur deutsch-sowjetischen Verständigung. Baden-Baden: Nomos Verlagsgesellschaft.

Frankenberg, Günter (1993): Zur Alchimie von Recht und Fremdheit. Die Fremden als juridische Konstruktion. In: Balke, Friedrich/Habermas, Rebekka/Nanz, Patrizia/ Sillem, Peter (Hg.): Schwierige Fremdheit. Über Integration und Ausgrenzung in Einwanderungsländern. Frankfurt am Main: Fischer Taschenbuch Verlag, S. 41-67.

Friebertshäuser, Barbara (Hg.) (1997): Handbuch qualitativer Forschungsmethoden in der Erziehungswissenschaft. Weinheim, München: Juventa.

Friebertshäuser, Barbara (1997a): Feldforschung und teilnehmende Beobachtung. In: Friebertshäuser, Barbara (Hg.): Handbuch qualitativer Forschungsmethoden in der Erziehungswissenschaft. Weinheim, München: Juventa, S. 503-534.

Friedrichs, Jürgen (1980): Methoden empirischer Sozialforschung. 13. Aufl., Opladen: Westdeutscher Verlag.

Fritzsche, Bettina (2003): Pop-Fans. Studie einer Mädchenkultur. Opladen: Leske + Budrich.

Fuchs, Marek/Schwietring, Thomas/Weiß, Johannes (1999a): 10. Kulturelle Identität. In: Silbereisen, Rainer K./Lantermann, Ernst-Dieter/Schmitt-Rodermund, Eva (Hg.) (1999): Aussiedler in Deutschland. Akkulturation von Persönlichkeit und Verhalten. Opladen: Leske + Budrich, S. 203-232.

Fuchs, Marek/Schwietring, Thomas/Weiß, Johannes (1999b): 15. Varianten erfolgreicher Akkulturation. In: Silbereisen, Rainer K./Lantermann, Ernst-Dieter/Schmitt-Rodermund, Eva (Hg.) (1999): Aussiedler in Deutschland. Akkulturation von Persönlichkeit und Verhalten. Opladen: Leske + Budrich, S. 335-363.

Gaitanides, Stephan (1983): Sozialstruktur und „Ausländerproblem". Sozialstrukturelle Aspekte der Marginalisierung von Ausländern der ersten und zweiten Generation. München: Verlag Deutsches Jugendinstitut.

Gebhardt, Winfried (1987): Fest, Feier und Alltag. Über die gesellschaftliche Wirklichkeit des Menschen und ihre Deutung. Frankfurt am Main, Bern, New York, Paris: Lang.

Gebhardt, Winfried (1989): Kulturidee und nationale Identität. Über die Voraussetzungen und Möglichkeiten kultureller Identität. In: Papalekas, Johannes Chr. (Hg.): Kulturelle Integration und Kulturkonflikt in der technischen Zivilisation. Mit Beiträgen von Klaus Barheier, Erich Bodzenta, Luigi Vittorio Ferraris, Winfried Gebhardt, Theodor Ikonomu, Helmut Klages, Wolfgang Lipp, Rainer Mackensen, Eckart Pankoke, Johannes Chr. Papalekas, Mohammed Rassem, Franz Ronneberger, Winfried Schlaffke, Justin Stagl, Arnold Zingerle. Frankfurt am Main, New York: Campus, S. 68-85.

Gebhardt, Winfried (2003): Vielfältiges Bemühen. Zum Stand kultursoziologischer Forschung im deutschsprachigen Raum. In: Orth, Barbara/Schwietring, Thomas/Weiß, Johannes (Hg.): Soziologische Forschung: Stand und Perspektiven. Ein Handbuch. Opladen: Leske + Budrich, S. 215-226.

Geißler, Rainer (2005): Interkulturelle Integration von Migranten. In: Geißler, Rainer/Pöttker, Horst (Hg.): Massenmedien und die Integration ethnischer Minderheiten in Deutschland. Problemaufriss – Forschungsstand – Bibliographie. Bielefeld: transcript Verlag, S. 45-70.

Gerber, Olga (1992): Die Auswanderung der Sibiriendeutschen in den Jahren 1929-1930. In: Meissner, Boris/Neubauer, Helmut/Eisfeld, Alfred (Hg.): Die Russlanddeutschen. Gestern und heute. Köln: Markus-Verlag, S. 119-126.

Giddens, Anthony (1984): The Constitution of Society. Outline of the Theory of Structuration. Cambridge: Polity Press.

Glaser, Barney G./Strauss, Anselm L. (1967): The Discovery of Grounded Theory. Chicago: Aldine.

Graudenz, Ines/Römhild, Regina (Hg.) (1996): Forschungsfeld Aussiedler. Ansichten aus Deutschland. Frankfurt am Main, Berlin, Bern, New York, Paris, Wien: Lang.

Graudenz, Ines/Römhild, Regina (1996a): Grenzerfahrungen. Deutschstämmige Migranten aus Polen und der ehemaligen Sowjetunion im Vergleich. In: Graudenz, Ines/Römhild, Regina (Hg.): Forschungsfeld Aussiedler. Ansichten aus Deutschland. Frankfurt am Main, Berlin, Bern, New York, Paris, Wien: Lang, S. 29-68.

Gugel, Günther (1990): Ausländer, Aussiedler, Übersiedler. Fremdenfeindlichkeit in der Bundesrepublik Deutschland. Tübingen: Verein für Friedenspädagogik.

Hackstein, Katharina (1989): Ethnizität und Situation. Garas – eine vorderorientalische Kleinstadt. Wiesbaden: Reichert. (Beihefte zum Tübinger Atlas des Vorderen Orients, Geisteswissenschaften, 94)

Hager, Bodo (1980): Zur Akkulturation und Sozialisation von Übersiedlern aus Osteuropa. Zusammenfassende Bemerkungen über die Diskussion der Integrationsproblematik. In: Osteuropa 30, S. 149-158.

Hager, Bodo/Wandel, Fritz (1978a): Integration oder Isolation? Zum Problem der Identitätsfindung von Spätaussiedlern. In: Frankfurter Hefte, S. 41-48.

Hager, Bodo/Wandel, Fritz (1978b): Probleme der soziokulturellen Integration von Spätaussiedlern. In: Osteuropa 28, Heft 3, S. 193-209.

Hailbronner, Kay (1997): Der aufenthaltsrechtliche Status der verschiedenen Gruppen von Einwanderern in der Bundesrepublik Deutschland. In: Weber, Albrecht (Hg.): Einwanderungsland Bundesrepublik Deutschland in der Europäischen Union: Gestaltungsauftrag und Regelungsmöglichkeiten. Osnabrück: Universitätsverlag Rasch, S. 225-249.

Halbwachs, Maurice (1985): Das Gedächtnis und seine sozialen Bedingungen. Frankfurt am Main: Suhrkamp.

Hansen, Klaus P. (2000): Kultur und Kulturwissenschaft: Eine Einführung. Tübingen, Basel: Francke.

Harfst, Gisela/Harfst, Arnold (Hg.) (1994): Unmenschlich – unglaublich – ungeheuerlich. Überlebende Russlanddeutsche berichten – erzählen. Delmenhorst: Harfst.

Harmsen, Hans (Hg.) (1983): Die Aussiedler in der Bundesrepublik Deutschland. Forschungen der AWR Deutsche Sektion. 2. Ergebnisbericht. Anpassung, Umstellung, Eingliederung. Wien.

Heckmann, Friedrich (1981): Die Bundesrepublik: Ein Einwanderungsland? Zur Soziologie der Gastarbeiterbevölkerung als Einwandererminorität. Stuttgart: Klett-Cotta.

Heckmann, Friedrich (1992): Ethnische Minderheiten, Volk und Nation. Soziologie interethnischer Beziehungen. Stuttgart: Enke.

Heckmann, Friedrich/Vitt, Veronika (2000): Dokumentation: Migration und Migrationspolitik in Deutschland 1998-2000. In: Bade, Klaus J./Münz, Rainer (Hg.): Migrationsreport 2000. Fakten – Analysen – Perspektiven. Frankfurt am Main, New York: Campus, S. 223-278.

Heinrich, Wolfgang (1984): Ethnische Identität und nationale Integration. Eine vergleichende Betrachtung traditioneller Gesellschaftssysteme und Handlungsorientierungen in Äthiopien. Göttingen: Edition Herodot.

Hermann, Arkadij (1992): Wie die Arbeitskommune (das Autonome Gebiet) der Wolgadeutschen gegründet wurde. In: Meissner, Boris/Neubauer, Helmut/Eisfeld, Alfred (Hg.): Die Russlanddeutschen. Gestern und heute. Köln: Markus-Verlag, S. 159-180.

Herwartz-Emden, Leonie (Hg.) (2000): Einwandererfamilien. Osnabrück: Universitätsverlag Rasch.

Herwartz-Emden, Leonie (2000a): Einleitung: Geschlechterverhältnis, Familie und Migration. In: Herwartz-Emden, Leonie (Hg.): Einwandererfamilien. Osnabrück: Universitätsverlag Rasch, S. 9-50.

Herwartz-Emden, Leonie (1997): Erziehung und Sozialisation in Aussiedlerfamilien. Einwanderungskontext, familiäre Situation und elterliche Orientierung. In: Aus Politik und Zeitgeschichte. Band 7-8/97, S. 3-9.

Herwartz-Emden, Leonie/Westphal, Manuela (2002): Integration junger Aussiedler: Entwicklungsbedingungen und Akkulturationsprozesse. In: Oltmer, Jochen (Hg.): Migrationsforschung und interkulturelle Studien: Zehn Jahre IMIS. Osnabrück: Universitätsverlag Rasch, S. 229-259.

Herwartz-Emden, Leonie/Westphal, Manuela (1997): Die fremden Deutschen: Einwanderung und Eingliederung von Aussiedlern in Niedersachsen. In: Bade, Klaus J. (Hg.): Fremde im Land: Zuwanderung und Eingliederung im Raum Niedersachsen seit dem Zweiten Weltkrieg. Osnabrück: Universitätsverlag Rasch, S. 167-212.

Hildebrand, Gerhard (1997): Die Kolonisation am Beispiel der Mennoniten. In: Stricker, Gerd (Hg.): Deutsche Geschichte im Osten Europas. Rußland. Berlin: Siedler, S. 262-322.

Hildenbrand, Bruno (2005): Fallrekonstruktive Familienforschung. Anleitungen für die Praxis. Wiesbaden: VS, Verlag für Sozialwissenschaften.

Hilkes, Peter (1990): Zur Lage der deutschen Minderheiten in der Sowjetgesellschaft – der Stand der Forschung in der Bundesrepublik und in der UdSSR. Forschungsprojekt „Deutsche in der Sowjetunion und Aussiedler aus der UdSSR in der Bundesrepublik Deutschland. AB.1. Osteuropa-Institut München. München: Osteuropa-Institut.

Hilkes, Peter (1999): Rußlanddeutsche in Westsibirien: Bildung, Kultur und Identität. In: Schmidt, Gerlind/Krüger-Portratz, Marianne (Hg.): Bildung und nationale Identität aus russischer und rußlanddeutscher Perspektive. Münster, New York, München, Berlin: Waxmann, S. 91-133.

Hilkes, Peter/Kloos, Herbert (1989): Forschungsprojekt „Deutsche in der Sowjetgesellschaft". Arbeitsbericht Nr. 12. Deutsche in der Sowjetunion: Zwischen Ausreise und Autonomiebewegung. Ergebnisse einer Befragungsstudie mit deutschen Spätaussiedlern. München: Osteuropa-Institut.

Hilkes, Peter/Stricker, Gerd (1997): Die Jahre nach dem Zweiten Weltkrieg. In: Stricker, Gerd (Hg.): Deutsche Geschichte im Osten Europas. Rußland. Berlin: Siedler, S. 221-260.

Hofstede, Geert/Hofstede, Gert Jan (2006): Lokales Denken, globales Handeln. Interkulturelle Zusammenarbeit und globales Management. München: Deutscher Taschenbuch Verlag.

Hollatz, Detlef D. (1999): Deutsche Kolonisten und deren Nachkommen in Rußland und der Sowjetunion. In: Meiners, Uwe/Reinders-Düselder, Christoph (Hg.): Fremde in Deutschland – Deutsche in der Fremde. Schlaglichter von der Frühen Neuzeit bis in die Gegenwart. Cloppenburg: Museumsdorf Cloppenburg, S. 215-231.

Hopf, Christel (1995): Qualitative Interviews in der Sozialforschung. Ein Überblick. In: Flick, Uwe (Hg.): Handbuch qualitative Sozialforschung. Grundlagen, Konzepte, Methoden und Anwendungen. 2. Aufl., Weinheim: Beltz, S. 177-182.

Ilyin, Vladimir (2006): Religiosität als Faktor für die Immigrationspraxis ethnischer Deutscher in die Bundesrepublik Deutschland. In: Ipsen-Peitzmeier, Sabine/Kaiser, Markus (Hg.): Zuhause fremd – Russlanddeutsche zwischen Russland und Deutschland. Bielefeld: transcript Verlag, S. 275-304.
Ingenhorst, Heinz (1997): Die Russlanddeutschen. Aussiedler zwischen Tradition und Moderne. Frankfurt am Main, New York: Campus.
Ipsen-Peitzmeier, Sabine/Kaiser, Markus (Hg.) (2006): Zuhause fremd –Russlanddeutsche zwischen Russland und Deutschland. Bielefeld: transcript Verlag.

Jedig, Hugo (1990): Die deutsche Sprachkultur in der Sowjetunion. In: Fleischhauer, Ingeborg/Jedig, Hugo H. (Hg.): Die Deutschen in der UdSSR in Geschichte und Gegenwart. Ein internationaler Beitrag zur deutsch-sowjetischen Verständigung. Baden-Baden: Nomos Verlagsgesellschaft, S. 203-224.

Kahle, Wilhelm (1992): Frömmigkeit und kirchliches Leben. In: Eisfeld, Alfred: Die Russland-Deutschen. Mit Beiträgen von Detlev Brandes und Wilhelm Kahle. München: Langen-Müller, S.178-203.
Kaiser, Markus (2006): Die plurilokalen Lebensprojekte der Russlanddeutschen im Lichte neuerer sozialwissenschaftlicher Konzepte. In: Ipsen-Peitzmeier, Sabine/Kaiser, Markus (Hg.): Zuhause fremd – Russlanddeutsche zwischen Russland und Deutschland. Bielefeld: transcript Verlag, S. 19-59.
Kappeler, Andreas/Meissner, Boris/Simon, Gerhard (Hg.) (1987): Die Deutschen im russischen Reich und im Sowjetstaat. Köln: Markus-Verlag.
Kaschuba, Wolfgang (1999): Einführung in die Europäische Ethnologie. München: Beck.
Kea 10 (1997): Ethnologie der Migration. Zeitschrift für Kulturwissenschaften. Bremen: Kea: Edition.
Kelle, Udo/Kluge, Susann (1999): Vom Einzelfall zum Typus. Fallvergleich und Fallkontrastierung in der qualitativen Sozialforschung. Opladen: Leske + Budrich.
Keppler, Angela (2001): Soziale Formen individuellen Erinnerns. Die kommunikative Tradierung von (Familien-)Geschichte. In: Welzer, Harald (Hg.): Das soziale Gedächtnis. Geschichte, Erinnerung, Tradierung. Hamburg: Hamburger Edition, S. 137-159.
Keppler, Angela (1994): Tischgespräche. Über Formen kommunikativer Vergemeinschaftung am Beispiel der Konversation in Familien. Frankfurt am Main: Suhrkamp.
Kiel, Svetlana (2007): Deutsche oder Fremde? Die kulturelle Identität in russlanddeutschen Aussiedlerfamilien. In: Verein für Freikirchenforschung (Hg.): Freikirchen Forschung, 16/2007. Münster: Verlag des Vereins für Freikirchenforschung, S. 55-65.
Knörr, Jacqueline (1995): Kreolisierung versus Pidginisierung als Kategorien kultureller Differenzierung: Varianten neoafrikanischer Identität und Interethnik in Freetown/ Sierra Leone. Münster, Hamburg: Lit.
Knott, Heidi/Hamm, Horst/Jung, Wolfgang (1991): Heimat Deutschland? Lebensberichte von Aus- und Übersiedlern. Pfaffenweiler: Centaurus-Verlagsgesellschaft.

Ködderitzsch, Peter (Hg.) (1997): Zur Lage, Lebenssituation, Befindlichkeit und Integration von rußlanddeutschen Aussiedlern in Berlin. Frankfurt am Main, Berlin, Bern, New York, Paris, Wien: Lang.

König, René (1974): Materialien zur Soziologie der Familie. Köln: Kiepenheuer & Witsch.

Kossolapow, Line (1987): Aussiedler Jugendliche. Ein Beitrag zur Integration Deutscher aus dem Osten. Weinheim: Deutscher Studien-Verlag.

Kossolapow, Line (1992): Zur Einführung. In: Althammer, Walter/Kossolapow, Line (Hg.): Aussiedlerforschung. Interdisziplinäre Studien. Köln: Böhlau Verlag, S. 9-13.

Kotzian, Ortfried (1991): Die Aussiedler und ihre Kinder. Eine Forschungsdokumentation über die Deutschen im Osten der Akademie für Lehrerfortbildung und des Bukowina-Instituts Augsburg. Augsburg: Bukowina-Institut.

Krieger, Viktor (1992): Die Deutschen in Turkestan bis 1917. In: Meissner, Boris/Neubauer, Helmut/Eisfeld, Alfred (Hg.): Die Russlanddeutschen. Gestern und heute. Köln: Markus-Verlag, S. 110-117.

Kraul, Margret (2003): Sisyphos oder „Was will denn eigentlich die ältere Generation mit der jüngeren?" Generationen und Tradierung in der Erziehung. In: Beillerot, Jacky/ Wulf, Christoph (Hg.): Erziehungswissenschaftliche Zeitdiagnosen: Deutschland und Frankreich. Münster, New York: Waxmann.

Kraul, Margret/Marotzki, Winfried (Hg.) (2002): Biographische Arbeit. Perspektiven erziehungswissenschaftlicher Biographieforschung. Opladen: Leske + Budrich.

Krüger, Katharina (1993): Schicksal einer Russlanddeutschen. Mannheim.

Kugler, Hartmut (Hg.) (1990): Kulturelle Identität der deutschsprachigen Minderheiten in Russland/UdSSR. Band 2. Mit Beiträgen von Hartmut Kugler, Hugo Jedig, Konstantin Ehrlich, Peter Rosenberg, Heinrich Klassen, Ilja Gorelow. Kassel: Jenior und Pressler.

Kussmann, Thomas/Schäfer, Bernd (1982): Nationale Identität: Selbstbild und Fremdbilder von deutschen Aussiedlern aus der Sowjetunion. Befunde einer empirischen psychologischen Untersuchung. Köln: Bundesinstitut für Ostwissenschaft und Internationale Studien.

Kusterer, Karin (1990): Forschungsprojekt „Deutsche in der Sowjetgesellschaft". Arbeitsbericht Nr. 13. Ethnische Identität bei den Deutschen in der Sowjetunion. Ergebnisse einer Befragungsstudie mit deutschen Spätaussiedlern aus der Sowjetunion. München: Osteuropa-Institut.

Längin, Bernd (1992): Die Rußlanddeutschen unter Doppeladler und Sowjetstern. Städte, Landschaften und Menschen auf alten Fotos. Augsburg: Weltbild Verlag.

Landsmannschaft der Deutschen aus Russland (Hg.) (1995/1996): Heimatbuch der Deutschen aus Russland. Stuttgart: Landsmannschaft.

Lamnek, Siegfried (1998): Gruppendiskussion. Theorie und Praxis. Weinheim: Beltz.

Lamnek, Siegfried (1995): Qualitative Sozialforschung. Band 1, Methodologie. 3. Aufl., Weinheim: Beltz.

Leggewie, Claus (2000): Integration und Segregation. In: Bade, Klaus/Münz, Rainer (Hg.): Migrationsreport 2000. Fakten – Analysen – Perspektiven. Frankfurt am Main, New York: Campus, S. 85-107.

Liesner, Ernst (1988): Aussiedler: Die Voraussetzungen für die Anerkennung als Vertriebener. Arbeitshandbuch für Behörden, Gerichte und Verbände. Herford: Maximilian-Verlag.

Lipp, Wolfgang (1994): Drama, Kultur. Berlin: Duncker & Humblot.

Loos, Peter/Schäffer, Burkhard (2001): Das Gruppendiskussionsverfahren. Theoretische Grundlagen und empirische Anwendung. Opladen: Leske + Budrich.

Lüttinger, Paul (1989): Integration der Vertriebenen. Eine empirische Analyse. Frankfurt am Main, New York: Campus.

Maas, Utz (1984): Versuch einer kulturanalytischen Bestimmung ausländerpädagogischer Aufgaben. In: Deutsch lernen. Zeitschrift für den Sprachunterricht mit ausländischen Arbeitnehmern 1, S. 3-24.

Malchow, Barbara/Tayebi, Keyumars/Brand, Ulrike (1993): Die fremden Deutschen. Aussiedler in der Bundesrepublik. Reinbek bei Hamburg: Rowohlt.

Mannheim, Karl (1980): Eine soziologische Theorie der Kultur und ihrer Erkennbarkeit. (Konjunktives und kommunikatives Denken). In: Kettler, David/Meja, Volker/Stehr, Nico (Hg.): Karl Mannheim. Strukturen des Denkens. Frankfurt am Main: Suhrkamp, S. 155-303.

Mannheim, Karl (1964): Beiträge zur Theorie der Weltanschauungsinterpretation. In: Mannheim, Karl: Wissenssoziologie. Berlin, Neuwied: Luchterhand, S. 91-154.

Masumbuku, Jean Rahind (1994): Psychosoziale Probleme von Aussiedlern in der Bundesrepublik Deutschland. In: Cropley, Arthur/Ruddat, Hartmut/Dehn, Detlev/Lucassen, Sabine (Hg.): Probleme der Zuwanderung. Band 1: Aussiedler und Flüchtlinge in Deutschland. Göttingen, Stuttgart: Verlag für Angewandte Psychologie, S. 72-95.

Matissek, Holger (1996): Die neuen alten Deutschen. Die Eingliederung der Deutschen aus dem Osten in das System der Bundesrepublik Deutschland. Gesellschaftliche Herausforderung und historische Verpflichtung. Konstanz: Hartung-Gorre.

McCauley, Martin (1990): Deutsche in der Kommunistischen Partei der Sowjetunion. In: Fleischhauer, Ingeborg/Jedig, Hugo H. (Hg.): Die Deutschen in der UdSSR in Geschichte und Gegenwart. Ein internationaler Beitrag zur deutsch-sowjetischen Verständigung. Baden-Baden: Nomos Verlagsgesellschaft, S. 275-286.

Mead, George Herbert (1988): Geist, Identität und Gesellschaft. 7. Aufl., Frankfurt am Main: Suhrkamp.

Mead, George Herbert (1969): Philosophie der Sozialität. Aufsätze zur Erkenntnisanthropologie. Vorwort von Hansfried Kellner. Frankfurt am Main: Suhrkamp.

Meiners, Uwe/Reinders-Düselder, Christoph (Hg.) (1999): Fremde in Deutschland – Deutsche in der Fremde. Schlaglichter von der Frühen Neuzeit bis in die Gegenwart. Cloppenburg: Museumsdorf Cloppenburg.

Meissner, Boris/Neubauer, Helmut/Eisfeld, Alfred (1992): Die Russlanddeutschen. Gestern und heute. Köln: Markus-Verlag.

Meister, Dorothee M. (1997): Zwischenwelten der Integration. Biographische Übergänge jugendlicher Aussiedler aus Polen. Weinheim, München: Juventa.
Müller, Johannes Stefan (1992): Mennoniten in Lippe. „Gottes Volk unterwegs zwischen Verfolgung und Verführung." Milieustudie in einer ethno-konfessionellen Gemeinschaft rußlanddeutscher Aussiedler. Bielefeld.
Münz, Rainer/Seifert, Wolfgang/Ulrich, Ralf (1999): Zuwanderung nach Deutschland. Strukturen, Wirkungen, Perspektiven. Frankfurt am Main, New York: Campus.

Nentwig-Gesemann, Iris (2001): Die Typenbildung der dokumentarischen Methode. In: Bohnsack, Ralf/Nentwig-Gesemann, Iris/Nohl, Arnd-Michael (Hg.): Die dokumentarische Methode und ihre Forschungspraxis. Grundlagen qualitativer Sozialforschung. Opladen: Leske & Budrich, S. 275-300.
Neutatz, Dietmar (1992): Die Kolonien des Schwarzmeergebietes im Spannungsfeld nationalstaatlicher Politik 1861-1914. In: Meissner, Boris/Neubauer, Helmut/Eisfeld, Alfred (Hg.): Die Russlanddeutschen. Gestern und heute. Köln: Markus-Verlag, S. 79-99.
Nienaber, Ursula (1995): Migration – Integration und Biographie. Biographieanalytische Untersuchungen auf der Basis narrativer Interviews am Beispiel von Spätaussiedlern aus Polen, Rumänien und der UdSSR. Münster, New York: Waxmann.
Nohl, Arnd-Michael (2006): Interview und dokumentarische Methode. Anleitungen für die Forschungspraxis. Wiesbaden: VS Verlag für Sozialwissenschaften.
Nohl, Arnd-Michael (2001): Migration und Differenzerfahrung. Junge Einheimische und Migranten im rekonstruktiven Milieuvergleich. Opladen: Leske + Budrich.

Oberpenning, Hannelore (2002): Zuwanderung, Integration und kommunale Gesellschaft in historischer Perspektive. In: Oltmer, Jochen (Hg.): Migrationsforschung und Interkulturelle Studien: Zehn Jahre IMIS. Osnabrück: Universitätsverlag Rasch, S. 261-286.
Oltmer, Jochen (Hg.) (2002): Migrationsforschung und interkulturelle Studien: Zehn Jahre IMIS. Osnabrück: Universitätsverlag Rasch.
Ostendorf, Berndt (Hg.) (1994): Multikulturelle Gesellschaft: Modell Amerika? München: Fink.
Otto, Karl A. (1990): Aussiedler und Aussiedler-Politik im Spannungsfeld von Menschenrechten und Kaltem Krieg. Historische, politisch-moralische und rechtliche Aspekte der Aussiedler-Politik. In: Otto, Karl A. (Hg.): Westwärts - Heimwärts? Aussiedlerpolitik zwischen „Deutschtümelei" und „Verfassungsauftrag". Bielefeld: AJZ, S. 11-68.

Park, Robert E. (1950a): Race and Culture. Essays in the Sociology of Contemporary Man. New York: Free Press of Glencoe u.a.
Park, Robert E. (1950b): Human Migration and the Marginal Man. In: Park, Robert E. (1950a), S. 345-356. [Erstveröffentlichung von 1928, The American Journal for Sociology XXXIII, S. 881-893]

Park, Robert E./Burgess, Ernest W./McKenzy, Roderick D. (1925): The City. Chicago: University of Chicago Press u.a.

Patterson, Orlando (1975): Context and Choice in Ethnic Allegiance. A Theoretical Framework and Carribean Case Study. In: Glazer, Nathan/Moynihan, Daniel P. (Hg.): Ethnicity. Theory and Experience. Cambridge: Harvard University Press, S. 53-83.

Pauli, Ingo-Rudolf (1985): Lübeck – Kronstadt – Saratow. Schicksalsweg der „Wolgadeutschen" 1763-1921. Flensburg: Skandia-Verlag.

Pfister-Heckmann, Heike (1998): Sehnsucht Heimat? Die Rußlanddeutschen im niedersächsischen Landkreis Cloppenburg. Münster, New York, München, Berlin: Waxmann.

Pfister-Heckmann, Heike/Retterath, Hans-Werner/Müns, Heike (1999): Aussiedler in Deutschland. In: Meiners, Uwe/Reinders-Düselder, Christoph (Hg.): Fremde in Deutschland – Deutsche in der Fremde. Schlaglichter von der Frühen Neuzeit bis in die Gegenwart. Cloppenburg: Museumsdorf Cloppenburg, S. 321-334.

Pfundtner, Raimund (1995): Der schwierige Weg zum Arbeitsmarkt. Probleme der beruflichen Nachqualifizierung ausgesiedelter Akademiker. Münster, New York: Waxmann.

Pinkus, Benjamin/Fleischhauer, Ingeborg (1987): Die Deutschen in der Sowjetunion: Geschichte einer nationalen Minderheit im 20. Jahrhundert. Bearbeitet und herausgegeben von Karl-Heinz Ruffmann. Baden-Baden: Nomos Verlagsgesellschaft.

Pinkus, Benjamin (1990): Das Bildungssystem der extraterritorialen nationalen Minderheiten der Sowjetunion: Deutsche, Juden und Polen, 1917-1939. In: Fleischhauer, Ingeborg/Jedig, Hugo H. (Hg.): Die Deutschen in der UdSSR in Geschichte und Gegenwart. Ein internationaler Beitrag zur deutsch-sowjetischen Verständigung. Baden-Baden: Nomos Verlagsgesellschaft, S. 191-201.

Pörtner, Rudolf (Hg.) (1992): Heimat in der Fremde. Deutsche aus Russland erinnern sich. Düsseldorf, Wien, New York, Moskau: ECON-Verlag.

Preglau, Max (1995): Kapitel 3: Symbolischer Interaktionismus: George Herbert Mead. In: Morel, Julius u.a. (Hg.): Soziologische Theorie. Abriss der Ansätze ihrer Hauptvertreter. 4. Aufl., München und Wien: Oldenbourg, S. 52-66.

Pursey, Mona (2001): Fremdheit, Marginalität und Multikulturalität als Themen der sozialwissenschaftlichen Literatur in Deutschland, den Niederlanden und Belgien – eine Literaturanalyse zu Publikationen der 80er bis Mitte der 90er Jahre (des zwanzigsten Jahrhunderts). Aachen.

Puskeppeleit, Jürgen (1996): Der Paradigmenwechsel der Aussiedlerpolitik – Von der Politik der „nationalen Aufgabe" zur Politik der „Eindämmung der Zu- und Einwanderung und der Konkurrenz- und Neidbewältigung". In: Graudenz, Ines/Römhild, Regina (Hg.): Forschungsfeld Aussiedler. Ansichten aus Deutschland. Frankfurt am Main, Berlin, Bern, New York, Paris, Wien: Lang, S. 99-122.

Przyborski, Aglaja (2004): Gesprächsanalyse und dokumentarische Methode. Qualitative Auswertung von Gesprächen, Gruppendiskussionen und anderen Diskursen. Wiesbaden: VS Verlag für Sozialwissenschaften.

Rabkov, Irina (2006): Deutsch oder fremd? Staatliche Konstruktion und soziale Realität des „Aussiedlerseins". In: Ipsen-Peitzmeier, Sabine/Kaiser, Markus (Hg.): Zuhause fremd – Russlanddeutsche zwischen Russland und Deutschland. Bielefeld: transcript Verlag, S. 321-346.

Radtke, Frank-Olaf (1994): Multikulturalismus: Ein postmoderner Nachfahre des Nationalismus? In: Ostendorf, Bernd (Hg.): Multikulturelle Gesellschaft. Modell Amerika. München: Fink, S. 229-235.

Reich, Kerstin (2005): Integrations- und Desintegrationsprozesse junger männlicher Aussiedler aus der GUS. Eine Bedingungsanalyse auf sozial-lerntheoretischer Basis. Münster: Lit.

Reitemeier, Ulrich (2006a): Aussiedler treffen auf Einheimische. Paradoxien der interaktiven Identitätsarbeit und Vorenthaltung der Marginalitätszuschreibung in Situationen zwischen Aussiedlern und Binnendeutschen. Tübingen: Narr.

Reitemeier, Ulrich (2006b): Im Wechselbad der kulturellen Identitäten. Identifizierungs- und De-Identifizierungsprozesse bei russlanddeutschen Aussiedlern. In: Ipsen-Peitzmeier, Sabine/Kaiser, Markus (Hg.): Zuhause fremd –Russlanddeutsche zwischen Russland und Deutschland. Bielefeld: transcript Verlag, S. 223-239.

Retterath, Hans-Werner (2006): Chancen der Koloniebildung im Integrationsprozess russlanddeutscher Aussiedler? In: Ipsen-Peitzmeier, Sabine/Kaiser, Markus (Hg.): Zuhause fremd – Russlanddeutsche zwischen Russland und Deutschland. Bielefeld: transcript Verlag, S. 129-149.

Retterath, Hans-Werner (2002): Endlich daheim? Postsowjetische Migration und kulturelle Integration Russlanddeutscher in Südbaden. Teil 1: Anlage des Forschungsprojekts und Rahmenbedingungen in den Herkunftsländern. Freiburg i.Br.: Johannes-Künzig-Institut für Ostdeutsche Volkskunde.

Richmond, Anthony H. (1988): Immigration and Ethnic Conflict. Houndsmill, London: Palgrave Macmillan.

Riek, Götz-Achim (2000): Die Migrationsmotive der Russlanddeutschen. Eine Studie über die sozial-integrative, politische, ökonomische und ökologische Lage in Rußland. Stuttgart: ibidem-Verlag.

Robejsek, Petr (1979a): Zur Frage der soziokulturellen Merkmale deutschstämmiger Spätaussiedler aus Osteuropa. In: Osteuropa 29, S. 476-483.

Robejsek, Petr (1979b): Probleme und Möglichkeiten der Integration deutschstämmiger Spätaussiedler. In: Osteuropa 29, S. 563-578.

Roesler, Karsten (2003): Russlanddeutsche Identitäten zwischen Herkunft und Ankunft. Eine Studie zur Förderungs- und Integrationspolitik des Bundes. Frankfurt am Main, Berlin, Bern, Bruxelles, New York, Oxford: Lang

Rosenthal, Gabriele (2005): Interpretative Sozialforschung. Eine Einführung. Weinheim, München: Juventa.

Rosenthal, Gabriele (1993): Erlebte und erzählte Lebensgeschichte. Gestalt und Struktur biographischer Selbstbeschreibungen. Frankfurt am Main, New York: Campus.

Royce, Anya Peterson (1982): Ethnic identity. Strategy of diversity. Bloomington: Indiana University Press.

Savoskul, Maria (2006): Russlanddeutsche in Deutschland: Integration und Typen der ethnischen Selbstidentifizierung. In: Ipsen-Peitzmeier, Sabine/Kaiser, Markus (Hg.): Zuhause fremd – Russlanddeutsche zwischen Russland und Deutschland. Bielefeld: transcript Verlag. S. 197-221.

Schafer, Andrea/Schenk, Liane (1995): „Wir könnten doch lernen, wir haben Zeit." Ergebnisse einer qualitativen Befragung. In: Schafer, Andrea/Schenk, Liane/Kühn, Günter: Arbeitslosigkeit, Befindlichkeit und Bildungsbereitschaft von Aussiedlern. Eine empirische Studie. Frankfurt am Main, Berlin, Bern, New York, Paris, Wien: Lang, S. 39-142.

Schafer, Andrea/Schenk, Liane/Kühn, Günter (1995): Arbeitslosigkeit, Befindlichkeit und Bildungsbereitschaft von Aussiedlern. Eine empirische Studie. Frankfurt am Main, Berlin, Bern, New York, Paris, Wien: Lang

Schippan, Michael/Striegnitz, Sonja (1992): Wolgadeutsche. Geschichte und Gegenwart. Berlin: Dietz.

Schmidt, Gerlind/Krüger-Portratz, Marianne (Hg.) (1999): Bildung und nationale Identität aus russischer und rußlanddeutscher Perspektive. Münster, New York, München, Berlin: Waxmann.

Schmitt-Rodermund, Eva (1997): Akkulturation und Entwicklung. Eine Studie unter jungen Aussiedler. Weinheim: Beltz.

Schnell, Rainer (1990): Dimensionen ethnischer Identität. In: Esser, Hartmut/Friedrichs, Jürgen (Hg.): Generation und Identität. Theoretische und empirische Beiträge zur Migrationssoziologie. (Studien zur Sozialwissenschaft) Opladen: Westdeutscher Verlag, S. 44-72.

Schütze, Yvonne (2002): III. 1. Familie. In: Krüger, Heinz-Hermann/Helsper, Werner (Hg.): Einführung in Grundbegriffe und Grundfragen der Erziehungswissenschaft. Opladen: Leske + Budrich, S. 157-166.

Schwarz, Dieter (1988): Zur Alltagswirklichkeit von Klinikseelsorgern – persönliche und professionelle Bewältigungsformen im Umgang mit schwerer Krankheit, Sterben und Tod : eine kultursoziologische Untersuchung. Frankfurt am Main, Bern, New York, Paris: Lang.

Silbereisen, Rainer K./Lantermann, Ernst-Dieter/Schmitt-Rodermund, Eva (Hg.) (1999): Aussiedler in Deutschland. Akkulturation von Persönlichkeit und Verhalten. Opladen: Leske + Budrich.

Silbereisen, Rainer K./Lantermann, Ernst-Dieter/Schmitt-Rodermund, Eva (1999a): 1. Hintergrund, theoretische Perspektiven, Anlage und Themen der Aussiedlerstudie. In: Silbereisen, Rainer K./Lantermann, Ernst-Dieter/Schmitt-Rodermund, Eva (Hg.) (1999): Aussiedler in Deutschland. Akkulturation von Persönlichkeit und Verhalten. Opladen: Leske + Budrich, S. 13-45.

Simmel, Georg (1908): Exkurs über den Fremden. In: Simmel, Georg: Soziologie. Untersuchungen über die Formen der Vergesellschaftung. Leipzig: Duncker & Humbolt, S. 509-512.

Soeffner, Hans-Georg (1988): Kulturmythos und kulturelle Realität(en). In: Soeffner, Hans-Georg (Hg.): Kultur und Alltag. Göttingen: Verlag Otto Schwartz & Co., S. 3-20.

Sommer, Erich Franz (1992): Die Deutschen in Moskau und St. Petersburg. In: Meissner, Boris/Neubauer, Helmut/Eisfeld, Alfred (Hg.): Die Russlanddeutschen. Gestern und heute. Köln: Markus-Verlag, S. 127-141.

Sommer, Erich Franz (1990): Die Moskauer deutsche Sloboda im Wandel der jüngsten Forschung. In: Fleischhauer, Ingeborg/Jedig, Hugo H. (Hg.): Die Deutschen in der UdSSR in Geschichte und Gegenwart. Ein internationaler Beitrag zur deutsch-sowjetischen Verständigung. Baden-Baden: Nomos Verlagsgesellschaft, S. 29-43.

Steenberg, Sven (1989): Die Rußland-Deutschen. Schicksal und Erleben. München: Langen Müller.

Stienen, Angela/Wolf, Manuela (1991): Integration – Emanzipation: Ein Widerspruch? Kritische Analyse sozialwissenschaftlicher Konzepte zur „Flüchtlingsproblematik". Saarbrücken und Fort Lauderdale: Breitenbach.

Stonequist, Everett V. (1937): The Marginal Man. A Study in Personality and Culture Conflict. New York: C. Scribner's sons.

Straub, Jürgen (1989): Historisch-psychologische Biographieforschung. Heidelberg: Asanger.

Strauss, Anselm L. (1994): Grundlagen qualitativer Sozialforschung. Datenanalyse und Theoriebildung in der empirischen und soziologischen Forschung. München: Fink.

Strewe, Bettina (1992): Forschungsprojekt „Deutsche in der Sowjetunion und Aussiedler aus der UdSSR in der Bundesrepublik Deutschland". Arbeitsbericht Nr. 6. Was ist deutsch an den „Rußlanddeutschen"? Überlegungen zur ethnischen Identität der Deutschen in der früheren Sowjetunion. München: Osteuropa-Institut.

Stricker, Gerd (Hg.) (1997): Deutsche Geschichte im Osten Europas. Rußland. Berlin: Siedler.

Stricker, Gerd (1997a): Fragen an die Geschichte der Deutschen in Russland. In: Stricker, Gerd (Hg.): Deutsche Geschichte im Osten Europas. Rußland. Berlin: Siedler, S. 13-20.

Stricker, Gerd (1997b): Deutsches Kirchenwesen. In: Stricker, Gerd (Hg.): Deutsche Geschichte im Osten Europas. Rußland. Berlin: Siedler, S. 324-418.

Strobl, Rainer/Kühnel, Wolfgang (2000): Dazugehörig und ausgegrenzt. Analysen zu Integrationschancen junger Aussiedler. Weinheim, München: Juventa.

Stumpp, Karl (1987): Die Russlanddeutschen. Zweihundert Jahre unterwegs. Stuttgart: Verlag Landsmannschaft der Deutschen aus Rußland.

Sunier, Thijl (1995): Disconnecting Religion and Ethnicity: Young Turkish Muslims in the Netherlands. In: Baumann, Gerd/Sunier, Thijl (Hg.): Post-migration Ethnicity. Deessentializing Cohesion, Commitments and Comparison. Amsterdam: Het Spinhuis. S. 58-77.

Székely, Gisela (Hg.) (1990): Laßt sie selber sprechen. Berichte rußlanddeutscher Aussiedler. Bearbeitet und protokolliert von Gisela Székely. Frankfurt am Main, Berlin: Ullstein.

Taft, Donald R./Robins, Richard (1955): International Migrations. The Immigrant in the Modern World. New York: Textbook Publishers.
Tenbruck, Friedrich H. (1979): Die Aufgaben der Kultursoziologie. In: Kölner Zeitschrift für Kultursoziologie und Sozialpsychologie 31, S. 399-421.
Theis, Stefanie (2006): Religiosität von Russlanddeutschen. Stuttgart: Kohlhammer.
Thomas, William/Znaniecki, Florian (1984): The Polish Peasent in Europe and America. Urbana: University of Illinois Press.
Tolksdorf, Ulrich (1990): Phasen der kulturellen Integration bei Flüchtlingen und Aussiedlern. In: Bade, Klaus J. (Hg.): Neue Heimat im Westen: Vertriebene, Flüchtlinge, Aussiedler. Münster: Westfälischer Heimatbund, S. 106-127.
Tränhardt, Dietrich (2000): Integration und Staatsangehörigkeitsrecht. In: Bade, Klaus J./Münz, Rainer (Hg.): Migrationsreport 2000. Fakten – Analysen – Perspektiven. Frankfurt am Main, New York: Campus, S. 141-161.
Treibel, Annette (1990): Migration in modernen Gesellschaften. Soziale Folgen von Einwanderung und Gastarbeit. Weinheim und München: Juventa.
Tröster, Irene (2003): Wann ist man integriert? Eine empirische Analyse zum Integrationsverständnis Russlanddeutscher. Frankfurt am Main, Berlin, Bern, Bruxelles, New York, Oxford: Lang.

Vogelgesang, Waldemar (2006): Religiöse Segregation und soziale Distanzierung – dargestellt am Beispiel einer Baptistengemeinde russlanddeutscher Spätaussiedler. In: Ipsen-Peitzmeier, Sabine/Kaiser, Markus (Hg.): Zuhause fremd –Russlanddeutsche zwischen Russland und Deutschland. Bielefeld: transcript Verlag, S. 151-169.

Warkentin, Johann (Hg.) (1992): Russlanddeutsche – woher? Wohin? Berlin: Aufbau-Taschenbuch-Verlag.
Weber, Max (1988): Gesammelte Aufsätze zur Wissenschaftslehre. 7. Aufl., Tübingen: Mohr.
Weber, Max (1972): Wirtschaft und Gesellschaft. Grundriss der verstehenden Soziologie. 5. Aufl., Tübingen: Mohr.
Weiß, Wolfgang (1997): Eingliederungshilfen für Spätaussiedler. Rechte und Leistungen auf gesetzlicher Grundlage. Berlin: Berlin-Verlag Spitz.
Westphal, Manuela (2000): Berufs- und Bildungseinstellungen von Frauen. In: Herwartz-Emden, Leonie (Hg.): Einwandererfamilien. Osnabrück: Universitätsverlag Rasch, S. 289-321.
Westphal, Manuela (1997): Aussiedlerinnen. Geschlecht, Beruf und Bildung unter Einwanderungsbedingungen. Bielefeld: Kleine Verlag.
Weydt, Harald (1992): Aussiedler im Konflikt – Bleiben oder gehen? In: Althammer, Walter/Kossolapow, Line (Hg.): Aussiedlerforschung. Interdisziplinäre Studien. Köln, Weimar, Wien: Böhlau, S. 77-88.
Wilkiewicz, Leszek (1989): Aussiedlerschicksal: Migration und familialer Wandel. Pfaffenweiler: Centaurus-Verlagsgesellschaft.

Wölfing, Sibylle (1996): „Wer sind wir hier schon?" Identitätsgefährdungen und Identitätsstrategien bei Aussiedlern aus Siebenbürgen. Münster: Lit.

Wollenschläger, Michael (1997): Rechtlicher Rahmen und Voraussetzungen einer Zuwanderungsgesetzgebung. In: Weber, Albrecht (Hg.): Einwanderungsland Bundesrepublik Deutschland in der Europäischen Union: Gestaltungsauftrag und Regelungsmöglichkeiten. Osnabrück: Universitätsverlag Rasch, S. 197-223.

Wypich, Konrad (1980): Adaption und Integration jugendlicher Spätaussiedler. Ein Vergleich einiger wissenschaftlicher Ergebnisse. In: Osteuropa 30, S. 126-137.

Statistiken:

Bundesagentur für Arbeit: Statistik der Bundesagentur für Arbeit: Bestand an arbeitslosen Spätaussiedlern nach der Berufsausbildung- Zeitreihe. Stand: Oktober 2006- DZ/AM
Bundesverwaltungsamt, III Stabsstelle. Statistik – Dokumentation. 50728 Köln.

Sandra Gruner-Domić

Latinas in Deutschland
Eine ethnologische Studie zu Migration, Fremdheit und Identität

Internationale Hochschulschriften, Band 439
2005, 268 Seiten, br., 29,90 €, ISBN 978-3-8309-1458-7

Die Einwanderung aus Lateinamerika ist jüngeren Datums und zahlenmäßig noch klein. Sie weist allerdings einen starken und noch wachsenden Anteil von Immigrantinnen auf. Die Studie gibt anhand biographischer Erzählungen von Lateinamerikanerinnen Aufschlüsse über die geschlechtsspezifischen Verhältnisse, die Ursachen und den Verlauf ihrer Migration sowie über die Probleme, die sie in der neuen Gesellschaft vorfinden.

Das Buch analysiert ihre persönliche Auseinandersetzung mit den in Deutschland dominierenden Diskursen über Integration und Identität. Anders als in manchen aktuellen Forschungen, die hybride, also zusammengesetzte Identitäten vereinfacht als Globalisierungseffekt verstehen, wird hier gezeigt, wie die Lateinamerikanerinnen imstande sind, parallel existierende Identitätsdiskurse für ihre Integrationsstrategie zu nutzen. Diese Flexibilität erlaubt ihnen, auch an von „Deutschen" benutzten Identitäten teilzuhaben. Die Untersuchung ergibt, dass die Suche der Frauen nach hybriden Identitäten aus dem Versuch resultiert, Ausgrenzung, Vorurteilen und kultureller Differenzierung zu entkommen. Die Erzählungen der Latinas werfen daher ein ambivalentes Licht auf die „Einwanderungsgesellschaft" Deutschland.

Eindrucksvoll schildert [die Autorin] Erfolgs- aber auch Leidensgeschichten und verschafft dem Leser Zugang zum theoretisch anspruchsvollen Thema der Identitätsbildung. [Eine] gut lesbare und interessante Studie [...].
www.isoplan.de/aid/2005-4/neuerscheinungen.htm

Alois Moosmüller (Hrsg.)

Interkulturelle Kommunikation in der Diaspora

Die kulturelle Gestaltung von Lebens- und Arbeitswelten in der Fremde

Münchener Beiträge zur Interkulturellen Kommunikation, Band 13
2002, 296 Seiten, br., 19,80 €, ISBN 978-3-8309-1226-2

In einer immer dichter vernetzten Welt bekommen die Begriffe ‚Heimat' und ‚Fremde' eine neue Bedeutung, sie sind nicht mehr territorial an das ‚hier' oder ‚dort' gebunden, sondern existieren gleichzeitig am selben Ort. Viele Menschen leben und arbeiten in der Fremde und schaffen sich dort eine „Heimat fern der Heimat", ohne jedoch den Bezug zu ihrer Herkunftskultur zu verlieren. Im Gegenteil, es kommt vor, dass sich dieser Bezug überhaupt erst in der Fremde herstellt.

Für Menschen, die in der Diaspora (Zerstreuung) leben, stellt sich die Frage nach kultureller Identität, nach einer Selbstverortung zwischen den Kulturen immer wieder neu. Um die vielfältigen interkulturellen Herausforderungen zu bewältigen, kommt den sozialen und kulturellen Netzwerken der Diasporagemeinden eine besondere Bedeutung zu.

Die Beiträge in diesem Band beschäftigen sich mit der Klärung des Konzeptes ‚Diaspora' und mit der ethnographischen Beschreibung sozialer und kultureller Dimensionen des Lebens „fern der Heimat". Dabei sind insbesondere zwei Aspekte wichtig: zum einen die Struktur und Wirkweise diasporischer Netzwerke und zum anderen die Herausbildung von kultureller Identität im Kontext einer alltäglichen Interkulturalität.

Dieser Sammelband – Diskussionsforum, Erfahrungs- und Forschungsbericht in einem – wird hoffentlich und verdientermaßen jederzeit eine breite Leserschaft finden.
Zeitschrift für Volkskunde II/2003.

Gerlind Schmidt, Marianne Krüger-Potratz (Hrsg.)

Bildung und nationale Identität aus russischer und russlanddeutscher Perspektive

Analysen und Dokumente

Studien zum Bildungswesen mittel- und osteuropäischer Staaten, Band 3
1999, 200 Seiten, br., 19,50 €, ISBN 978-3-89325-715-7

In diesem Band werden die bildungs- und sprachpolitischen Folgen dieser Entwicklungen aus zwei Perspektiven beleuchtet: Im ersten Teil werden die Zielsetzungen und Maßnahmen, aber auch die Bedingungen und historisch-politischen Hypotheken der „nationalen" Bildung in der Russischen Föderation dargestellt und dokumentiert. Die drei zentralen Gesetze, die in deutscher Übersetzung beigefügt sind, bilden nicht nur den unabdingbaren Ausgangspunkt für das Verständnis der russischen Nationalitäten(bildungs)politik, sondern sind darüber hinaus auch international von großem Interesse. Im zweiten Teil stehen die Russlanddeutschen als eine der nationalen Minderheiten im Mittelpunkt. An ihrem Beispiel werden die kultur- und bildungspolitischen Maßnahmen und Reaktionen vorgestellt und die Frage der „kulturellen Identität" erörtert.

Der Band ist so konzipiert, dass er über den Kreis der Spezialisten hinaus Mittler in der Politischen Bildung, in der Lehreraus- und -fortbildung, Personen aus dem Bereich der interkulturellen Bildung wie auch Experten, die an pädagogischen, kultur- und bildungspolitischen Kooperationsprojekten mit der russischen Föderation beteiligt sind, ansprechen möchte.

Da dieses Buch grundlegende Aspekte der aktuellen Nationalitäten- und Bildungspolitik der Russländischen Föderation behandelt, die in ihren historischen Zusammenhängen beleuchtet und vor allem in sehr anregender Weise dargestellt werden, kann man es Fachleuten wie auch einer breiteren Leserschaft nur vorbehaltlos empfehlen.
Osteuropa, Zeitschrift für Gegenwartsfragen des Ostens, Sonderdruck 2000